Eine Arbeitsgemeinschaft der Verlage

Verlag Barbara Budrich · Opladen · Farmington Hills
Böhlau Verlag Köln · Weimar · Wien
facultas.wuv Wien
Wilhelm Fink · München
A. Francke Verlag · Tübingen und Basel
Haupt Verlag · Bern · Stuttgart · Wien
Julius Klinkhardt Verlagsbuchhandlung · Bad Heilbrunn
Lucius & Lucius Verlagsgesellschaft · Stuttgart
Mohr Siebeck · Tübingen
Orell Füssli Verlag · Zürich
Ernst Reinhardt Verlag · München · Basel
Ferdinand Schöningh · Paderborn · München · Wien · Zürich
Eugen Ulmer Verlag · Stuttgart
UVK Verlagsgesellschaft · Konstanz
Vandenhoeck & Ruprecht · Göttingen
vdf Hochschulverlag AG an der ETH Zürich

KLAUS BECK

Kommunikations-
wissenschaft

2., überarbeitete Auflage

UVK Verlagsgesellschaft

Der Autor

Klaus Beck ist Professor für Publizistik- und Kommunikationswissenschaft an der Freien Universität Berlin.

Bibliografische Information der Deutschen Nationalbibliothek
Die Deutsche Nationalbibliothek verzeichnet diese Publikation in der Deutschen Nationalbibliografie; detaillierte bibliografische Daten sind im Internet über http://dnb.ddb.de abrufbar.

ISBN 978-3-8252-2964-1

1. Auflage 2007
2. Auflage 2010

© UVK Verlagsgesellschaft mbH, Konstanz 2010

Einbandgestaltung und Grundlayout: Atelier Reichert, Stuttgart
Einbandfoto: Getty Images
Satz: PTP-Berlin Protago-T$_{\!E}$X-Production GmbH, Berlin
Druck: fgb · freiburger graphische betriebe, Freiburg

UVK Verlagsgesellschaft mbH
Schützenstr. 24 · 78462 Konstanz
Tel.: 07531-9053-0 · Fax: 07531-9053-98
www.uvk.de

Inhalt

Vorwort zur 2. Auflage

Eine Einführung in ein so dynamisches und facettenreiches Fach wie die Kommunikationswissenschaft, noch dazu in leicht verständlicher und kompakter Form – das ist Anliegen und Anspruch des vorliegenden Buches. Dieses Einführungsbuch ist in weiten Teilen das Resultat einer über mehrere Jahre entwickelten Vorlesung für Studienanfänger: Es ist als begleitende Lektüre zu Einführungsveranstaltungen konzipiert und soll darüber hinaus eine Hilfe für die Vorbereitung der ersten Modulprüfungen in Bachelor-Studiengängen bieten. Es richtet sich sowohl an diejenigen, die mit dem Gedanken spielen, Kommunikationswissenschaft zu studieren, und sich vorab einen besseren Ein- und Überblick verschaffen möchten; als auch an Studierende und Fachkollegen aus Soziologie, Psychologie, Politikwissenschaft, Medienwissenschaft, Pädagogik und anderen »benachbarten« Disziplinen. Ihnen soll es den Einstieg in die Grundkonzepte und -begriffe der Kommunikationswissenschaft und damit das interdisziplinäre Arbeiten erleichtern. Der Anspruch des vorliegenden Buches kann es nicht sein, ausführliche Lehr- und Handbücher zu ersetzen; vielmehr soll es zu einem vertiefenden Studium und weiterführender Lektüre anregen.

Der erste, umfangreichere Teil geht vom zentralen Begriff der Kommunikation aus und beleuchtet die verschiedenen Formen menschlicher Kommunikation – von der interpersonalen Kommunikation über die Gruppen- und Organisationskommunikation bis zur öffentlichen Kommunikation. Dabei werden weitere Grundbegriffe, nämlich Medien und Öffentlichkeit, ausführlich erläutert und die grundlegenden Konzepte zur Beschreibung von Kommunikationsprozessen erklärt.

Der zweite Teil des vorliegenden Buches gibt einen systematischen, aber nicht auf Vollständigkeit angelegten Überblick der Forschungsfelder und Teildisziplinen. Zunächst wird kurz in die fachliche Entwicklung und Differenzierung sowie in die Forschungsfragen der Kommunikationswissenschaft eingeführt. Anschließend werden die vier »klassischen Forschungsfelder« der Publizistik- und Kommunikationswissenschaft beschrieben; typische Fragestellungen, theoretische Ansätze und ausgewählte empirische Befunde sollen veranschaulichen, um was es beispielsweise in der Kommunikatorforschung oder der Mediennutzungsforschung geht.

Schließlich werden die wichtigsten Teildisziplinen der Kommunikationswissenschaft vorgestellt, die sich im interdisziplinären Schnittfeld mit anderen Geistes- und Sozialwissenschaften entwickelt haben. Im Vordergrund stehen dabei diejenigen Teildisziplinen, die sich mit Struktur, Entwicklung und Steuerung des Mediensystems sowie deren wissenschaftlicher Analyse beschäftigen. Zu den meisten dieser Gebiete liegen eigene Einführungs- und Lehrbücher vor, sodass in diesem Band eine überblickartige und exemplarische Darstellung genügen kann.

Ob es mir gelungen ist, auch für Studienanfänger verständlich zu schreiben, müssen die Rezipienten selbst beurteilen. Grafisch abgesetzte Definitionen, Zwischenzusammenfassungen, Informationsteile sowie Übungsfragen und mehr als 20 Schaubilder sollen helfen, das Gelesene besser zu verstehen und zu behalten. In den Informationsteilen wird auch auf weiterführende Literatur und Online-Quellen verwiesen. Die dort empfohlene sowie die insgesamt für dieses Buch genutzte Fachliteratur wird im Gesamtliteraturverzeichnis am Ende des Buches aufgeführt, dort befindet sich auch das Stichwortregister. Marginalien (Randbemerkungen) dienen dazu, sich leicht und schnell im Text zu orientieren.

Dank

Für Literatur- und Datenbankrecherchen sowie inhaltliches Feedback danke ich Constantin Binder, Sophia End, Jakob Jünger, Laura Kolland und Laura Leithold. Mein Dank gilt ebenso Christiane Schubert für die Grafikdarstellung Manuela Dittmann für die Fehlerkorrektur.

Dass die 2. Auflage besser geworden ist, verdanke ich ganz besonders den hilfreichen Hinweisen von Philomen Schönhagen, Stefanie Averbeck und Andreas Hepp.

Die Verantwortung für alle Schwächen und Mängel trägt gleichwohl der Autor.

Berlin im Juli 2010   Klaus Beck

Teil I

Grundbegriffe der Kommunikationswissenschaft

Teil 1

Grundbegriffe der
Kommunikationswissenschaft

Kommunikation, Information, Zeichen | 1

Wohl kaum ein Tag vergeht, an dem wir nicht kommunizieren: Wir führen ein erstes Gespräch am Frühstückstisch, lesen dabei vielleicht die Tageszeitung oder hören Radio, begeben uns dann ins Büro, um mit den Kollegen zu besprechen, was heute zu tun ist, oder in die Uni, um einen Vortrag zu halten und darüber mit Kommilitonen zu diskutieren. In der Kantine oder der Mensa unterhalten wir uns dann über das politische Tagesgeschehen, über das wir uns aus den Medien informiert haben. Auf dem Weg zurück ins Büro oder in die Bibliothek klingelt das Handy und zeigt eine SMS an, die an den nächsten Besprechungstermin erinnert. Zurück am Schreibtisch lesen und beantworten wir unsere E-Mails, machen uns dann an die Lektüre der neuesten Fachzeitschrift, bis wir einen Bekannten oder Kollegen treffen, mit dem wir uns bei einem Kaffee und einer Zigarette unterhalten. Vom Tagewerk heimgekehrt sortieren wir die Werbung aus und lesen unsere Post, besprechen beim Abendessen, was es heute Neues gab und sehen dann zur Entspannung fern. Weil mal wieder nichts interessantes im Fernsehen kommt, hören wir die neuste CD unseres Lieblingsinterpreten und beschließen, den Song unbedingt für den MP3-Player aus dem WWW herunterzuladen, bevor wir uns mit einem spannenden Roman von der Spiegel-Bestsellerliste ins Bett zurückziehen. Kurzum: Der gesamte Alltag ist geprägt von Kommunikation, und zwar von ganz unterschiedlichen Typen von Kommunikation: Wir unterhalten uns mit Menschen, denen wir begegnen, von Angesicht zu Angesicht, also Face-to-Face (→ vgl. Kap. 2.1), wir besprechen

Alltäglichkeit von Kommunikation

uns mit Kollegen oder diskutieren im Seminar (→ vgl. Kap. 2.2), wir telefonieren und mailen mit den Menschen, die gerade nicht anwesend sind (→ vgl. Kap. 2.3), und wir nutzen eine Vielzahl von Massenmedien (→ vgl. Kap. 3. u. 4).

Kommunikation ist so alltäglich, dass wir meist nicht lange darüber nachdenken, zumindest solange nicht, wie sie im Alltag problemlos funktioniert. Erst wenn Störungen und Missverständnisse entstehen, das Handynetz zusammenbricht, der PC nicht hochfährt oder die Zeitung wegen eines Druckerstreiks nicht erscheint, merken wir im Alltag, wie bedeutsam und wie voraussetzungsreich Kommunikation ist und wie abhängig wir als Menschen von Kommunikation sind.

Gerade weil wir alle täglich kommunizieren und weil Kommunikation scheinbar so selbstverständlich ist, fällt eine wissenschaftliche Erklärung von Kommunikation schwer. Das beginnt bereits bei der Definition des Begriffs, denn im Alltag bezeichnet Kommunikation ganz unterschiedliche Austausch- und Transportprozesse: den Austausch von Gedanken im persönlichen Gespräch, den Austausch von Informationen zwischen zwei Abteilungen einer Verwaltung oder den Datenverkehr zwischen Computern. Mittlerweile werden viele Probleme als Kommunikationsprobleme begriffen – private Beziehungskonflikte ebenso wie mangelnde Wählerakzeptanz, die nicht mehr auf eine mangelhafte Politik, sondern auf Kommunikationsdefizite zurückgeführt werden kann. Unternehmen richten eigene »Kommunikationsabteilungen« ein oder beauftragen »Kommunikationsagenturen«, wo es nach wie vor um Werbung und Public Relations geht. Ein Blick in die Fachliteratur anderer Disziplinen zeigt zudem, dass auch dort Kommunikation en vogue ist: Da ist die Rede von der Kommunikation der Tiere oder gar mit Tieren, aber auch von »kommunizierenden Röhren« in der Physik.

Aus kommunikationswissenschaftlicher Sicht stellt sich daher die Frage, was Kommunikation ist und wie sie sich beschreiben und erklären lässt. Wir müssen diesen schillernden Begriff definieren, also so eingrenzen, dass nicht mehr alles und jedes mit ihm beschrieben werden kann, sondern nur noch bestimmte Phänomene und Prozesse, die dann Gegenstand der Kommunikationswissenschaft sein sollen. Dafür muss Kommunikation von anderen Phänomenen und Prozessen unterschieden werden, und es muss eine plausible Systematik entwickelt werden, mit der die Vielfalt von Kommunikationsprozessen geordnet werden kann. Schließlich ist zu fragen, ob unsere alltäglichen Annahmen und Vorstellungen von Kommunikation einer genaueren Prüfung standhalten und ob die Tausch- und Transportmetaphern zutreffen.

Kommunikation: Alltagsverständnis und Definitionsprobleme | 1.1

Im Alltag verstehen wir unter »Kommunikation« soviel wie »Mitteilung«, »Verbindung«, »Verkehr« oder »Austausch«. Auch ein Blick in die Geschichte des Wortes, in seine Etymologie, bestätigt diese Auffassung: Kommunikation ist von dem lateinischen Wort »communicare« abgeleitet, das soviel wie »gemeinsam machen, (mit)teilen, Anteil haben« bedeutet. Das alltägliche Reden über »Kommunikation« und die Tatsache, dass wir offenbar überall und jederzeit auf Phänomene stoßen, die mit dem Wort »Kommunikation« bezeichnet werden, erschwert die Probleme der Kommunikationswissenschaft entscheidend. In Anlehnung an den Münsteraner Kommunikationswissenschaftler Klaus Merten (1999: 15) besitzt Kommunikation einige Merkmale, die ihre Definition so schwierig machen:

Merkmale von Kommunikation

- Profanität: Kommunikation kann nahezu jederzeit von jedermann mit geringstem Aufwand initiiert werden. Sie wird in der Regel problemlos erlernt und scheint – im Gegensatz zu Atomkernen, Genen oder Klimakatastrophen – fraglos gegeben und auch dem Laien, der sie praktiziert, problemlos erkennbar. Aufgrund dieser Profanität von Kommunikation ist die Gefahr groß, Begriffe aus dem alltäglichen Sprachgebrauch unhinterfragt und undefiniert in die Wissenschaft zu übernehmen. Und umgekehrt entsteht, wenn wir die Alltagsbegriffe in unseren wissenschaftlichen Sprachgebrauch übernehmen, sie dort aber anders verwenden, vielfach der Eindruck, die Kommunikationswissenschaft unterscheide sich kaum von der alltäglichen Betrachtung von Kommunikation durch den Laien. Gerade deshalb ist eine klare Definition besonders notwendig.
- Universalität: Kommunikation reicht in alle Bereiche des menschlichen Daseins hinein. Für die Kommunikationswissenschaft ergibt sich hieraus das Problem, dass ihr Erkenntnisgegenstand offenbar unerschöpflich groß und damit kaum zu fassen, kaum in den (Be-)Griff zu bekommen ist. Wenn tatsächlich alles »irgendwie« Kommunikation ist, dann müsste die Kommunikationswissenschaft den Anspruch erheben, so etwas wie eine »Universalwissenschaft« zu sein, die sich auf die Suche nach der »Weltformel« zu machen hätte – ein vermessener und zum Scheitern verurteilter Anspruch. Umso wichtiger ist hingegen die klare Definition des Begriffs für die Einschränkung des Gegenstandsbereiches der Kommunikationswissenschaft.
- Flüchtigkeit: Kommunikation ist offensichtlich ein Prozess und keine Substanz, das heißt, es »geht etwas vor sich«, das nicht unbedingt ein »Endprodukt« hinterlässt, das wir dann wie ein Physiker oder ein Chemiker in aller Ruhe untersuchen könnten. Unserem Verstand fällt es

vergleichsweise leicht, einen materiellen Gegenstand zu beschreiben und zu analysieren: Wir können Farbe, Form, Gewicht, Maße, Bestandteile mit unseren Sinnen und mit geeigneten Messinstrumenten bestimmen. Bei Prozessen fällt uns das schon weitaus schwerer: Wie beschreibe ich etwas, dass ich nicht anfassen oder sehen kann?

- Relationalität: Am Prozess der Kommunikation sind mehrere Elemente beteiligt, deren Bedeutung und Funktion sich im Laufe des Prozesses verändern können. Kommunikation findet »zwischen« diesen Elementen statt, zum Teil sind nicht einmal Zeitpunkt und Ort von Kommunikation problemlos zu bestimmen: Wenn ich heute ein Buch aus dem Jahre 1900 aufschlage und zu lesen beginne: Wer kommuniziert da mit wem? Kommuniziere ich mit dem Buch, das Buch mit mir? Kommuniziert ein – nach menschlichem Ermessen – längst verstorbener Verfasser mit mir, ich mit ihm, wir beide zusammen? Wann genau findet die Kommunikation statt: beim Schreiben, beim Drucken des Buches, beim Lesen? An welchem Ort findet eigentlich die Kommunikation bei einem Telefonat statt? – Beim Anrufer, beim Angerufenen, in der Telefonleitung?

- Heterogenität: Mit Kommunikation werden in der Alltagssprache ebenso wie in den Fachsprachen verschiedener Wissenschaften ganz verschiedene Prozesse bezeichnet, die unter anderem hinsichtlich der Beteiligten unterscheiden: mal sind es Menschen (etwa beim Small Talk), mal technische Geräte (kommunizierende Röhren, aber auch vernetzte Computer), mal Tiere und ein anderes Mal wieder Organe (zum Beispiel die Nervenzellen eines Körpers). Die Frage, was Kommunikation ist, wurde in der Wissenschaft entsprechend unterschiedlich beantwortet. Bereits vor rund drei Jahrzehnten hat Merten (1977) 160 Definitionen vorgefunden und vermutlich sind mittlerweile etliche hinzugekommen.

Diese fünf Merkmale nach Klaus Merten sollten um ein weiteres ergänzt werden:

- Selbstbezüglichkeit: Wenn wir im Alltag oder als Kommunikationswissenschaftler über menschliche Kommunikation reden, dann unterscheidet sich das in grundlegender Weise von der Rede über andere Gegenstände bzw. der Tätigkeit anderer Wissenschaftler: Wir kommunizieren über Kommunikation, betreiben also Metakommunikation. Das, was wir tun, ist damit selbst Bestandteil dessen, über das wir reden. Es ist eine selbstbezügliche Tätigkeit: Wir kommunizieren über Kommunikation, die wir selbst kommunikativ erzeugen. Kommunikationswissenschaftliche Erkenntnis ist daher zumindest partiell immer Selbsterkenntnis. Dies unterscheidet die Kommunikationswissenschaft von den meisten anderen Wissenschaften, insbesondere von den Naturwissenschaften: Der Physiker kommuniziert über Gegenstände und Prozesse, die außerhalb seines Selbst beobachtbar sind. Selbst die Biologin oder Medizinerin, die den menschlichen Körper erforscht, befindet sich in einer vergleichsweise komfortablen Situation: Zwar ist sie selbst als Mensch Teil ihres Forschungsgebietes, aber sie kann sich bei ihrer Kommunikation über die menschliche Natur eines Mittels bedienen, das nicht selbst Gegenstand ihrer Forschung ist.

Aus dem Alltagsverständnis und den hier skizzierten Definitionsproblemen lassen sich immerhin einige erste Hinweise darauf gewinnen, was Kommunikation aus kommunikationswissenschaftlicher Sicht ist.

Wortbedeutung und Alltagsverständnis tragen den Tatsachen Rechnung, dass es sich bei Kommunikation (1) um einen Prozess handelt und dass (2) mindestens zwei Seiten an der Kommunikation beteiligt sind, denn sonst könnte es ja nichts Gemeinsames, keinen Austausch oder ein Miteinander-Teilen geben. Wenn sich die Kommunikationswissenschaft als Geistes- und Sozialwissenschaft versteht, dann fallen animalische und subanimalische sowie technische Kommunikationsprozesse nicht in ihren Gegenstandsbereich. Die Erforschung der Kommunikation zwischen Tieren, Organen bzw. Zellen und technischen Geräten muss den Natur- und Ingenieurwissenschaften vorbehalten bleiben. Diese Prozesse interessieren in der Kommunikationswissenschaft nur insoweit, wie sie Voraussetzungen, notwendige Bedingungen oder den Rahmen menschlicher Kommunikation darstellen. (3) Im Mittelpunkt des kommunikationswissenschaftlichen Erkenntnisinteresses steht die Humankommunikation, also die Kommunikation zwischen mindestens zwei Menschen. Bei der weiteren Betrachtung wird sich herausstellen, dass sich Humankommunikation nicht nur durch die Art der am Prozess Beteiligten (Menschen statt anderer Organismen oder Maschinen) auszeichnet, sondern auch durch das, was bei der Kommunikation prozessiert wird. Im Alltagsverständnis wird der Prozess meist als Austausch oder Transport vorgestellt und das, was ausgetauscht wird, wird meist als Informationen, Inhalte, Botschaften, Gedanken, Gefühle, Bedeutungen oder Aussagen aufgefasst.

Im nächsten Schritt müssen wir also klären, ob diese Auffassungen auch einer kommunikationswissenschaftlichen Definition genügen.

Kommunikation als zweiseitiger Prozess

1.2 | Kommunikation als Prozess

Die Bezeichnungen Tausch, Transport und Verkehr sind alltagssprachliche Metaphern, die den Kommunikationsprozess beschreiben. Hinter ihnen steht die bildliche Vorstellung, Informationen (oder Aussagen, Inhalte, Botschaften, Gedanken etc.) könnten ähnlich wie materielle Güter (Kohle, Stahl oder Tee) von einem Ort zu einem anderen bewegt werden. Doch dieses Bild trügt, denn wie die nähere Betrachtung zeigt, unterscheiden sich Informationen, Aussagen, Botschaften etc. wesentlich von Waren: Werden materielle Güter von einem Ort A an einen Ort B gesendet, so befinden sie sich am Ende des Transports in Ort B, aber nicht mehr in Ort A. Bei der Kommunikation verhält sich dies offensichtlich anders: Ein Mensch A, der einem anderen Menschen (B) etwas mitteilt, verfügt auch nach dem Kommunikationsprozess noch über die Information (Aussage, Botschaft, Inhalt). Er hat, wie es auch die lateinische Bedeutung von communicare anzeigt, etwas *mit* dem anderen Menschen B *geteilt* und nicht nur etwas übermittelt. Durch Kommunikation entsteht also etwas Gemeinsames; durch Transport gewinnt B etwas, das A nicht mehr besitzt. Dies lässt sich auch anhand eines alltäglichen Beispiels aus der sog. Massenkommunikation veranschaulichen: Wenn der Verlag X eine Tageszeitung herausgibt, die von vielen Menschen gekauft wird, dann findet zwar ein materieller Transport von bedrucktem Papier statt, aber noch keine Kommunikation. Der Transport der Tageszeitung ist nur die notwendige, aber noch keine hinreichende Bedingung für Kommunikation, denn so lange der Käufer nicht zum Leser wird, kann ihm der Verkäufer (bzw. die Redaktion) auch nichts mitteilen. Übermittlung, Tausch, Transport sind lediglich Voraussetzungen für Kommunikation, denn im Fall der Tageszeitung kann ohne den materiellen Transport und den Tausch (Geld gegen Tageszeitungsexemplar) keine Kommunikation stattfinden. Auch im Alltag unterscheiden wir den Kauf der Tageszeitung vom Lesen der Tageszeitung. Im Falle der Tageszeitung ist ein materieller Träger, der transportiert werden muss, notwendig, bei vielen anderen Formen der Kommunikation gibt es nicht einmal einen materiellen Träger. Während der Kommunikation zwischen zwei Menschen, die Raum und Zeit teilen, aber auch beim Telefonat oder beim Rundfunk wird keine Materie transportiert. Übermittelt werden lediglich elektromagnetische Wellen: Schallwellen, Strom, Radiowellen etc. Auch hier ist

Mitteilung statt Übermittlung

also die Übermittlung lediglich eine notwendige, aber keine hinreichende Voraussetzung für Mitteilung (Kommunikation).

Wenn wir menschliche Kommunikation richtig verstehen möchten, dann müssen wir also zwischen Übermittlung (Transport, Tausch) und dem Miteinander-Teilen (Vermittlung, Mitteilung) unterscheiden. Die

Vorstellung, Kommunikation verliefe als Transport zwischen einem Sender und einem Empfänger, ist nicht hinreichend. Dies wird noch deutlicher, wenn man die Frage genauer untersucht, was transportiert oder übermittelt wird und was gar nicht transportiert oder übermittelt werden kann. Folgt man der Transportmetapher von Kommunikation, dann müssten Informationen (oder Botschaften, Inhalte, Aussagen, Gedanken) zwischen Sender und Empfänger transportiert oder ausgetauscht werden. Aber was genau sind Informationen (Botschaften, Aussagen etc.), und können sie genauso wie materielle Waren (z. B. die Zeitung als Druckwerk) transportiert werden?

Das Transport- oder Transfermodell besitzt eine weitere Schwäche: Die Signalübertragung wird als einseitiger Prozess beschrieben, es fehlt jegliche Rückkopplung, jedes Feedback zwischen »Sender« und »Empfänger«. Bei der menschlichen Kommunikation können wir diese Rückkopplungen jedoch beobachten: Wir treten in einen Dialog; Fragen und Antworten hängen voneinander ab. Wir teilen uns auch mit, ob und wie wir uns verstanden haben.

Rückkopplung

Signal und Information | 1.3

Am Beispiel der Tageszeitung haben wir gesehen, dass im eigentlichen Sinne nur das bedruckte Zeitungspapier transportiert, also von A nach B geschickt wird, sodass am Ende A das (in der Regel gegen Geld getauschte) Zeitungsexemplar nicht mehr besitzt, sondern nur noch B (bzw. B_1-B_n). Bei den Kommunikationsformen ohne materiellen Träger (z. B. Zeitungspapier), also beim mündlichen Gespräch, beim Telefonat oder beim Rundfunk wird etwas Immaterielles übertragen, nämlich elektromagnetische Wellen. Um zu beurteilen, ob mit dem Transport materieller Träger oder dem Senden immaterieller Wellen auch gleichzeitig Informationen (Botschaften, Inhalte etc.) übertragen werden, müssen wir klären, was Informationen eigentlich sind. Sind Informationen materiell fixierte, z. B. auf Papier gedruckte oder in den Wellen enthaltende »Inhalte«?

Was ist Information?

Wir hatten bereits festgestellt, dass Informationen keine Substanzen sind, die dem Sender verloren gehen, wenn sie den Empfänger erreichen. Aber vielleicht werden ja nur identische Kopien vom Sender an den Empfänger verschickt, sodass die Original-Informationen beim Sender erhalten bleiben? Die materiellen (Zeitungspapier) oder immateriellen Träger (elektromagnetische Wellen) wären dann so etwas wie Container, die transportiert werden, und deren Inhalt wären dann die Informationen, Botschaften oder Aussagen. Diese Vorstellung von Kommunikation ist nicht nur im Alltag geläufig, sondern war auch lange Zeit in der Kommunikationswissenschaft verbreitet:

Abb. 1 | *»Kommunikationsmodell« nach Shannon / Weaver*

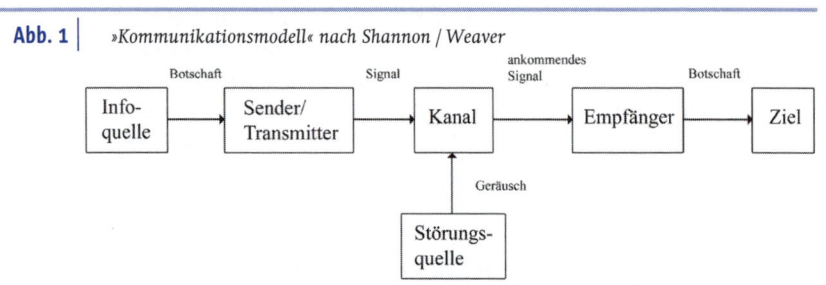

Allerdings erweist sich dieses Modell bei genauerer Betrachtung als unzureichend für die Erklärung von Humankommunikation. Shannon und Weaver, denen es als Nachrichtentechnikern auch nie um die Beschreibung menschlicher Kommunikation ging, haben ein mathematisch-technisches Modell der Signalübertragung entwickelt. Ihr Ziel bestand darin, die technischen Übertragungswege effizienter zu nutzen, während weder die Art der Information noch deren Bedeutung oder Sinn eine Rolle spielte. Wendet man dieses Modell zum Beispiel auf die Telefonkommunikation an, dann wäre die Quelle (Source) einer Botschaft (Message) zwar ein Mensch, genauer eine menschliche Stimme, die Schallwellen produziert. Was der Mensch jedoch sagt, also der Bedeutungsgehalt der Botschaft, spielt in der Betrachtung jedoch keine Rolle: Ob es sich um eine Liebeserklärung handelt oder um das Ende einer langjährigen Partnerschaft, macht insofern keinen Unterschied. Entscheidend ist, dass die Schallwellen von einem Transmitter (in unserem Beispiel dem Mikrofon des einen Telefons) in elektromagnetische Wellen (Signal) umgewandelt und entlang einer Telefonleitung zu einem Empfänger (Receiver), hier also dem zweiten Telefon, übertragen werden. Dort werden die Signale über den Lautsprecher (Hörer des zweiten Telefons) umgewandelt. Auf diesem Wege erreicht die Botschaft (Message) dann die Nachrichtensenke, in unserem Beispiel wiederum einen Menschen. Was und wie viel dieser Mensch von der Botschaft versteht, ist für Shannon / Weaver unerheblich. Entscheidend ist vielmehr, was er hören kann. Das Klangbild der empfangenen und vom »Receiver« wiedergegebenen Botschaft soll möglichst exakt mit dem Klangbild der Ausgangsbotschaft übereinstimmen. Auf dem Weg der Übertragung sollen trotz der Codierung und Decodierung in elektromagnetische Stromimpulse (Signale) keine Störungen, kein Rauschen (Noise) durch eine Störquelle auftreten.

mathematisch-technisches Modell der Signalübertragung

In ihrer mathematischen Theorie der Kommunikation beschäftigen sich Shannon und Weaver nicht mit semantischen, sondern mit technischen Fragen: Es geht nicht um die Bedeutung der Botschaften oder die Inhalte der Informationen. Unter Informationen verstehen sie das Maß der Vorhersehbarkeit eines Signals. Je weniger wahrscheinlich ein Signal ist, umso größer ist sein Informations- oder Neuigkeitswert. Die Wiederholung der gleichen Signale hat demnach keinen Neuigkeits- oder Informationswert; es handelt sich nicht um eine Information, sondern um Redundanz. Bei menschlicher Kommunikation kann das ganz anders sein, wie ein einfaches Beispiel zeigt: Wenn die Antwort auf die Frage »Liebst Du mich?« »Ja« lautet, macht das technisch gesehen keinen Unterschied zur Antwort »Nein« – aber menschliche Kommunikationspartner würden aus beiden Antworten wohl sehr unterschiedliche Schlussfolgerungen ziehen. Und: Technisch gesehen haben wiederholte, identische Liebeserklärungen (»Ich liebe dich!«) ab der ersten Wiederholung keinerlei Information mehr, sie sind redundant. In der menschlichen Kommunikation wirken sie hingegen verstärkend, d. h., ihnen wird durchaus eine Bedeutung für die Beziehung, die eigenen Gefühle etc. beigemessen. Freilich kann auch hier etwas Varianz im Ausdruck nicht schaden und die Glaubwürdigkeit steigern.

mathematische Theorie der Kommunikation

Was folgt nun aus diesem, von der Kommunikationswissenschaft lange Zeit verfolgten Ausflug in die mathematische Kommunikations- und Informationstheorie? Zunächst einmal eine begriffliche Unterscheidung zwischen Signalen, Botschaften, Informationen und Bedeutungen:

Definitionen

Signale sind sinnlich wahrnehmbare und / oder technisch übertragbare und verarbeitbare Zeichen. Welche Rolle Zeichen auch in der Humankommunikation spielen, wird uns noch weiter beschäftigen.

Botschaften oder Aussagen werden auch nach dem Modell von Shannon / Weaver nicht übertragen, sie müssen zumindest in Signale umcodiert werden. Ob und ggf. welchen Sinn oder welche *Bedeutungen* Botschaften für Quelle und Senke (Source, Destination) besitzen, wird von dieser mathematischen Theorie nicht behandelt – dies wird zurecht als Aufgabe der Humanwissenschaften verstanden und wird uns aus kommunikationswissenschaftlicher Sicht noch weiter beschäftigen.

Information bezieht sich – entgegen unserem Alltagsverständnis – auf die Wahrscheinlichkeit eines Signals, sie wird nicht übertragen, sondern ergibt sich *für* den Empfänger aus der Abfolge der Signale in einem Übertragungskanal.

Technisch betrachtet gilt: Wenn Signale störungsfrei übertragen werden, dann kann das Ergebnis entweder Information oder Redundanz sein; die übertragenen Signale können mehr oder weniger informativ sein, je nachdem wie wahrscheinlich ihre Abfolge ist, d. h. darüber entscheidet auch nicht das einzelne Signal, sondern deren Abfolge. Welche Bedeutung die übertragenen, empfangenen und decodierten Signale, also die Botschaft (Message) im Sinne von Shannon / Weaver hat, darüber entscheidet die Senke (Destination). Für die Humankommunikation bedeutet dies: Auch hier spielt zwar die Übertragung von Signalen eine Rolle, denn sie ist eine notwendige Voraussetzung dafür, dass eine menschliche »Destination« erreicht wird. Entscheidend sind nun aber die anschließenden Prozesse: Ob eine Botschaft neu und damit informativ ist oder ob sie redundant ist, entscheidet der Mensch auf der »Empfängerseite« selbst. Solange es um die Signalübertragung geht, ist entscheidend, dass die Signale auf dem Übertragungsweg nicht gestört oder verzerrt werden (oder völlig verloren gehen). Ist dies gewährleistet, reagiert jedes technische Empfangsgerät in vorher festgelegter, programmierter Art und Weise und allenfalls mit bauartbedingten Unterschieden. Aber: Ein Telefon kann (mangels Bewusstsein) und muss nicht verstehen, was es empfängt, es misst (mangels Intellekt) den Signalen keinerlei Bedeutung zu, und es kann nicht entscheiden, wie es auf einkommende Signale reagiert. Signale verändern zwar den Zustand des Telefons (elektrische Spannung) und führen zu einem veränderten Output (Schallwellen), wenn die Signale sich verändern. Aber all dies geschieht in vorab festgelegter, technisch standardisierter und mathematisch vorausberechneter Weise. Telefone sind wie Computer, Druckmaschinen und Zeitungspapier, aber auch wie Lichtschalter und alle anderen technischen Geräte »triviale Maschinen« ohne Freiheitsgrade: Sie tun, was sie tun müssen – wenn sie nicht defekt sind. All dies trifft jedoch auf Menschen, die im Prozess der Humankommunikation als »Source« und »Destination« fungieren, keineswegs zu.

triviale Maschinen

Wenn wir Humankommunikation definieren und verstehen möchten, dann müssen wir uns mit diesen beiden Elementen des Kommunikationsprozesses näher beschäftigen, die bei Shannon und Weaver vernachlässigt werden. Insbesondere müssen wir klären, welche Signale bei der menschlichen Kommunikation eine Rolle spielen und ob diese Signale denn Informationen und Bedeutungen enthalten. Wir können aber festhalten, dass die technische Signalübertragung, selbst wenn sie störungsfrei gelingt, keineswegs garantiert, dass Information entsteht, denn ein Ergebnis kann auch Redundanz sein. Und wir haben bereits festgestellt, dass (1) auch redundante Signale durchaus bedeutungsvoll für menschliche »Destinations« sein können und (2) der technische Emp-

Redundanz

fang von Signalen nicht gleichzusetzen ist mit der Information eines Menschen. Die ungelesene Tageszeitung im Briefkasten »informiert« allenfalls den Briefkasten, aber nicht den Abonnenten. Selbst wenn ein Leser die Zeitung in den Händen hält, entscheidet erst die Lektüre darüber, ob die Signale informativ (neu) oder redundant für ihn sind oder nicht. Eine ganz andere Frage ist dann, welche Bedeutung der Leser dem Gelesenen beimisst und ob sich diese Bedeutung mit der Bedeutung des Geschriebenen, also der »Botschaft« der Journalistin deckt. Hinzufügen lässt sich, (3) dass dieselben Signale (die gedruckte Zeitung) für unterschiedliche Leser – im Gegensatz zu trivialen Maschinen (wie Telefonen) – unterschiedlich informativ sein können. Informationen sind daher offenkundig keine Eigenschaften von Signalen, denn sonst müsste jeder »Empfänger« sie erhalten. Würde die Transportmetapher der Kommunikation zutreffen, dann müsste jeder Empfänger demselben Container ja auch dieselben Informationen entnehmen können. Dass dies nicht zutrifft, kann man selbst leicht bei dem Versuch erfahren, Dostojewski im Original zu lesen oder einen Forschungsbericht zur Quantenmechanik zu verstehen. Wenn Informationen tatsächlich zusammen mit den Signalen (oder als deren Inhalt, Aussage, Botschaft) transportiert würden, dann dürfte sich unser Verständnis des Gelesenen kaum von dem unterscheiden, was russische Muttersprachler, studierte Slawisten oder avancierte Physiker aus der Lektüre gewinnen. Im Gegenteil: Die Abfolge kyrillischer Buchstaben oder komplexer mathematischer Formeln ist für den Laien weitaus informativer, nämlich überraschender und unerwarteter als für den Experten. Information und Bedeutung sind in der Humankommunikation also nicht dasselbe: »Information« geht auf das lateinische »informare« zurück, ein schillernder Begriff, der u. a. mit »einprägen, formen, bilden, gestalten, ein Bild entwerfen, darstellen, schildern« übersetzt werden kann. Diese ursprüngliche Wortbedeutung weist bereits darauf hin, dass es sich bei der Information eigentlich um einen Prozess und nicht um eine Substanz handelt. Erst die Substantivierung des Verbs hat daraus einen »Gegenstand« gemacht.

Bevor am Beispiel der interpersonalen Kommunikation (→ vgl. Kap. 2) näher erläutert werden kann, wie es zur Information von Menschen kommt und wie Kommunikation daran beteiligt ist, muss noch geklärt werden, welche Signale oder Zeichen in der Humankommunikation eine Rolle spielen.

1.4 | Zeichen: Index, Ikon, Symbol

Wenn also bei der Kommunikation keine Informationen transportiert (versendet und empfangen) werden, weil Information als ein kognitiver Prozess aufgefasst werden muss, über den die Kommunikationspartner entscheiden, was wird dann bei der Kommunikation übertragen?

Was veranlasst menschliche Kommunikationspartner dazu, Informationen und Bedeutungen zu konstruieren? Am Beispiel der technischen Kommunikation haben wir gesehen, dass hier Signale (vom lat. signum = Zeichen) oder Daten übertragen wurden. Für die animalische Kommunikation ist die wechselseitige Wahrnehmung der beteiligten Tiere eine notwendige Voraussetzung. Nur so können Tiere ihre Verhaltensweisen, zum Beispiel in einer Herde oder bei der Paarung, koordinieren. Auch bei der animalischen Kommunikation werden also Signale übertragen, und die Wahrnehmung dieser Signale führt zu Verhaltensänderungen.

Signale in der Humankommunikation

Wir müssen daher klären, ob auch bei der Humankommunikation Signale übertragen werden, und was diese Signale möglicherweise von technischen Daten und den Signalen im Tierreich unterscheidet.

Signale kennen wir auch aus dem menschlichen Alltag, zum Beispiel aus dem Straßenverkehr oder dem Eisenbahnbetrieb. Doch diese vom Menschen geschaffenen (Verkehrsschilder) und technisch betriebenen (Ampelanlagen) Signale sind keine natürlichen Signale, wie sie im Tierreich anzutreffen sind. Ihre Bedeutungen müssen wir individuell erlernen, denn sie sind nicht intuitiv oder gar instinktiv verständlich, sondern das Ergebnis menschlicher Vereinbarung oder Konvention. Gleiches gilt auch für die menschliche Sprache, die wir in einem langwierigen Prozess erlernen müssen.

Mit den unterschiedlichen Typen von Signalen beschäftigt sich die Wissenschaftsdisziplin der Semiotik oder Zeichentheorie. Hier versteht man allgemein unter »Zeichen« Stellvertreter oder Repräsentanten für etwas anderes. Sie bezeichnen etwas, das nicht gegenwärtig ist, mittels etwas anderem, sinnlich Wahrnehmbaren. Im Allgemeinen werden zwei Klassen oder drei Typen von Zeichen unterschieden: natürliche und künstliche Zeichen sowie die Typen: Anzeichen, ikonische Zeichen und Symbole:

natürliche und künstliche Zeichen

(1) *Anzeichen*, auch Index oder Kennzeichen genannt, entstehen als »natürliche Zeichen«, ohne dass dahinter eine Absicht zur Kommunikation steht. Rauch wird von uns in der Regel als Anzeichen für Feuer gewertet, ohne dass wir davon ausgehen dürfen, dass das Feuer uns seine Existenz mittels dieses Anzeichens mitteilen möchte. Natürliche Zeichen sind die ursächliche Folge oder natürliche Begleiterscheinung eines Phänomens. Dabei kann es sich auch um technische Phänomene handeln: Der Ölfleck auf dem Parkplatz unseres Autos kann ein An-

Anzeichen

zeichen für einen Motorschaden oder eine gerissene Ölwanne sein. Es gibt jedoch keinen bewussten Sender, der etwas mitteilen will, gleichwohl können wir diesen Anzeichen eine Bedeutung zuschreiben. Genau dies tun wir beispielsweise, wenn wir Krankheitssymptome deuten. So kann die Wahrnehmung der natürlichen Umwelt auch als Zeichenprozess verstanden werden: Wenn wir beobachten, dass sich das Laub verfärbt, so werten wir dies als Anzeichen oder Hinweis darauf, dass der Herbst beginnt (oder als Anzeichen einer durch Umweltverschmutzung verursachten Baumkrankheit). Das heißt, wir messen dem Anzeichen (gelbe und rote statt grüner Blätter) eine Bedeutung bei, ohne dass wir davon ausgehen können, Baum oder Blätter hätten uns mitteilen wollen, dass nun der Herbst beginne.

Von den natürlichen Zeichen muss die Klasse der künstlichen Zeichen unterschieden werden, die ausschließlich von Menschenhand geschaffen wurden und deren Bedeutung sich oftmals nur aufgrund einer Konvention, also einer Vereinbarung innerhalb einer sozialen Interpretationsgemeinschaft, ergibt. Die zwei Typen dieser Klasse der künstlichen Zeichen sind Ikone und Symbole:

(2) *Ikone* oder ikonische Zeichen sind bildhafte Zeichen, im Idealfall Abbilder dessen, was sie repräsentieren. Statt eines Baumes sehe ich das Foto oder Gemälde eines Baumes. Das Ikon ermöglicht es, dass ich mir den Bedeutungsgehalt »Baum« vergegenwärtige, obwohl der reale Baum nicht hier ist. Ikonische Zeichen sind aufgrund ihrer Ähnlichkeit in der Regel auch verständlich, ohne dass es einer konventionellen Festlegung ihrer Bedeutung bedarf. Ikonische Zeichen können symbolische Qualitäten entfalten, denn mittlerweile gibt es eine Fülle von Piktogrammen (z. B. Zeichen für Notausgänge oder Warnungen vor einer Sturzgefahr) und Emoticons, die ohne Vorkenntnisse nicht ohne weiteres als Abbilder zu verstehen sind. Die beispielsweise in der computervermittelten Kommunikation verwendeten Emoticons (von Emotion, Gefühl und Ikon) sind zwar einem menschlichen Gesicht nachempfunden, aber sehr stark schematisiert; zudem sind sie nur zu entziffern, wenn man weiß, dass sie um 90 Grad gedreht sind: :-))

(3) *Symbole*: Symbolische Zeichen sind hingegen weitaus abstrakter, denn es gibt keine bildhafte Übereinstimmung mehr zwischen dem Repräsentiertem (Referent) und dem Repräsentanten. Die Beziehung zwischen beiden ist arbiträr, könnte also auch anders festgelegt sein, aber sie ist nicht beliebig individuell interpretierbar. Die Bedeutungen von Symbolen sind Teil unserer jeweiligen Kultur (oder Subkultur): Um Symbole verstehen und verwenden zu können, müssen zum Teil aufwändige Konventionalisierungs- und Lernprozesse durchlaufen werden. Der Buchstabe »a« der lateinischen Schrift hat keinerlei (bild-

Ikone

Symbole

hafte) Ähnlichkeit mit dem gesprochenen Laut »a«. Derselbe Laut kann in anderen Schriftsystemen mit einem anderen Zeichen symbolisiert werden, zum Beispiel als *á*. Die Folge der grafischen Zeichen M E N S C H ergibt das Schriftbild Mensch, ohne dass dieses Schriftbild irgendeine visuelle Ähnlichkeit mit einem realen Menschen hätte. Weder Form, noch Größe und Struktur, Farbe oder eine andere Eigenschaft erinnert visuell an einen Menschen. Hinzu kommt, dass Menschen bekanntlich sehr unterschiedlich aussehen: Derzeit gibt es mindestens sechs Milliarden unterschiedliche Exemplare, die wir gleichwohl mit dem abstrakten Begriff Mensch zutreffend bezeichnen können (und ihnen deshalb bestimmte Menschenrechte zuerkennen). Die Bezeichnung oder Codierung durch Symbole ist das Ergebnis einer freien Wahl, allerdings Bestandteil unserer kulturellen Tradition. Ohne soziale Übereinkunft und Erlernen dieses Codes sind diese Zeichen unverständlich.

Mithilfe von symbolischen Zeichen können auch »Gegenstände« oder »Wesen«, die gar nicht existieren (wie Hexen, Einhörner, Feen, Drachen etc.), oder abstrakte Ideen und Vorstellungen (wie das Gute, Freiheit, Vaterland, Gott) bezeichnet werden, über deren Existenz wir u. U. gar keine gesicherten Aussagen machen können. Symbolische Zeichen repräsentieren und verdoppeln also nicht nur unsere reale Welt, sie spiegeln sie nicht einfach wider, sondern erweitern sie. Geschaffen wird eine symbolische Welt: unsere Kultur. Das Verstehen von Symbolen ist daher ein komplexer sozialer Vorgang, bei dem das kommunizierende Individuum immer eingebettet ist in seine spezifische Kultur (Enkulturation). Zugleich steht das symbolische Zeichen nicht isoliert, sondern im Zusammenhang eines (sprachlichen oder medialen) Textes. Texte wiederum können als Bestandteil übergreifender gesellschaftlicher Diskurse, also strukturierter Themen-, Diskussions- und Wissenszusammenhänge, verstanden werden. Unsere Kultur hat sich in einem langen, letztlich nur kulturgeschichtlich zu begreifenden Prozess, zu einer vielfältigen Medienkultur entwickelt.

Kultur: Symbole, Texte und Diskurse

Definitionen

Index ist ein kausal verursachtes Anzeichen für etwas anderes oder ein natürliches Kennzeichen, das unabsichtlich hervorgebracht und dann interpretiert werden kann; z. B. Rauch für Feuer oder Krankheitssymptome. *Ikon* ist ein künstliches Zeichen, das etwas anderes naturalistisch oder in abstrahierter Form abbildet und intentional verwendet wird.

Symbol ist ein künstliches Zeichen, das intentional verwendet wird und keinerlei Ähnlichkeit mit dem (Ding, Idee etc.) haben muss, für das es steht. Seine Bedeutung ist konventionell festgelegt und muss sozial erlernt werden. Beispiel: Laut- und Schriftsprache.

Was bedeuten diese semiotischen Unterscheidungen nun für unsere Definitionen von Kommunikation und menschlicher Kommunikation (Humankommunikation)?

Zunächst einmal können wir Kommunikationsprozesse allgemein als Zeichenprozesse begreifen. Zeichen können wahrgenommen werden, weil sie materiell-energetisch existieren. Bei rein technischen »Kommunikationsprozessen« werden Zeichen (als Signale oder Daten) von einem Sender zu einem Empfänger übermittelt, wobei der Empfang in der Folge regelmäßig eine Zustandsänderung des Empfängers auslöst, wenn dieser entsprechend programmiert ist. Bei der Interpretation von Anzeichen oder Kennzeichen, die alle nicht auf Konventionen sondern auf Kausalität beruhen, handelt es sich um einen einseitigen Prozess der Informationskonstruktion. Der Ursache bzw. dem Urheber des Anzeichens kann – mangels Bewusstsein oder freiem Willen – schlechterdings keine Kommunikationsabsicht (Intention) unterstellt werden. Feuer, Bäume oder technische Geräte haben weder ein Bewusstsein, noch steht es in ihrer Entscheidung, die Anzeichen von sich zu geben oder nicht. Die Art und Weise der »Interpretation« solcher natürlicher Anzeichen unterscheidet sich je nach Typus des Zeichen-Empfängers: Bei Tieren (animalische Kommunikation) müssen wir nach derzeitigem Kenntnisstand davon ausgehen, dass die Bedeutung der Zeichen entweder genetisch festgelegt ist und aufgrund ererbter Verhaltensprogramme oder Instinkte Reaktionen erfolgen oder dass bei höheren Lebewesen durch Dressur (z. B. operante Konditionierung) bestimmte Reaktionsweisen auf spezifische Anzeichen oder vom Menschen ausgehende Signale (einschließlich abstrakter Symbole: gesprochene Befehle) erworben wurden. Primaten, Hunde, Katzen oder Delfine zeigen damit ein Verhalten, dass sie in ihrer natürlichen Umgebung unter Artgenossen so nicht zeigen würden.

Die Vereinbarung und Verwendung von Symbolen jedoch bleibt eine genuin menschliche Kulturleistung, beruhend auf einer sozialen Konvention und einer langen Tradition. Der Mensch ist das »animal symbolicon« (Ernst Cassirer) schlechthin. Erst die intentionale Verwendung von Symbolen macht uns zu Kulturwesen, zu Menschen. Dies allerdings ohne, dass wir dadurch die Fähigkeit verloren haben, auch noch die anderen, natürlichen Zeichen zu verstehen. Nach wie vor sind wir in der

Mensch versus Tier

Lage bei Rauch und starker Hitzeentwicklung ohne langes Überlegen vor einem Feuer zu fliehen. Nach wie vor reagieren wir mit Flucht oder gar Panik auf bestimmte natürliche Anzeichen. Allerdings können wir als Menschen diese Reaktionen zumindest teilweise kontrollieren, und zwar durch Reflexion: Wenn wir wissen, dass Rauch und Hitze von unserem Gartengrill stammen, dann werden wir – im Gegensatz zu noch so »intelligenten« Haustieren – nicht die Flucht antreten.

Symbolverwendung des Menschen

Die Zeichen- bzw. Symbolverwendung des Menschen unterscheidet sich also qualitativ und grundlegend von Input-Output-Prozessen programmierter Maschinen ebenso wie von den Zeichenprozessen, die im Tierreich anzutreffen sind.

Kommunikation ist zwar immer ein Zeichenprozess, aber umgekehrt sind nicht alle Zeichenprozesse bereits Kommunikation. Menschen können gleichzeitig an verschiedenen Zeichenprozessen teilnehmen: Wir können natürliche Anzeichen, zum Beispiel die Tränen unseres Gesprächspartners, wahrnehmen und als Ausdruck von Trauer interpretieren. Wir können gleichzeitig gemeinsam mit dem Gesprächspartner das Foto eines verstorbenen Freundes (ikonisches Zeichen) betrachten und – ebenfalls gleichzeitig – mit ihm über diesen Freund sprechen, also symbolische Zeichen verwenden und verstehen.

Als Menschen können wir, wie das Beispiel zeigt, auch Urheber verschiedener Zeichenprozesse sein: Trauer kann die Ursache für die Tränen sein, doch geschieht das Weinen unwillkürlich, unbeabsichtigt. Wir weinen nicht, um jemand anderem etwas mitzuteilen, sondern wir offenbaren ein Anzeichen für unseren Gemütszustand, das von anderen Menschen als bedeutsam verstanden wird. Ganz anders liegt der Fall bei der Fotografie und dem Gespräch: Hier werden Zeichen bewusst und absichtlich produziert. Diese Unterschiede werden wir am Beispiel der interpersonalen Kommunikation in der Face-to-Face-Situation noch vertiefen.

Festhalten lässt sich weiter, dass die Voraussetzung für ein Reagieren auf Zeichen bzw. deren bewusstes Verstehen im Falle der Humankom-

gemeinsamer Zeichenvorrat

munikation ein gemeinsamer Zeichenvorrat ist. Bei der rein technischen Kommunikation wird diese Gemeinsamkeit durch Programmierung und Standardisierung erzielt, im Tierreich ist sie durch das gemeinsame genetische Erbe einer Gattung gesichert. Bei symbolischen Zeichenprozessen, wie sie ausschließlich in der Humankommunikation anzutreffen sind, muss ein gemeinsamer Zeichenvorrat durch kulturelle Überlieferung (Tradition) und soziale Lernprozesse (Sozialisation, Konvention) zwischen den Personen erst hergestellt werden.

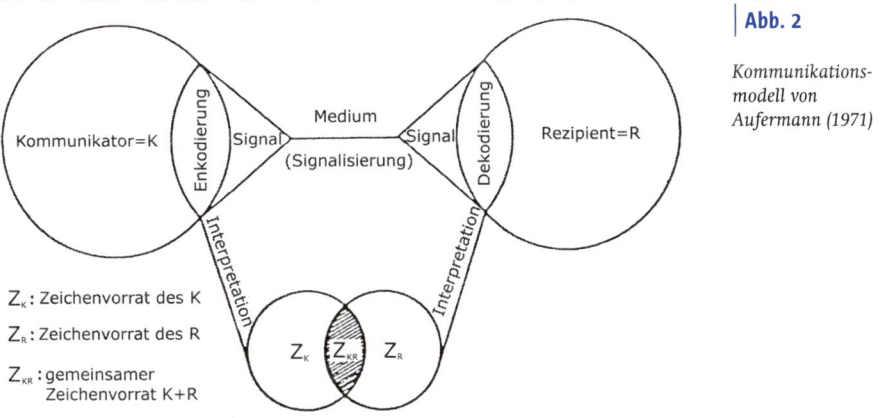

| **Abb. 2**

*Kommunikations-
modell von
Aufermann (1971)*

Z_K: Zeichenvorrat des K

Z_R: Zeichenvorrat des R

Z_{KR}: gemeinsamer
Zeichenvorrat K+R

Wie das Kommunikationsmodell von Aufermann (1971: 13) zeigt, müssen die Zeichenvorräte der beteiligten Kommunikanten keineswegs deckungsgleich sein; vielmehr reicht ein Überschneidungsbereich (eine Schnittmenge) zur Verständigung aus. Als Hypothese kann man hieraus ableiten, dass die Wahrscheinlichkeit für eine gelingende Kommunikation mit der absoluten und der relativen Größe der Schnittmenge steigt. Deutlich wird dies, wenn wir uns in einer Fremdsprache verständigen: Verfügen zwei deutsche Muttersprachlerinnen lediglich über ungefähr gleiche Schulkenntnisse des Französischen (also beide über einen jeweils geringen Zeichenvorrat) dürfte die Verständigung auf Französisch vergleichsweise gut gelingen. Trifft nun aber eine der beiden deutschen Schülerinnen in Lyon auf einen französischen Muttersprachler, der kein Deutsch spricht, kommt es wahrscheinlich zu Verständigungsproblemen. Und das, obwohl in beiden Fällen der gemeinsame Zeichenvorrat absolut gleich groß ist. Der Franzose wird aber mit großer Wahrscheinlichkeit auch Wörter benutzen, deren Bedeutung den Deutschen nicht bekannt ist, zumal er kaum wissen kann, wie weit deren Französischkenntnisse konkret reichen. Es kommt also auch darauf an, wie das Verhältnis zwischen dem jeweils gesamten Zeichenvorrat (alle Französischkenntnisse von Kommunikationspartner A und alle Französischkenntnisse von Kommunikationspartner B) zur gemeinsamen Schnittmenge ist. Bedeutsam ist in dieser zweiten Situation die relative Größe des gemeinsamen Zeichenvorrates (im Schaubild von Aufermann: der Schnittmenge Z_{KR}).

Für eine erfolgreiche Verständigung zwischen Menschen derselben oder verschiedener Kulturen oder Sprachgemeinschaften muss also keine vollständige Deckungsgleichheit, kein »identischer Zeichenvorrat« vor-

Denotation
und Konnotation

liegen. Dies gilt auch hinsichtlich der »Qualität« des Verstehens insbesondere von symbolischen Zeichen: In der Linguistik unterscheidet man zwischen der Denotation und der Konnotation von Zeichen. Während die Denotation die konventionell festgelegte, und im Wörterbuch nachlesbare, Bedeutung eines Zeichens meint, versteht man unter Konnotationen die weitaus weniger eindeutigen, stärker subjektiv (biografische Erfahrungen), durch die aktuelle Situation oder die Gruppenzugehörigkeit hervorgerufenen Bedeutungen. Konnotationen variieren sozial, aber auch individuell weitaus stärker als die Denotation. Verstehen bzw. Verständigung kann folglich auf verschiedenen Ebenen stattfinden: In den meisten Fällen hinreichend ist das Miteinanderteilen derselben Denotation oder zumindest eine hinreichende Übereinstimmung. Ein »tieferes« Einverständnis kann sich darüber hinaus einstellen, wenn ein Symbol auch dieselben oder doch sehr ähnliche Konnotationen bei beiden Kommunikanten weckt.

Das Verstehen von Zeichen ist niemals ein bloß individueller, sondern immer ein sozialer Vorgang: Zeichen sind Teil der Kultur, in unserer modernen und medialisierten Gesellschaft sind sie meist Teil einer Medienkultur, die bestimmte »Lesarten« von Zeichen dem Einzelnen nahe legt, aber den Verstehensprozess nicht vollständig determiniert (vgl. Teil II, Kap. 2.4).

Medienkultur

Zusammenfassung

Humankommunikation

Entgegen unserem alltäglichen Sprachgebrauch kann menschliche Kommunikation nicht als Transport, Transfer oder Tausch verstanden werden. Die bloße Übermittlung von Signalen oder Daten ist von der Vermittlung zu unterscheiden: Informationen und Bedeutungen (Sinn) können nicht übertragen werden, sondern werden von den Kommunikationspartnern (Kommunikanten) individuell konstruiert. Durch ihre Wahrnehmung der Reize, die ein Kommunikant A verursacht, können bei Kommunikant B kognitive Prozesse lediglich ausgelöst werden (Irritation), ohne dass dabei Kommunikant A oder der wahrgenommene Reiz schon Bedeutung und Sinn der Mitteilung festlegen.

In der Kommunikationswissenschaft sind einfache Transportmodelle wie das von Shannon und Weaver überwunden worden, weil sie nicht erklären können, dass wir einander wechselseitig verstehen, also bestimmten Signalen oder Zeichen tatsächlich dieselben Bedeutungen zuordnen oder zumindest hinreichend ähnliche Bedeutungen.

Von Kommunikationsprozessen sind die allgemeineren Zeichenprozesse zu unterscheiden. Die Humankommunikation zeichnet sich dadurch aus, dass nicht nur natürliche Anzeichen interpretiert werden, sondern auch künstliche Zeichen (Symbole).

Es gilt: Jeder Kommunikationsprozess ist ein Zeichenprozess, aber: Nicht jeder Zeichenprozess ist schon ein Kommunikationsprozess.

Definition

Kommunikation

Menschliche Kommunikation ist derjenige Zeichenprozess, der sich aus dem wechselseitig aufeinander bezogenen (interaktiven) und absichtvollen (doppelte Intention) kommunikativen Handeln von mindestens zwei Menschen (Kommunikanten) entwickeln kann. Auf der Grundlage einer materiellen (Transport von Datenträgern) oder immateriellen Übermittlung (Übertragung, Sendung) von Signalen (Reizen, Daten) findet eine Vermittlung von Bedeutungen (soziale Konstruktion von Sinn) statt, wenn die Kommunikanten aufgrund ihres gemeinsamen biologischen Erbes (kognitives System) sowie ihrer Sozialisation und Enkulturation (Erziehungs- und Lernprozesse) hinreichend ähnliche Informationen konstruieren, über einen gemeinsamen konventionalisierten Zeichenvorrat (Ikone, Symbole) verfügen und so ihr Wissen mit(einander)teilen.

Übungsfragen

1 Warum fällt es so schwer »Kommunikation« zu definieren?
2 Warum werden bei der menschlichen Kommunikation keine Bedeutungen oder Informationen transportiert?
3 Wodurch unterscheiden sich die zwei Klassen und die drei Typen von Zeichen?
4 Was unterscheidet menschliche Kommunikation von der sog. Tier-Kommunikation?

Interpersonale Kommunikation $\quad$ | 2

Kommunikation in der Face-to-Face-Situation $\quad$ | 2.1

Ein sozialwissenschaftliches Modell von Kommunikation muss erklären,
wie wechselseitige Verständigung zwischen Menschen möglich ist, aber
auch, warum es zu Missverständnissen kommen kann, obwohl die tech-

nische Signalübertragung störungsfrei funktioniert hat. Ein solches Modell muss auch verdeutlichen, was das spezifisch Menschliche an der Humankommunikation ausmacht, wie diese sich also von der »animalischen Kommunikation« und anderen Zeichenprozessen unterscheidet. Hierfür greifen wir in der Kommunikationswissenschaft auf soziologische und sozialpsychologische Erklärungsansätze zurück, genauer auf den Symbolischen Interaktionismus, die Handlungstheorie und die verstehende bzw. phänomenologische Soziologie.

Symbolischer Interaktionismus

Für George Herbert Mead ist die menschliche Kommunikation aufs Engste mit der Entwicklung des menschlichen Geistes verknüpft. Im Gegensatz zu Tieren findet zwischen Menschen die Handlungskoordination und Kooperation nicht allein aufgrund von Reiz und Reaktion statt, sondern

Gesten und Rollenübernahme

darüber hinaus durch signifikante Gesten und Symbole: Tiere reagieren auf genetisch und instinkthaft weitgehend festgelegte Weise auf das Verhalten anderer Tiere. Ihre »Gesten« dienen zwar der Organisation des Verhaltens, sind aber vor allem expressiver Ausdruck von Trieben und werden unreflektiert, nicht bewusst gezeigt. Anders beim Menschen, der zwar ebenfalls unwillkürlich Anzeichen seiner inneren Zustände offenbart, darüber hinaus aber bewusst und reflexiv Zeichen einsetzt. Das Knurren eines Hundes hat für den knurrenden Hund eine andere Bedeutung als für sein Gegenüber; für den einen ist es der Ausdruck von Aggression und Kampfbereitschaft, für den anderen ist es Bedrohung oder Auslöser eines Flucht- oder Unterwerfungsverhaltens. Der Mensch hingegen ist in der Lage, signifikante Symbole zu verwenden, die für beide Kommunikationspartner das (annähernd) gleiche bedeuten. Besonders deutlich wird dies am Beispiel der »vokalen Geste«, der Sprache: Eine sprachliche Äußerung wird nicht nur vom Hörer, sondern auch vom Sprecher gehört und wirkt damit auch auf diesen. Es kommt zur Rollenübernahme (Role taking), weil menschliche Sprecher sich selbst in die Lage des Hörers versetzen und davon ausgehen, dass der Hörer auf diese Äußerung genauso reagieren wird, wie es der Sprecher an seiner Stelle tun würde. Im Gegensatz zu den nicht signifikanten Gesten der »animalischen Kommunikation« verwenden Menschen signifikante Gesten, die für Hörer und Sprecher die gleiche Bedeutung haben und in einer dreifachen Beziehung stehen: (a) die Beziehung zwischen Symbol und Sprecher, (b) die Beziehung zwischen Symbol und Hörer sowie (c) die Beziehung zum anschließenden gemeinsamen Handeln. Erst dadurch, dass wir uns beim Sprechen hören, können wir ein reflexives Verhältnis zu den verwendeten Symbolen entwickeln. Wir können diese Symbole nun gezielt einsetzen, sie interpretieren, zwischen Alternativen wählen und wir können durch Rollenübernahme »ausprobieren«, ob und wie die Äußerung voraussichtlich auf den Hörer wirken wird, noch bevor wir die Äußerung vollziehen. Durch die »vokale Geste«, also unser Sprachvermögen, und die Rollenübernahme wird der Mensch für sich selbst zum Objekt, er entwickelt ein Selbst und ein Selbstbewusstsein. Interaktion mit signifikanten Symbolen ist von grundlegend anderer Qualität als die wechselseitige Koorientierung von Lebewesen durch den Mechanismus von Reiz und Reaktion. Der Sprecher (der zugleich Hörer ist) *teilt* die Bedeutung des signifikanten Symbols *mit* dem Hörer. Die signifikanten Symbole sind kein subjektiver Ausdruck individueller Zustände, sondern soziale Symbole, die in vorangegangenen Interaktionen ausgehandelt wurden und in der aktuellen Interaktion vergegenwärtigt, aber auch modifiziert werden können.

Der Gebrauch signifikanter Symbole wie der Sprache setzt eine Rollenübernahme voraus. Im Gegensatz zu Tieren zeigen wir nicht nur Verhalten, das bei einem anderen Lebewesen wiederum Verhalten auslöst, sondern wählen aus einem sozialen Repertoire von Symbolen aus, um etwas mitzuteilen.

signifikante Symbole

Literatur

Symbolischer Interaktionismus

Der Sozialphilosoph George Herbert Mead (1863 – 1931) hat mit den Begriffen »signifikante Geste«, »signifikanter und generalisierter Anderer« sowie »Rollenübernahme« die theoretischen Grundlagen des Symbolischen Interaktionismus gelegt, der vor allem von Herbert Blumer (1900 – 1987) weiter entwickelt wurde.

Mead, George Herbert: **Geist, Identität und Gesellschaft**. Frankfurt am Main: Suhrkamp 2008 (amerikanische Originalausgabe 1934).

Blumer, Herbert: **Der methodologische Standort des Symbolischen Interaktionismus**. In: Arbeitsgruppe Bielefelder Soziologen (Hrsg.): Alltagswissen, Interaktion und gesellschaftliche Wirklichkeit. Bd. 1, Reinbek: Rowohlt 1973, S. 80 – 146.

Aus kommunikationswissenschaftlicher Sicht führen in diese Werke ein:

Krallmann, Dieter / Ziemann, Andreas: **Grundkurs Kommunikationswissenschaft**. München: Fink / UTB 2001, S. 200 – 228.

Schützeichel, Rainer: **Soziologische Kommunikationstheorien**. Konstanz: UVK / UTB 2004, S. 87 – 110.

Handlungstheorie

Der Unterschied zwischen bloßem Verhalten und Handeln wird in der soziologischen Handlungstheorie hervorgehoben: Handlungstheoretiker wie Max Weber unterscheiden Verhalten von Handlung, wobei mit Verhalten jegliche Regung eines Organismus bezeichnet wird, gleich ob sie beobachtbar ist oder im Innern dieses Organismus, zum Beispiel im Innern eines Menschen, stattfindet. Verhalten kann durch angeborene Programme oder Instinkte vorbestimmt sein und durch äußere oder innere Reize ausgelöst werden; ein bewusster Entschluss oder auch nur das reflexive Bewusstsein ist keineswegs Voraussetzung. Eine besondere, aus sozialwissenschaftlicher Sicht interessierende Form von Verhalten soziales Verhalten ist das soziale Verhalten. Auslöser und »Bezugspunkte« für soziales Verhalten ist das Verhalten anderer, z. B. der Artgenossen in einer Herde. Für Verhalten und für soziales Verhalten lassen sich vielfältige Beispiele aus dem Tierreich (Vogel- oder Fischschwärme etc.), aber auch beim Menschen und in konkreten menschlichen Kommunikationssituationen finden.

Handlungen hingegen sind etwas spezifisch Menschliches, weil sie ein Bewusstsein voraussetzen, das mit der Handlung einen subjektiv gemeinten Sinn und Motive verbindet. Handlungen setzen einen Entschluss und eine bestimmte Absicht voraus; handlungstheoretisch formuliert sind Handlungen intentional. Das erwartete Handlungsergebnis (die vollendete Handlung) wird antizipiert und diese Einschätzung wird zum entscheidenden Kriterium für die Entscheidung überhaupt soziale Handlungen oder in einer bestimmten Weise zu handeln. Soziale Handlungen zeichnen sich dadurch aus, dass sie ihrem Sinn nach bezogen sind auf andere Menschen, sich Motive und Intentionen also auf ein Alter Ego richten, und zwar in bewusster Art und Weise und nicht wie bei einer Massenpanik in reflexartiger Manier. Der oder die Handelnde (Ego) möchte bei einer/m anderen (Alter) etwas bewirken, genau deshalb wählt er diesen bestimmten Handlungsentwurf und führt ihn aus. Ego erwartet irgendeine (oder eine bestimmte) Handlung Alters aufgrund seines (Egos) eigenen Handelns. Die soziale Handlung ist mit »subjektiv gemeinten Sinn« verbunden, sie bedeutet etwas für Ego in Bezug auf Alter – im Gegensatz zu einem rein äußerlich sozialen Bezug, wie er etwa bei einem Autounfall gegeben ist.

Führt eine soziale Handlung Egos zu einer sozialen Handlung Alters (nun auf Ego bezogen), so haben wir es mit Interaktion zu tun, die Handlungen Egos und Alters entspannen sich zwischen diesen beiden Akteuren und im wechselseitigen Bezug aufeinander. Bedient sich wechselseitig aufeinander bezogenes soziales Handeln bestimmter Symbole, die als

»Stellvertreter« für etwas bestimmtes anderes, nicht vorhandenes oder tatsächlich ausgeführtes stehen, sprechen wir von symbolischer Interaktion. **symbolische Interaktion**

Ausgehend vom Symbolischen Interaktionismus und der soziologischen Handlungstheorie können wir nun kommunikative Handlungen als einen **kommunikative** Sonderfall sozialer Handlungen betrachten, bei dem die Akteure Ego und **Handlungen** Alter zugleich zwei Intentionen folgen: Die allgemeine Intention Egos besteht darin, sich mit Alter zu verständigen, ihm etwas mitzuteilen. Die spezielle Intention einer kommunikativen Handlung ist variabel: Ego verfolgt in einer bestimmten Situation mit seiner spezifischen kommunikativen Handlung die Absicht (Intention) Alter etwas ganz bestimmtes mitzuteilen, den subjektiv gemeinten Sinn mit ihm zu teilen. Alter soll (möglichst genau, zumindest aber hinreichend) verstehen, was Ego gemeint hat, und: Er soll Ego mitteilen, dass er Ego verstanden hat (allgemeine Intention) sowie was er verstanden hat (spezielle Intention). Erst wenn an das kommunikative Handeln Egos eine kommunikative Handlung Alters, hier zunächst eine innere »Verstehenshandlung«, anschließt und Alter dies kommuniziert, kann Ego mit neuen kommunikativen Handlungen (wiederum Verstehenshandlungen und anschließenden Sprech-

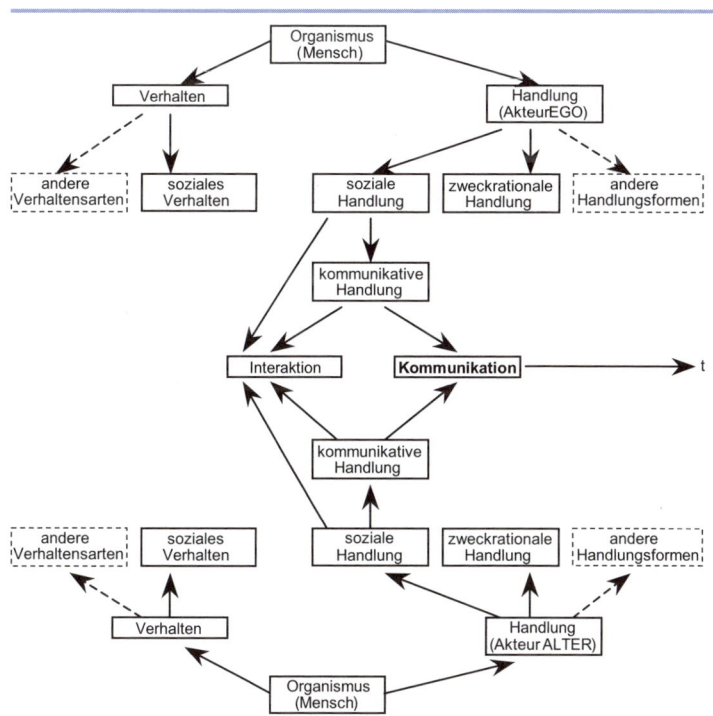

Abb. 3

Handlung, Interaktion und Kommunikation aus handlungstheoretischer Sicht

akten) anschließen: Kommunikation entfaltet sich als Prozess, Verständigung (nicht unbedingt sachliches oder persönliches Einverständnis) wird erzielt, die Intentionen des kommunikativen Handelns realisiert.

Abbildung 3 abstrahiert also vom Prozesscharakter wechselseitiger Kommunikation, die hier nur angedeutet ist. Dabei weiß Ego durch Rollenübernahme, dass Alter ebenfalls kommunikativ handelt, und er weiß (oder nimmt zumindest an), dass Alter weiß, das Ego dies weiß (und vice versa). Interaktion ist folglich ein sehr voraussetzungsreicher, unwahrscheinlicher Prozess, der Intentionalität (und damit Bewusstsein) auf beiden Seiten voraussetzt. Es handelt sich nicht um die bloße Reaktion Alters auf Ego oder die wechselseitige Determination von Verhalten bzw. Zustandsänderungen, zumindest idealtypisch handelt es sich um gleichberechtigte Kommunikationspartner.

Theorie des kommunikativen Handels

In seiner sozialphilosophischen Theorie des kommunikativen Handelns hat der Soziologe und Philosoph Jürgen Habermas ausführlich begründet, was kommunikatives Handeln vom instrumentellen, zweckrationalen Handeln unterscheidet. Der Sprache, so Habermas, wohne das Telos (Ziel) der Verständigung inne, sodass jeder der sie benutzt, immer mit vier Geltungsansprüchen konfrontiert ist: Der Sprecher muss *verständlich* kommunizieren, also die grammatischen und sonstigen Regeln der Sprache einhalten. Die Gegenstände seiner Rede, also seine Aussagen müssen *wahr* sein; er muss meinen, was er sagt, also aufrichtig und *wahrhaftig* handeln. Und schließlich muss er vor dem Hintergrund der geltenden sozialmoralischen Normen, also *richtig* handeln. Nur wenn diese Geltungsansprüche eingelöst werden, kann es tatsächlich zur Verständigung durch gewaltfreie Kommunikation kommen. Werden die Geltungsansprüche nicht erfüllt oder wird gar Zwang ausgeübt, dann handelt es sich um strategisches Handeln: Der andere soll manipuliert oder überredet werden.

Habermas räumt ein, dass es sich hier um einen Idealtyp von Kommunikation handelt, denn im Alltag werden die vier Geltungsansprüche meist nicht ohne weiteres verwirklicht. Wenn die Kommunikation aber über die bloße Konversation hinausgeht, dann werden die Kommunikationspartner aber auf diese Geltungsansprüche Bezug nehmen und die Äußerungen des Kommunikationspartners auch kritisieren. Im Diskurs müssen die Kommunikanten dann durchaus belegen und plausibel machen, dass eine Tatsachenbehauptung wahr ist oder dass sie ein Versprechen ernst meinen, also aufrichtig und wahrhaft kommunizieren. Auch die normative Richtigkeit kann im Diskurs problematisiert werden: Wenn der Dozent beim Betreten des Seminarraums zur Studentin sagt: »Schließ das Fenster!«, dann ist der Satz zwar verständlich, das Fenster existiert auch tatsächlich (ist also nicht erfunden, sondern wahr), und vielleicht ist der Befehl des Dozenten auch tatsächlich als Befehl gemeint (also wahrhaftig gesprochen). Aber sicherlich würde die Studentin hier an der moralischen Richtigkeit der Äußerungshandlung zweifeln, denn Dozenten und Studierende stehen nicht in einer militärischen Befehls-Gehorsams-Beziehung, und das (womöglich nur einseitige) »Duzen« verstößt ebenfalls gegen die geltenden Normen.

Die von Habermas analysierte »ideale Sprechsituation« des »herrschaftsfreien Diskurses« ist zwar keine gültige empirische Beschreibung alltäglicher Kommunikationsbedingungen, wohl aber eine normative und eine theoretische Vision, an der sich zumindest implizit auch die Kommunikanten im Alltag orientieren. Wären sie nicht auf gelingende Verständigung aus, sondern auf die bloße Manipulation von anderen, dann würden sie nicht die Sprache benutzen, die dem Kommunikationspartner immer die Möglichkeit gibt, die Äußerung des Sprechers zu kritisieren.

ideale Sprechsituation

Literatur

Verstehende Soziologie

Der Mitbegründer der Soziologie in Deutschland, Max Weber (1864 – 1920), hat in einem seiner grundlegenden und bedeutenden Werke die handlungstheoretischen Grundlagen der Soziologie geschaffen.

Weber, Max: **Wirtschaft und Gesellschaft**. Grundriss der verstehenden Soziologie. 5. rev. Auflage, Studienausgabe, Nachdruck, bes. von J. Winckelmann, Tübingen: Mohr 2002.

Alfred Schütz (1899 – 1959) hat sich ausgehend von Edmund Husserls Phänomenologie mit wissenssoziologischen Fragen beschäftigt und dabei an die Handlungstheorie Webers angeschlossen.

Schütz, Alfred: **Der sinnhafte Aufbau der sozialen Welt**. Eine Einleitung in die verstehende Soziologie. Frankfurt am Main: Suhrkamp 1974 (oder: Bd. 2 der Alfred-Schütz-Werkausgabe, Konstanz: UVK 2004).

Berger, Peter L./Luckmann, Thomas: **Die gesellschaftliche Konstruktion der Wirklichkeit**. Eine Theorie der Wissenssoziologie. Frankfurt am Main: Fischer 1989.

Der Kommunikationswissenschaftler Roland Burkart integriert in seiner Argumentation Aussagen des symbolischen Interaktionismus, der verstehenden Soziologie sowie der Sprachwissenschaft.

Burkart, Roland: **Kommunikationswissenschaft**. Grundlagen und Problemfelder. Umrisse einer interdisziplinären Sozialwissenschaft. 4., überarb. u. akt. Auflage, Wien u.a.: Böhlau/UTB 2002, S. 20 – 165.

Grundlegend ist das Werk des Soziologen und Sozialphilosophen Jürgen Habermas (*1929):

Habermas, Jürgen: **Theorie des kommunikativen Handelns**. 2 Bde. Frankfurt am Main: Suhrkamp 1981, 7. Aufl. 2009.

Verstehen und Fremdverstehen

Im Anschluss an die soziologische Handlungstheorie (Max Weber) und die phänomenologische Philosophie (Edmund Husserl) beschäftigt sich die phänomenologische Soziologie mit dem Problem des wechselseitigen Verstehens. Wir hatten bereits gesehen, dass der mit der kommunikativen Handlung gemeinte Sinn nicht objektiv, sondern ein subjektiv gemeinter Sinn ist und bleibt. Das heißt, Alter Ego kann auch in der Kommunikation nicht wirklich zu Ego werden, sondern nur in dessen Rolle schlüpfen. Alter Ego ist auf seine (Alter Egos) Wahrnehmungen angewiesen, es kann nur die Äußerungen von Ego interpretieren, aber nicht in dessen Erleben »eintauchen«, denn Ego und Alter Ego verschmelzen nicht. Es handelt sich um Kommunikation und nicht um Kommunion. Die Erlebnisse Alter Egos werden nicht als Egos Erlebnisse wahrgenommen, sondern als die von Alter Ego. Fremdverstehen unterscheidet sich damit, wie Alfred Schütz meint, grundsätzlich von der Selbstauslegung der eigenen Erlebnisse, und Fremdverstehen bleibt damit zwangsläufig unvollständig, diskontinuierlich und zweifelhaft: »Der Deutende gewinnt nur Näherungswerte an das vom Redenden Gemeinte« (Schütz 1974: 175). Dabei richtet sich die Intention der Verstehenshandlung nicht nur darauf, was ein Zeichen oder Wort bedeutet, sondern was es für den bedeutet, der das Zeichen oder Wort hervorgebracht hat. Die Intention der Verstehenshandlung ist also nicht auf die objektive Bedeutung gerichtet, sondern – wie es für soziale Handlungen typisch ist – auf den subjektiv gemeinten Sinn. Vollständige Verständigung ist also nicht möglich, aber für das menschliche Zusammenleben auch gar nicht notwendig. Verständigung wird aber aufgrund der Rollenübernahme und der »natürlichen Einstellung der Lebenswelt« im Alltag wahrscheinlich. Im Alltag gehen wir nämlich selbstverständlich von einer »Reziprozität der Perspektiven« aus: Wir idealisieren zum einen die Vertauschbarkeit der Standorte von Ego und Alter Ego und zum anderen die Kongruenz der Relevanzsysteme. Wir unterstellen also, dass Ego und Alter Ego, wenn sie ihren Standort tauschen würden, dieselben typischen Aspekte der Welt wahrnehmen würden und dass sie zu ganz ähnlichen Interpretationen der Welt gelangen würden. Im Alltag arbeiten wir mit Typisierungen von Personen (»vertrottelter Professor«, »böse Schwiegermutter«), Rollen (Lehrer-Schüler, Käufer-Verkäufer) und Situationen (Vorlesung, Arztsprechstunde), sprachlichen Objektivierungen und Deutungsschemata, wir greifen auf vorgegebene (zuvor in unserer Gesellschaft oder Sprachgemeinschaft ausgehandelte) Bedeutungen zurück. Die Welt unseres Alltags ist nie eine rein subjektive Welt, sondern immer schon eine intersubjektive Welt sozialer Bedeutungen. In der Kommunikation

Ego und Alter Ego

stellen wir eine »innere Gleichzeitigkeit« zwischen Ego und Alter Ego her. Je formalisierter ein Zeichensystem ist, umso wahrscheinlicher gelingt Kommunikation. Sprachen und Fachsprachen sind in hohem Maße formalisiert und verfügen über relativ klare Denotationen, während nichtsprachliche Gesten und Gebärden im Alltag keine eindeutigen Denotationen und kein »Vokabular« aufweisen. Die Rede von der »Körpersprache« ist insofern irreführend, es sei denn, die einzelnen Gesten sind konventionalisiert und standardisiert, wie beispielsweise im Kabuki-Theater oder in den unterschiedlichen Gebärdensprachen für Hörbehinderte.

Nicht jeder Zeichenprozess zwischen Menschen erfüllt demnach alle Definitionskriterien von Kommunikation. Nur um den Preis, die handlungstheoretische Begriffsdifferenzierung zwischen Verhalten und Handeln aufzugeben, lässt sich daher mit Watzlawick et al. behaupten:»Man kann nicht nicht kommunizieren.« Das führt uns zu der viel – und durchaus kontrovers – diskutierten Frage, welche Rolle natürliche Sprache und andere Zeichen in der interpersonalen Kommunikation spielen.

Info & Literatur

Palo-Alto-Schule

Im kalifornischen Palo Alto leitete der Kybernetiker und Ökologe Gregory Bateson (1904 – 1980) ab 1954 ein Projekt über die Kommunikation Schizophrener. Hieran knüpften der österreichische Psychotherapeut Paul Watzlawick (1921 – 2007) gemeinsam mit zwei Kollegen an. Sie formulierten fünf, allerdings theoretisch nicht weiter fundierte, »pragmatische Axiome der Kommunikation«, die sich vor allem bei Laien sowie bei Kommunikationstrainern großer Popularität erfreuen:

1. Man kann nicht nicht kommunizieren.
2. Jede Kommunikation hat einen Inhalts- und einen Beziehungsaspekt.
3. Kommunikationssequenzen werden unterschiedlich interpunktiert, d. h. Anfang und Ende sowie Ursache und Wirkung werden unterschiedlich zugeschrieben.
4. Kommunikation bedient sich digitaler und analoger Modalitäten.
5. Kommunikation verläuft entweder symmetrisch oder komplementär.

Watzlawick, Paul / Beavin, Janet H. / Jackson, Don D.: **Menschliche Kommunikation**. Formen, Störungen, Paradoxien. Bern u. a.: Huber 1969, 11. Aufl. 2007.

Eine ausführliche Kritik findet sich bei:
  Girgensohn-Marchand, Bettina: **Der Mythos Watzlawick und die Folgen.**
Eine Streitschrift gegen systemisches und konstruktivistisches Denken
in pädagogischen Zusammenhängen. 3. Aufl., Weinheim 1996.

Verbale und nonverbale Kommunikation

Sprache

Als Besonderheit der Humankommunikation hatten wir die intentionale
Verwendung von konventionalisierten Symbolen, in Gestalt von Sprache,
herausgearbeitet. Mit Sprache steht uns im Unterschied zu Tieren eine
hoch abstrakte, enorm leistungsfähige Verständigungsmöglichkeit zur
Verfügung, mit der wir auch über Abwesendes und Nicht-Existentes, Gefühle, Vorstellungen und Ideen genauso kommunizieren können, wie
über konkrete Objekte der Dingwelt. Sprache versetzt uns in die Lage,
Begriffe zu bilden und neue sowie individuelle Erfahrungen in das soziale System der Begriffe einzuordnen. Sie bietet damit auch die Möglichkeit der Transzendenz, des Überschreitens der Zeit wie des Individuums
bzw. Subjekts. Dass Menschen als einzige Lebewesen über diese Kommu-
nikationspotenziale verfügen, bedeutet aber im Umkehrschluss keineswegs, dass sie sich ausschließlich der Sprache zur Kommunikation bedienen würden:

Zum einen bedienen sich Menschen auch anderer Symbolsysteme,
die nicht auf gesprochener Sprache, wohl aber auf Konvention beruhen.
Erinnert sei an Verkehrszeichen, Piktogramme, Gebärdensprachen etc.

Zum anderen aber ist die sprachliche Kommunikation in der Face-to-
Face-Situation an den menschlichen Körper gebunden, der von Angesicht zu Angesicht von beiden Kommunikationspartnern wahrgenom-

Gestik, Mimik, Proxemik

men werden kann. Die Rede wird in der Regel durch Gestik, Mimik,
Proxemik (also die körperliche Distanz und Ausrichtung) sowie beobachtbare bzw. hörbare Merkmale des Sprechens begleitet, die der Kommunikationspartner synchron zur Sprache wahrnimmt. Synchron mit
dem kommunikativen Handeln (insbesondere auf der Ebene des Sprechens und Sprachverstehens) kann in der Face-to-Face-Situation immer
auch das Verhalten der Kommunikationspartner wechselseitig beobachtet und interpretiert werden. Es finden also gleich zwei Zeichenprozesse
statt, wobei der eine (Sprechen und Zuhören) bereits klar als kommunikatives Handeln klassifiziert werden konnte. Der parallel verlaufende
Zeichenprozess ist jedoch nicht ohne Weiteres einzuordnen: Handelt es
sich bei Mimik, Gestik, Körperstellung und -haltung sowie bei Stimm-
modulation und -höhe, Lautstärke, Sprechgeschwindigkeit, Stottern, Arti-

kulation oder Dialekt nun um intentional eingesetzte Zeichen oder um unwillkürlich preisgegebene Anzeichen (Symptome) eines inneren Zustandes?

Nonverbale Zeichen spielen vielfach auch im Vorfeld der eigentlichen Kommunikation eine wichtige Rolle: Durch Blickkontakt, Lächeln oder die Zuwendung des Körpers wird Gesprächsbereitschaft signalisiert. Zweifellos interpretieren die Kommunikationspartner wechselseitig auch diese non- und paraverbalen Zeichen, und es ist zu vermuten, dass diese Deutungen das wechselseitige Verstehen und die Interpretation der sprachlichen Äußerungen durchaus beeinflussen. Allerdings steht für die Interpretation kein »Lexikon« mit den Denotationen zur Verfügung, vor allem aber: Der Beobachter muss zunächst selbst einmal interpretieren, ob die non- und paraverbalen Zeichen vom Kommunikationspartner intentional, bewusst, gesteuert – also als kommunikative Handlung – hervorgebracht wurden oder ob es sich lediglich um nicht zu verbergende Symptome – Kennzeichen eines bloßen Verhaltens – handelt. In vielen Situationen wird dies durch den Kommunikationspartner, aber auch durch einen Kommunikationswissenschaftler als Beobachter nicht eindeutig zu entscheiden sein. Im Alltag werden wir Handschlag, Schulterklopfen, Umarmung oder Kuss durchaus als intentionale kommunikative Handlungen verstehen und je nach Einschätzung unseres Gegenübers und unserer Beziehung zu ihm interpretieren. Darüber hinaus werden wir aber, solange wir es nicht mit geschulten Rednern oder gar Schauspielern zu tun haben, Sprechtempo, Stimmhöhe, Körperhaltung etc. wohl eher als unbewusst oder unabsichtlich preisgegebene Anzeichen interpretieren. In jedem Fall besitzen aber auch die non- und paraverbalen Zeichenprozesse – egal ob es sich um kommunikatives Handeln oder um bloßes Verhalten handelt – eine Funktion im Prozess der interpersonalen Kommunikation.

Die interpersonale Kommunikation in der Face-to-Face-Situation scheint also ein komplexer und vielschichtiger Prozess zu sein, was in einem kommunikationswissenschaftlichen Modell angemessen berücksichtigt werden muss. Wenden wir uns zunächst den non- und paraverbalen Zeichen zu, die nicht als konventionalisierte Symbole verwendet werden.

Unter nonverbalen Signalen sind alle Zeichen zu verstehen, die nicht unmittelbar mit dem Sprechen selbst verbunden sind, dieses aber begleiten können: Gesichtsausdruck (Mimik), Bewegungen vor allem der Hände und Arme (Gestik), aber auch die Körperhaltung und die Stellung im Raum sowie zum Kommunikationspartner (Proxemik) und das Blickverhalten, das eine große Rolle bei der Kontaktaufnahme und beim Sprecherwechsel spielt. Lächeln, Lachen, Weinen, aber auch eine entspannte Sitzhal-

nonverbale Signale

tung, ein Hinüberlehnen zum Kommunikationspartner, das Herumzappeln mit den Füßen, Selbstberührungen (Kopfkratzen, Augenreiben etc.), das Verschränken der Arme – all diese Verhaltensweisen zeigen Menschen auch während sie kommunizieren. Und diese Verhaltensweisen können vom Kommunikationspartner als Anzeichen für die tatsächliche oder angebliche Befindlichkeit des Redners, insbesondere für seine Glaubwürdigkeit, gedeutet werden. Allerdings sind diese Anzeichen nicht zweifelsfrei zu interpretieren: So kann eine bestimmte Sitzhaltung nicht nur das Symptom für geistige Entspannung oder Konzentration, für Ablehnung oder Zuneigung sein, sondern auch das Symptom einer körperlichen Befindlichkeit (Rückenschmerzen etc.). Nonverbale, aber auch paraverbale Zeichenverwendungen variieren erheblich nicht nur zwischen verschiedenen Personen, Kulturen, Schichten und Geschlechtern, sondern auch bezogen auf ein und dieselbe Person.

Zu den nonverbalen Zeichen können als leibgebundene, wenngleich mittelfristig veränderbare Merkmale wie Kleidung, Frisur, Barttracht, Schmuck sowie nicht leibgebundene Attribute wie Büromöblierung, Wohnungseinrichtung, Auto gezählt werden. Diese Zeichen können sehr viel stärker kontrolliert und auch bewusst als (Status-)Symbole im Kommunikationsprozess eingesetzt werden.

paraverbale Zeichen   Paraverbale Zeichen sind hingegen unmittelbar mit dem Sprechen verbunden, sie sind Ausdruck der Art und Weise des Sprechens sowie möglicherweise Indizien für andere Eigenschaften oder Stimmungen des Redners. Stimmhöhe, -lautstärke, -dynamik, Sprechtempo, Pausen und Verzögerungen können als Hinweise auf die Aufrichtigkeit oder Glaubwürdigkeit, das Engagement eines Redners, aber auch als Signale für die Dringlichkeit oder Relevanz einer Aussage interpretiert werden. Wiederum gilt, dass es keine eindeutigen Denotationen gibt, Menschen ihre Emotionen sehr unterschiedlich verarbeiten und zum Ausdruck bringen. Diese Zeichen werden vermutlich umso zutreffender interpretiert, je besser sich die Kommunikationspartner kennen und je erfahrener bzw. kommunikativ kompetenter der Zuhörer und -seher ist. Manche Emotionen wie Zorn, Nervosität, Trauer und Glück sind an der Stimmqualität offenbar leichter zu erkennen als z. B. Liebe, Eifersucht und Stolz. Langsameres Sprechtempo und geringe Tonhöhenvariation stehen meist für negative, unangenehme Emotionen, hohes Tempo und große Tonvariationen für positive Gefühle (vgl. Forgas 1995, S. 155 – 158). Paraverbale Zeichen können wie nonverbale eine metakommunikative Funktion erfüllen, wenn sie dem Kommunikanten Hinweise darauf geben, wie die verbalen Äußerungen gemeint und zu interpretieren sind. So kann beispielsweise das Wiegen des Kopfes vor oder während einer Äußerung dem Partner signalisieren, dass die Äußerung das mit Unsicherheit behaftete Ergebnis eines längeren, vielleicht noch nicht abgeschlossenen Nachdenkens und Erwägens ist. Kommt hingegen die Antwort »wie aus der Pistole geschossen«, so kann dies entweder als Zeichen sicheren Wissens oder als voreilige Antwort interpretiert werden.

Auch bei der Interpretation paraverbaler Signale unterstellen wir, bis auf Widerruf, dass der andere uns selbst ähnlich ist, also die meisten dieser Signale nicht bewusst und gezielt senden kann. Deshalb gelten non- und paraverbale Signale uns meist als besonders authentisch und glaubwürdig. Wir gehen davon aus, dass wir zwar relativ leicht mit Sprache lügen können, uns aber dabei leicht durch nervöses Verhalten, Erröten, hohes Sprechtempo oder leises Reden »verraten«. Einige mimische Signale gelten offenbar sogar kulturübergreifend, die meisten sind hingegen gesellschaftlich und kulturell geprägt. Es fällt vergleichsweise schwer, mittels nonverbaler Signale Dinge der Außenwelt darzustellen, während uns dies mit der Sprache relativ leicht gelingt. Schon deshalb ist das Substitutionspotenzial der nonverbalen Zeichen sehr beschränkt; sie ersetzen die sprachliche Äußerung nicht, sondern geben – oft mehrdeutige – Hinweise darüber, wie die sprachliche Aussage gemeint ist. Umgekehrt können wir, wenn wir es denn wollen und wagen, nahezu alles verbalisieren, was wir auch nonverbal zum Ausdruck bringen. Man kann daher davon ausgehen, dass es sich in den meisten Fällen um redundante Botschaften handelt, die verbal und nonverbal vermittelt werden. Jedenfalls entbehren Berechnungen, nach denen zwei Drittel oder mehr der Informationen in einem Gespräch nonverbal kommuniziert werden, einer soliden empirischen Grundlage. Zum einen dürfte es, zumal im psychologischen Labor, schwer fallen, valide Messungen durchzuführen, die ambivalente Bedeutungen und die wahrscheinlichen Redundanzen mit der verbalen Kommunikation hinreichend genau berücksichtigen. Zum anderen handelt es sich bei Information, wie wir bereits festgestellt haben, um einen subjektrelationalen Prozess und nicht um messbare Einheiten. Nonverbale Zeichen können in der interpersonalen Kommunikation sechs verschiedene Funktionen einnehmen: Substitution (in geringem Maße), Redundanz, Ergänzung, Betonung, Koordination (insbesondere Beginn und Ende des Gesprächs sowie des Sprecherwechsels) und Widerspruch. Hierfür ist (neben der Intonation) vor allem der Blickkontakt bedeutsam: Der Zuhörer richtet den Blick häufiger auf den Sprecher als umgekehrt. Insgesamt sind die Blickkontakte mit etwa einer Sekunde jedoch nur recht kurz, und in einem Dialog treffen sich die Blicke beider Kommunikanten durchschnittlich nur in 31 % der Zeit. Zumindest in westlichen Kulturen gilt es als eher unüblich, seinen Emotionen und Selbsteinschätzungen in Alltagskonversationen mit Fremden verbalen Ausdruck zu verleihen. Den nonverbalen Zei-

Funktionen
nonverbaler Zeichen

chen kommt daher vielfach auch die Funktion der Selbstdarstellung und der Vermittlung von Einstellungen und Gefühlen zu.

Widersprechen sich non- und paraverbale Zeichen einerseits und sprachliche Äußerung andererseits, so sind Kommunikationsstörungen oftmals die Folge. Beheben lassen sich solche Störungen durch Meta-kommunikation, also die bewusste und verbale Thematisierung des Widerspruchs, der Anlass zu Missverständnissen bietet.

Wie der Umgang mit Sprache, so variiert auch das non- und paraverbale Verhalten mit dem Geschlecht der Kommunikanten (vgl. Tannen 2004).

sprachliche Zeichen   Das Verstehen sprachlicher Zeichen in der interpersonalen Kommunikation wird nicht nur durch non- und paraverbale Zeichen metakommunikativ moduliert, sondern durch eine ganze Reihe weiterer Faktoren. Hierfür ist es hilfreich, sich das sprachliche Zeichen näher anzusehen, ohne hier eine ausführliche linguistische Analyse zu unternehmen. Sprachliche Zeichen besitzen drei Dimensionen: Die semantische Dimension beschreibt die Beziehung des Sprachzeichens zum Bezeichneten, also einem Ding oder besser: der mentalen Vorstellung von einem Ding, einer Idee etc. Es geht also um die Bedeutung eines Wortes, wie sie in einem Wörterbuch verzeichnet ist (Denotation) oder um die individuell oder in spezifischen Gruppen gehandhabte Bedeutung (Konnotation). Verfügen Kommunikationspartner nicht über hinreichend gleiche Denotationen kommt es nicht zum Verstehen; verfügen sie über sehr stark abweichende Konnotationen, kommt es zu Missverständnissen. Die syntaktische Dimension umfasst die Beziehung eines Sprachzeichens zu den anderen Sprachzeichen, wie sie in einer Grammatik der deutschen oder einer anderen Sprache nachzulesen ist. Die pragmatische Dimension schließlich umfasst die Beziehungen zwischen sprachlichen Zeichen und Zeichenverwender. Aus kommunikationswissenschaftlicher Sicht ist diese Dimension besonders interessant, denn es geht hier weniger um die Sprache an sich oder als System (langue) als vielmehr um ihre soziale Verwendung als gesprochene Sprache, um das Sprechen (parole).

Nach dem, was wir bisher beschrieben haben, reicht es für gelungene Kommunikation nicht aus, wenn beide Kommunikationspartner hinreichend gleiche Kenntnisse der Semantik und Syntaktik besitzen, sie müssen auch ein Verständnis über den pragmatischen Sinn einer Äußerung aushandeln. Mit den Sprachphilosophen Austin und Searle – und in Übereinstimmung mit den oben stehenden handlungstheoretischen Sprechakt   Ausführungen – kann man jede sprachliche Äußerung als Sprechakt auffassen: Sprechen heißt demnach immer auch Handeln. Wenn ein Dozent beim Betreten des Seminarraums sagt:»Hier ist es aber fürchterlich kalt.« kann dies von anwesenden Studierenden entweder als reine Tatsachenfeststellung verstanden werden oder aber als höflich-indirekte

Aufforderung, das Fenster zu schließen. Ist der Satz zwar als Aufforderung gemeint (subjektiver Sinn), wird aber als bloße Feststellung verstanden, dann ist die Kommunikation nicht gelungen, obwohl die Studierenden durchaus verstanden haben dürften, was »hier« und »kalt« bedeuten (Semantik) und es sich um einen grammatisch korrekten Satz handelt (Syntaktik).

Jürgen Habermas unterscheidet deshalb zwei Ebenen der Kommunikation: die Ebene der Gegenstände und die Ebene der Intersubjektivität; Watzlawick et al. unterscheiden ähnlich zwischen Inhalts- und Beziehungsaspekt. Nach Habermas muss auf beiden Ebenen Verständigung erzielt werden, damit Kommunikation gelingt. Nach Watzlawick et al. bestimmt der Beziehungsaspekt den Inhaltsaspekt, wobei der Beziehungsaspekt nahezu ausschließlich mittels non- und paraverbaler Zeichen (»analog«), der Inhaltsaspekt hingegen »digital« durch Sprache kommuniziert wird. Wir haben bei der Erörterung der non- und paraverbalen Zeichen bereits festgestellt, dass bei Watzlawick et al. wichtige Differenzierungen fehlen. Die als »pragmatisches Axiom« ausgewiesene These von der Priorität des Beziehungsaspektes ist empirisch kaum haltbar, weist aber – in überspitzter Form – zutreffend darauf hin, dass Missverständnisse oder gar Konflikte auf der Beziehungsebene zu Kommunikationsstörungen führen, auch wenn der Inhaltsaspekt verstanden wird. Werden Sprechakte als Sprechakte von den Kommunikationspartnern unterschiedlich verstanden (z. B. Befehl vs. Feststellung) kommt es zu Missverständnissen.

Die Interpretation von Sprechakten hängt oft von der Kenntnis (und Akzeptanz) sozialer Rollen, Positionen und Kontexte ab. Notwendig ist eine gemeinsame Definition der Situation oder, wie es der Soziologe Erving Goffman formulierte, »dessen, was hier vorgeht.«

Ausgehend von der Sprachtheorie Karl Bühlers, der 1934 bereits zwischen Darstellungs-, Ausdrucks- und Appellfunktion von Sprache unterschieden hat, entwickelte Friedemann Schulz von Thun die Metapher von den »vier Ohren«, die bei der interpersonalen Kommunikation eine Rolle spielt, aber auch Störungen verursachen kann. Kommunikation besitzt demnach nicht nur zwei (wie bei Watzlawick et al.) oder drei Aspekte (wie bei Bühler), sondern vier: Ein und dieselbe sprachliche Äußerung kann sich zum einen auf Objekte beziehen (Bühlers Darstellungsfunktion), zum anderen ist sie aber auch Ausdruck der emotionalen oder sonstigen Befindlichkeit des Sprechers (Ich-Aussagen), sie besitzt eine Appell-Funktion (Aufforderungen an den Kommunikationspartner) und schließlich weist sie Beziehungs- oder Du-Botschaften auf, also Aussagen darüber, wie der Sprecher (Ego) den Hörer (Alter Ego) sieht.

Randspalte:

Intersubjektivität

Definition der Situation

Metapher von den »vier Ohren«

Auf allen vier Seiten einer »Nachricht« können nun Missverständnisse auftreten, weil (Teil-)Botschaften gar nicht gehört, falsch verstanden oder nicht akzeptiert werden. Wie bei Watzlawick setzen sich auch bei Schulz von Thun die verschiedenen Aspekte einer Kommunikation sowohl aus verbalen als auch aus non- und paraverbalen Zeichen zusammen.

Abb. 4

Interpersonale Kommunikation nach Schulz von Thun (2005, Bd. 1: 45)

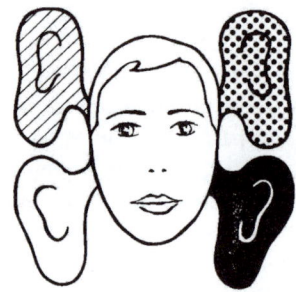

Was ist das
für einer?
Was ist mit ihm?

Wie ist
der Sachverhalt
zu verstehen?

Wie redet der
eigentlich mit mir?
Wen glaubt er vor
sich zu haben?

Was soll ich tun,
denken, fühlen
auf Grund seiner
Mitteilung?

Literatur

Sprachtheorie und Sprechakttheorie

Der Psychologe und Sprachtheoretiker Karl Bühler (1879 – 1963) hat das »Organonmodell der Sprache« entwickelt:

Bühler, Karl: **Sprachtheorie**. Die Darstellungsfunktion der Sprache. Jena: G. Fischer 1934, Neudruck d. 3. Aufl. Stuttgart: Lucius & Lucius 1999.

Der britische Linguist und Philosoph John L. Austin (1911 – 1960) hat in seinen postum veröffentlichten Vorlesungen den Gedanken entwickelt, dass Sprechen immer auch eine Handlung darstellt:

Austin, John L.: **Zur Theorie der Sprechakte** (How to do things with Words). Stuttgart: Reclam 1972, 2007.

Der amerikanische Philosoph John Rogers Searle (* 1932) hat die Sprechakttheorie Austins kritisch aufgegriffen und weiter entwickelt

Searle, John R.: **Sprechakte**. Ein sprachphilosophischer Essay. Frankfurt am Main: Suhrkamp 1971, 2007.

Der Psychologe und Kommunikationstrainer Schulz von Thun (* 1944) hat in seiner praxisbezogenen kommunikationspsychologischen Einführung die Arbeiten Bühlers ebenso berücksichtigt wie die Sprechakttheorie und die Palo-Alto-Schule. Seine Werke haben Millionenauflagen erreicht:

Schulz von Thun, Friedemann: **Miteinander reden**. 3 Bde. Reinbek: Rowohlt 1981 – 1998.

Geschlechtsspezifische Formen der Kommunikation und daraus resultierende Kommunikationsprobleme werden in populärer Form dargestellt von: Tannen, Deborah: **Du kannst mich einfach nicht verstehen**. Warum Männer und Frauen aneinander vorbeireden. München: Goldmann 2004.

Der amerikanische Soziologe Erving Goffman hat die interpersonale Kommunikation im Alltag analysiert. Voraussetzung menschlicher Interaktion und Kommunikation ist normalerweise die wechselseitige Wahrung des Images. Um das Image zu wahren, müssen bestimmte Gesprächsthemen gemieden werden, einige Tatsachen dürfen nicht ausgesprochen oder müssen umschrieben werden, und auf bestimmte Fragen werden gerne doppeldeutige Antworten gegeben. Kommt es jedoch zur Bedrohung des Images, greifen korrektive kommunikative Handlungen, die Goffman als »rituelle Ausgleichshandlungen« bezeichnet. Auf die Bedrohung folgt das Angebot einer Entschuldigung, wobei hier entweder Wiedergutmachung, Entschädigung, Selbstbestrafung, Buße oder Sühne versprochen wird oder der Zwischenfall als Scherz, unabsichtlicher oder durch Dritte verursachter Fehltritt deklariert wird. Es folgt die Annahme des Angebotes und schließlich der Dank für die Annahme der Entschuldigung. Neben den rituellen Ausgleichshandlungen führt Goffman eine Reihe weiterer »Interaktionsrituale« auf, die Gesprächseröffnung, Sprecherwechsel, Gesprächsbeendigung, Themenwechsel und Beitragslänge regulieren. Auf diese Rituale kann in verschiedenen Situationen immer wieder zurückgegriffen werden, ebenso wie auch periodische Zuhörbestätigungen, Begrüßungs- und Verabschiedungsformeln. Kommunikationsprobleme entstehen, wenn die Kommunikanten diese Rituale nicht beherrschen oder erkennen, also die entsprechenden Signale und Anzeichen nicht zu deuten verstehen (vgl. Goffman 1986: 10 – 105).

Image und Interaktion

Goffman geht von bestimmten »Rahmen« (Frames) aus, die den Kommunikationspartnern als Interpretationsschema bei der Definition der Situation dienen. Der soziale Rahmen alltäglicher Konversation und Plauderei erinnert dabei an den Rahmen des Theaters: Den Kommunikanten geht es weniger darum, Verhalten, Handlungen und Meinungen durch Informationsvermittlung zu ändern, als vielmehr darum »etwas mit sich anzufangen, Sympathien zu gewinnen und dem Publikum ein Drama zu bieten.« Wie ein Dramatiker, so spielt auch ein alltäglicher Erzähler Teile seiner persönlichen Erfahrung nach. Dabei spalten sich Hörer wie Redner gewissermaßen in zwei Figuren auf: Der Redner ist zum einen die Person, die eine bestimmte, nun erzählte Erfahrung gemacht hat, und er ist auch der Gestalter der Erzählung. Als Gestalter der Erzählung greift er auf fertige »abspielbare Stücke« zurück, und er kann auch auf die – ihm wiederum erzählten – Erlebnisse anderer Figu-

Rahmen (Frames)

ren zurückgreifen. Der Zuhörer ist zum einen die konkrete, individuelle Person, zugleich spielt er aber auch die Rolle des »guten Zuhörers« und Beförderers der Konversation. Die soziale Funktion alltäglicher Konversation besteht darin, »jedem von uns Sympathisanten zu liefern.« Goffman (1980: 592) stellt in seiner »Rahmenanalyse des Gesprächs« fest, »daß ein großer Teil dessen, was im Alltagsleben routinemäßig gesprochen wird und nichts mit privater Phantasie zu tun hat, gar keine ›geradlinige‹ Tätigkeit ist; es erweist sich als ebenso weit entfernt von wirklichen Welten wie die Bühne. Statt eine Auffassung geradewegs zu äußern, schreibt man sie gern einer Gestalt zu, die zufällig man selber ist, von der man sich aber sorgfältig in der einen oder anderen Hinsicht absetzt [...] wobei man selber als Held der Geschichte wie auch als Erzähler auftritt. Ganz wie im Theater sollen diese Einfälle von einem Publikum geschätzt werden, nicht von einem Mitmenschen zum Anlaß von Handlungen genommen werden – jedenfalls nicht auf den ersten Blick.«

Info & Literatur

Erving Goffman

Der kanadische Soziologe und Sozialanthropologe Erving Goffman (1922 – 1982) lehrte Soziologie in den USA und Großbritannien. Er führte zahlreiche Beobachtungsstudien durch, unter anderem in Krankenhäusern und Nervenkliniken sowie in einer ländlichen Gemeinschaft auf den Shetland-Inseln. Seine Beobachtungen und seine analytischen Begriffe (Rahmenanalyse) finden sich in:

Goffman, Erving: **Interaktionsrituale**. Über Verhalten in direkter Kommunikation. Frankfurt am Main: Suhrkamp 1971, 1986.

Goffman, Erving: **Rahmen-Analyse**. Ein Versuch über die Organisation von Alltagserfahrungen. Frankfurt am Main: Suhrkamp 1977, 1980, insbesondere S. 563 – 601.

Goffman, Erving: **Wir alle spielen Theater**. Die Selbstdarstellung im Alltag. München u. Zürich: Piper 1969, 2003.

Zwischenfazit:
Kommunikation aus sozial-konstruktivistischer Sicht

Bei der Erklärung interpersonaler Kommunikation sind wir bislang handlungstheoretisch vorgegangen und haben uns auf die verstehende Soziologie, den Symbolischen Interaktionismus und die Rahmenanalyse gestützt. Wir sind dabei von bewussten menschlichen Akteuren ausgegangen, die intentional kommunikativ handeln und deren kommunikative Handlungen sich als symbolische Interaktion begreifen lassen. Bei der Kommunikation (Verständigung) werden demnach Informationen und Bedeutungen nicht übertragen, sondern vermittelt.

Warum Verstehen möglich ist, lässt sich zusammenfassend mithilfe des Sozialen Konstruktivismus von Berger und Luckmann erklären: Ausgangspunkt ist die alltägliche Interaktion zwischen Kommunikanten, die sich von Angesicht zu Angesicht gegenüberstehen. Diese »Vis-a-vis-Situation« ist der »Prototyp« und Ausgangspunkt menschlicher Erfahrung in der »Lebenswelt«, auf die wir immer wieder fraglos zurückgreifen können. Auch bei der symbolischen Interaktion über Zeit und Raum hinweg greifen wir auf Rollenmuster, Schemata und Rahmen zurück, die wir verallgemeinert, typisiert und anonymisiert, also aus der konkreten »Hier-und-Jetzt-Situation« und von bestimmten Kommunikationspartnern gelöst haben. Wir leben immer schon in einer sozialen Welt, die unser Denken und Kommunizieren (z. B. in Gestalt des Symbolsystems Sprache) prägt. Diese soziale Welt ist eine symbolische Welt und als solche durch Kommunikation erst entstanden oder konstruiert.

Wir entäußern und objektivieren unsere Erfahrungen bzw. unser Wissen mithilfe von Symbolen (Externalisierung) und konstruieren mithilfe unserer alltäglichen »Konversationsmaschine« eine Welt: »Die wirklichkeitsstiftende Macht des Gesprächs ist mit der Tatsache der Objektivation der Sprache bereits vorgegeben« (Berger und Luckmann 1989: 164). In der Kommunikation nehmen wir diese Welt dann als objektive Welt wahr, und wir lernen im Laufe unserer Sozialisation nicht nur die Rolle von Alter Ego einzunehmen, sondern auch, uns das zuvor externalisierte Wissen – über Zeit und Raum hinweg – wieder anzueignen (Internalisierung). Für die wechselseitige Interpretation des Verhaltens der Kommunikanten (non- und paraverbale Zeichen und Anzeichen), das Erkennen der sozialen Situation (Rahmen) sowie den größeren sozialen Kontext benutzen wir »Rezeptwissen« und greifen auf typisierte Rollenmuster (Institutionen) zurück: Wenn wir einen Gemüseladen oder eine Zahnarztpraxis besuchen, kennen wir die unterschiedlichen, aber typischen Berufs- und Kommunikationsrollen (Verkäufer/ Käuferin bzw. Ärztin/ Patient), auch wenn wir zum ersten Mal den Laden oder die Praxis vertreten. Und: wir können mit hoher Gewissheit davon ausgehen, dass auch Ärztin und Verkäufer nicht nur ihre Rollen kennen, sondern auch unsere. Ja, sie wissen auch, dass wir unsere – und ihre – Rollen kennen, weil die Handlungsmuster institutionalisiert sind.

Kommunikation konstruiert soziale Welt

Radikaler Konstruktivismus

Am komplexen Prozess des wechselseitigen Verstehens sind aber nicht nur soziale Institutionen und wissenssoziologisch beschreibbare Prozesse wie Externalisierung, Typisierung und Internalisierung als wichtige Voraussetzung beteiligt. Verstehen ist zugleich ein komplexer individueller Kognitionsprozess. Folgt man den »radikalen Konstruktivisten«, dann werden Bedeutungen nicht nur sozial sondern auch individuell kognitiv konstruiert. Vor dem Hintergrund neuerer kognitionspsychologischer und neurobiologischer Erkenntnisse geht man mittlerweile davon aus, dass Verstehensprozesse nicht von außen, also allein durch die übermittelten Signale objektiv determiniert (bestimmt) werden. Denn ansonsten müssten ja alle Menschen, ihre körperliche und geistige Gesundheit vorausgesetzt, dieselben Signale genauso verstehen. Dies ist aber offenbar nicht der Fall: Auf dieselben Reize reagieren wir unterschiedlich, und zwar individuell, soziokulturell und situativ unterschiedlich. Information ist demnach das Ergebnis eines individuellen Konstruktionsprozesses, sie ist eine kognitive – und keine kommunikative – Leistung.

Die »radikalen Konstruktivisten« gehen aufgrund der kognitionspsychologischen und neurobiologischen Befunde davon aus, dass unser »Kognitives System« (also unsere Sinnesorgane, unser Nervensystem und das Gehirn) durch die Außenwelt zwar »irritiert« werden kann, die Zuschreibung von Bedeutung und das Verstehen von Sinn aber durch die Beschaffenheit (Struktur) unseres kognitiven Systems bestimmt werden. Es lassen sich also Signale oder Reize übermitteln, nicht jedoch Informationen oder Bedeutungen. Diese werden vielmehr intern, »in unserem Kopf« erzeugt. Je nach dem, welches Wissen wir bereits besitzen und welche Informationen wir bereits in der Vergangenheit konstruiert haben, können wir auch neue Informationen konstruieren. Wir informieren uns letztlich also selbst und werden nicht durch Informationen der Außenwelt (Mitmenschen, Medien etc.) »programmiert«.

Lediglich die Tatsache, dass wir als Menschen über ein gemeinsames biologisches Erbe sowie innerhalb einer Gesellschaft auch über kulturelle und soziale Gemeinsamkeiten (zum Beispiel Wissen über soziale Rahmen und Institutionen) verfügen, macht es möglich, dass wir uns verstehen. Kommunikation ist also ein sehr unwahrscheinlicher und voraussetzungsvoller Prozess. Je größer die Gemeinsamkeiten sind, um so höher ist die Wahrscheinlichkeit gelingender Kommunikation. Je größer die individuellen, sozialen, kulturellen Unterschiede sind, je mehr sich also Vorwissen, Bildung, Sprach- und Medienkompetenzen unterscheiden, um so schwieriger ist Verständigung.

Systemtheoretische Alternativen

Die neurophysiologischen Befunde und die hierauf basierende radikal-konstruktivistische Theorie autopoietischer, also sich selbst schaffender und erhaltender Systeme, werden in den Sozialwissenschaften und damit auch in der Kommunikationswissenschaft jedoch unterschiedlich angewendet.

Niklas Luhmann überträgt die Theorie autopoietischer Systeme – entgegen den Empfehlungen der Neurobiologen – auf soziale Systeme. Für ihn bestehen soziale Systeme nicht aus Individuen oder Gruppen, sondern aus: Kommunikation. Und für Luhmann sind es auch nicht mehr die Menschen oder Akteure, die kommunizieren, denn: Nur die Kommunikation kann kommunizieren. Sie ist nicht identisch mit menschlichen Handlungen. Das Bewusstsein der Kommunikanten ist an der Kommunikation selbst auch nicht beteiligt. Kommunikation ist auch nicht der mehr oder weniger authentische Ausdruck psychischer Zustände, sondern eine Synthese aus drei Selektionen: Information, Mitteilung und Verstehen. Menschen sprechen zwar, aber Kommunikation ist kein psychisches, sondern ein emergentes, soziales System. Interpersonale Kommunikation stellt für Luhmann ein »einfaches Sozialsystem« dar, das durch die wechselseitige Wahrnehmung von zwei anwesenden Menschen begrenzt wird. Menschliches Bewusstsein ist auch ohne Kommunikation vorstellbar, es kann Information auch aufgrund von Wahrnehmung konstruieren. Aber Kommunikation kommt nicht ohne die »Koinzidenz« von Bewusstsein aus; das menschliche Bewusstsein kommuniziert zwar nicht, aber es irritiert die Kommunikation, denn Kommunikation beobachtet Bewusstsein.

Was bedeutet nun (interpersonale) Kommunikation aus dieser systemtheoretischen Sicht? Wir hatten eben bereits die Luhmann'sche Formulierung von der »Synthese dreier Selektionen« erwähnt: Zunächst muss eine Information ausgewählt werden, dann muss die Mitteilung erfolgen und schließlich muss der Unterschied von Information und Mitteilung verstanden werden. Es ist aber sehr unwahrscheinlich, »dass einer überhaupt versteht, was der andere meint«, dass Empfänger überhaupt erreicht werden und dass die Kommunikation schließlich auch noch akzeptiert wird. Für Luhmann ist es die Sprache als Medium, die das Gelingen von Kommunikation wahrscheinlicher macht, und es sind die technischen Verbreitungsmedien (z. B. der Buchdruck), die das Erreichen wahrscheinlicher machen. Die Kommunikation strukturiert sich nach Luhmann selbst: Die Selektion eines Themas macht die Selektion bestimmter Beiträge, die »anschlussfähig« sind, wahrscheinlich, und scheidet andere aus. So kann Kommunikation an Kommunikation anschließen und sich ein »autopoietisches System« entwickeln.

Allerdings lassen sich gegen Luhmanns Theorie durchaus Einwände vorbringen: Zum einen erscheint die Übertragung einer biologischen Autopoiesis-Vorstellung auf soziale Phänomene begründungsbedürftig, was bei Luhmann nirgends überzeugend erfolgt. Zum anderen zeigen Luhmanns eigene Ausführungen zur interpersonalen Kommunikation,

Kommunikation aus systemtheoretischer Sicht

dass er offenbar Akteure und kognitive Systeme nicht wirklich vollständig aus dem »sozialen System Kommunikation« heraushalten kann. So bleibt unklar, wer denn »mitteilt« oder »versteht«, wenn es keinen Akteur mehr gibt, und was »Verstehen« bedeuten soll, wenn damit kein kognitiver Prozess gemeint ist. Luhmann beharrt jedoch auf seiner strikten Trennung von Bewusstsein und Kommunikation, wenn er selbstironisch bemerkt: »Ob ich meine, was ich sage, weiß ich nicht. Und wenn ich es wüsste, müsste ich es für mich behalten« (Luhmann 1995: 53).

Allerdings gibt es einen alternativen Ansatz, die neurobiologischen Erkenntnisse für die sozialwissenschaftliche Betrachtung von interpersonaler Kommunikation fruchtbar zu machen, nämlich die Arbeiten von Peter M. Hejl. Das kognitive System des Menschen (Sinnesorgane, Nerven, Gehirn) ist demnach zwar autopoietisch geschlossen, d. h., es ist zwar energetisch offen und ohne menschlichen Körper nicht lebensfähig, aber für Informationen auch durch Kommunikation nicht erreichbar. Es sind die internen Strukturen des Systems, die darüber entscheiden, ob und welche Informationen wir aufgrund der Reize konstruieren, die wir von einem Kommunikationspartner empfangen (oder ihm zuschreiben). Kommunikation irritiert aber die beteiligten Individuen (bzw. deren kognitive Systeme) wechselseitig, beide Kommunikanten orientieren sich aufeinander und auf ihre gemeinsame Umwelt. Aufgrund unserer gemeinsamen Geschichte als biologischer Spezies (Evolution) einerseits sowie der von uns geteilten Erfahrungen (Lebenswelt) und verwendeten Symbolsysteme (Kultur) andererseits sind die kognitiven Systeme der Kommunikanten aber ähnlich strukturiert. Dies erlaubt es ihnen, je ähnlicher sie sind (z. B. gemeinsame Lebenserfahrungen, gemeinsame Sprache etc.) parallele Realitätskonstruktionen, sogenannte »synreferentielle Bereiche« auszubilden. Soziale Systeme sind selbst keine autopoietischen Systeme (wie bei Luhmann), sondern Gruppen von Menschen, die kognitive Subsysteme besitzen. Kognition und Bewusstsein sind konstitutiv an Kommunikation beteiligt; »Verstehen« bleibt eine kognitive Leistung von Akteuren, die intentional kommunikativ handeln – ohne dabei jedoch Informationen zu transportieren und die Bedeutung des Gesagten festlegen zu können (vgl. Hejl 1986).

Diese Sichtweise interpersonaler Kommunikation hat gegenüber Luhmanns Theorie den Vorteil, gleichzeitig den neuro- und kognitionsbiologischen Erkenntnissen Rechnung zu tragen und an die handlungstheoretischen Fundierungen und Differenzierungen anschließen zu können.

synreferentielle Bereiche

Literatur

Konstruktivismus und Systemtheorie

Die chilenischen Neurobiologen und Kognitionswissenschaftler Humberto Maturana (* 1928) und Francisco Varela (1946 – 2001) haben eine gut verständliche Einführung in den »Radikalen Konstruktivismus« und die Theorie autopoietischer, also sich selbst schaffender und erhaltender Systeme, verfasst, die operationell und informationell geschlossen sind. Maturana, Humberto R. / Varela, Francisco J.: **Der Baum der Erkenntnis**. Die biologischen Wurzeln menschlichen Erkennens. Frankfurt am Main: Fischer 2009.

Auf der Grundlage der Theorie der Autopoiesis hat der Bielefelder Soziologe Niklas Luhmann (1927 – 1998) seit den 1980er Jahren seine systemtheoretische Soziologie entwickelt, bei der Kommunikation das Letztelement aller sozialen Systeme ist. »Einfache Sozialsysteme« beschreiben dabei Strukturen und Prozesse interpersonaler Kommunikation:

Luhmann, Niklas: **Einfache Sozialsysteme**. In: ders.: Soziologische Aufklärung 2. Aufsätze zur Theorie der Gesellschaft. Opladen: Westdeutscher Verlag 1975, S. 21 – 38.

Luhmann, Niklas: **Die Unwahrscheinlichkeit der Kommunikation**. In: ders.: Soziologische Aufklärung 3. Soziales System, Gesellschaft, Organisation. Opladen: Westdeutscher Verlag 1981, S. 25 – 34.

Luhmann, Niklas: **Wie ist Bewusstsein an Kommunikation beteiligt?** in: ders.: Soziologische Aufklärung 6. Die Soziologie und der Mensch. Opladen: Westdeutscher Verlag 1995, S. 37 – 54.

Luhmann, Niklas: **Was ist Kommunikation?** in: ders.: Soziologische Aufklärung 6. Die Soziologie und der Mensch. Opladen: Westdeutscher Verlag 1995, S. 113 – 124.

Eine alternative Lesart des Konstruktivismus für die Sozialwissenschaften hat Peter M. Hejl entwickelt:

Hejl, Peter M.: **Soziale Systeme: Körper ohne Gehirne oder Gehirne ohne Körper?** In: Delfin. Eine deutsche Zeitschrift für Konstruktion, Analyse und Kritik, Nr. VI (1986): 56 – 67.

Zusammenfassung

Face-to-Face-Kommunikation

In der Face-to-Face-Situation findet Kommunikation zwischen anwesenden Menschen, von Angesicht zu Angesicht, statt. Dabei handeln beide Kommunikanten intentional und kommunikativ, also mit der Absicht, sich wechselseitig über etwas zu verständigen. Im Gegensatz zu natürlichen Zeichenprozessen im Tierreich bedienen sich Menschen hierzu vor allem des Symbolsystems der Sprache und wechselseitiger Rollenübernahme. Parallel zu diesem intentionalen, überwiegend verbalen Kommunikationsprozess können in der Face-to-Face-Situation auch eine Fülle von nonverbalen und paraverbalen Anzeichen wahrgenommen und interpretiert werden. Diese Zeichen besitzen unter anderem metakommunikative Funktionen, d. h., wir entnehmen ihnen Hinweise darauf, wie der Kommunikationspartner etwas gemeint haben könnte. Kommunikatives Handeln und Kommunikationsverhalten spielen in der interpersonalen Face-to-Face-Kommunikation also zusammen.

Gelingende Kommunikation ist ein unwahrscheinlicher und voraussetzungsreicher Prozess. Aber aufgrund unseres gemeinsamen biologischen Erbes (ähnlich strukturierte kognitive Systeme) und der gemeinsamen Kultur (insbesondere Sprache) ist die parallele Konstruktion von Realität möglich. Kommunikanten bilden bei der interpersonalen Kommunikation »synreferentielle Bereiche« aus und können sich auf diese Weise über eine sozial konstruierte Wirklichkeit verständigen.

Menschliche Kommunikation ist also weder ein Reiz-Reaktions-Prozess, noch eine Informationsübertragung, sondern die wechselseitige, absichtsvolle (intentionale) Verständigung über Sinn mithilfe symbolischer Zeichen, an der mindestens zwei Menschen mit ihrer artspezifischen kognitiven Autonomie, aber auch in ihrer sozialen und kulturellen Bedingtheit beteiligt sind.

Übungsfragen

1 Worin unterscheiden sich Verhalten und Handeln?
2 Was versteht man unter symbolischer Interaktion?
3 Warum sind Tiere nicht zur Rollenübernahme fähig?
4 Welche Funktionen besitzen sprachliche Symbole in der interpersonalen Kommunikation, und welche Funktionen können non- und paraverbale Anzeichen besitzen?
5 Wie ist Kommunikation möglich, wenn unsere kognitiven Systeme autopoietisch geschlossen sind, also keine Informationen von außen aufnehmen können?

Kommunikation in Gruppen und Organisationen | 2.2

Ausgehend von allgemeinen kommunikationstheoretischen Grundlagen haben wir die interpersonale Kommunikation zunächst im Modus der Dyade untersucht, also das Zwiegespräch (Dialog). Aus kommunikations-wissenschaftlicher Sicht interessiert nun die Frage, ob und wie im Ein-   Dyade
zelnen sich die interpersonale Kommunikation in Gruppen von der in einer dyadischen Zweier-Konstellation unterscheidet. Sicherlich gelten viele der oben erläuterten grundlegenden Merkmale des interpersonalen Dialogs grundsätzlich auch für die Kommunikation in Gruppen, aller-dings verläuft sie in der Gruppe komplexer. Um dies zu verstehen, müs-sen wir uns zunächst darüber klar werden, was Gruppen – und später auch was Organisationen – sind.

In der Soziologie versteht man unter einer Gruppe »eine Reihe von Personen, die in einer bestimmten Zeitspanne häufig miteinander Um-   Gruppe
gang haben und deren Anzahl so gering ist, daß jede Person mit allen anderen Personen in Verbindung treten kann, und zwar nicht nur mit-telbar über andere Menschen, sondern von Angesicht zu Angesicht« (Homans 1972: 29).

In der Soziologie wird zwischen Primärgruppen (insbesondere der Familie) und Sekundärgruppen unterschieden, in die man nicht »hinein-geboren« wird, sondern deren Mitglied man   mehr oder weniger – frei-willig wird. In modernen Gesellschaften spielen solche Sekundärgruppen (in der Ausbildung, am Arbeitsplatz, in Vereinen, Parteien, Gewerkschaf-ten etc.) eine große Rolle, und hier findet auch ein sehr großer Teil der alltäglichen Kommunikation statt.

Kleingruppen (8 – 12 Personen) und Großgruppen (20 – 50 Personen) sind durch den emotionalen Zusammenhalt ihrer Mitglieder (»Wir-Ge-fühl«), durch eine Abgrenzung nach außen (gegenüber Nicht-Mitglie-dern) und durch einen gewissen Konformitätsdruck nach innen (soziale Kontrolle) gekennzeichnet. Die einzelnen Mitglieder spielen in der Grup-pe verschiedene Rollen, die sich auch nach der Position in einer Grup-penhierarchie unterscheiden können. Der Zusammenhalt der Gruppe (Kohäsion) gründet in gemeinsamen Erlebnissen, geteilten Biografien (bis hin zur Familienverwandtschaft), Normen und Werten, aber auch gemeinsamen Interessen und Gesprächsthemen. Gruppen können in-formell (Freundschaftscliquen, Jugendgruppen) oder formell verfasst sein (Arbeitsgruppen, Ausschüsse etc. in Organisationen oder Unter-nehmen).

Das von dem amerikanischen Soziologen George C. Homans in seiner klassischen Gruppen-Definition verwendete Kriterium der Face-to-Face-Interaktion unterscheidet Gruppen damit von größeren Organisationen ebenso wie von Massen oder dem zufälligen Zusammentreffen auf der Straße. Die Mitglieder einer Gruppe nehmen in der Interaktion bestimmte Mitgliedsrollen ein, die auch bedeutsam für die Häufigkeit, die Art und Weise sowie die Partner der Kommunikation sind. Dass die Mitglieder einer Gruppe sich auch verschiedener Medien bei ihrer Kommunikation bedienen können, steht außer Frage. Ob es auch zu einer Bildung von Gruppen allein auf der Basis technisch vermittelter Kommunikation kommen kann, ist hingegen umstritten.

Mitgliedsrollen

In der Gruppen-Soziologie wird Kommunikation als »Sonderfall« von Interaktion betrachtet und gilt neben den Aktivitäten der einzelnen Mitglieder und ihren Gefühlen für einander sowie gemeinsamen Normen und Werten als wichtige Variable zur Beschreibung und Analyse von Gruppen. Die Mitglieder einer Gruppe stehen also in vielfältigen Beziehungen zueinander, von denen die Interaktionen nur einen Faktor darstellen. Symbolische Interaktion oder Kommunikation stellt wiederum nur einen Teil dieser Interaktionen dar, denn in der Gruppe können auch materielle Güter, Geld, Dienst- und Hilfeleistungen ausgetauscht werden. All diese Beziehungen und Prozesse sind für die Soziologie von Interesse. In unserem Erkenntniszusammenhang stehen aber die Kommunikationsbeziehungen und -prozesse im Vordergrund der Untersuchung.

Phasen des Gruppenlebens

Alle vier in der Soziologie und Sozialpsychologie unterschiedenen Phasen des Gruppenlebens sind ohne Kommunikation schlechterdings nicht vorstellbar: Formierung (Forming), »Sturm und Drang« (Storming), Normierung (Norming) und alltägliches Funktionieren (Performing) bedürfen des Gesprächs.

Kommunikationsmuster und -strukturen

formelle und informelle Kommunikationsmuster

Zunächst kann zwischen formellen und informellen Kommunikationsmustern unterschieden werden. Die formellen Muster orientieren sich bei formalisierten Gruppen an den Organisations- und Autoritätsstrukturen, also an eher externen Vorgaben und Regeln, wie sie insbesondere in Organisationen (Extrembeispiel: Militär) vorherrschen. Die formale Position eines Mitglieds in der Hierarchie beschreibt auch seine Stellung im Netzwerk der interpersonalen Kommunikation. Allerdings sind auch in formellen Gruppen (und Organisationen) informelle Kommunikationsmuster anzutreffen: Abhängig von persönlichen Sympathien wird auch »quer« oder diagonal zu den formalen Hierarchien kommuniziert; es können sich Subgruppen bilden, in denen aufgabenbezogen oder über andere Themen von persönlichem Interesse gesprochen wird. Auch die Kommunikationsanlässe und -themen sowie die Formen (Sprachregister, Verwendung von Dialekt und Soziolekt, Anreden etc.) können von den Kommunikationspartnern weitgehend selbst bestimmt und interaktiv ausgehandelt werden.

In hierarchisch strukturierten Gruppen und Organisationen kann zwischen der Kommunikation von Mitgliedern auf der gleichen Ebene (horizontal), der Kommunikation zwischen Ranghöheren und -niedrigeren, z. B. Vorgesetzen und Mitarbeitern (vertikal), und diagonaler Kommunikation (zwischen einem Mitarbeiter der Abteilung A und dem Leiter der Abteilung B) unterschieden werden.

horizontale, vertikale, diagonale Kommunikation

Die Gruppengröße wird, wie wir gesehen haben, durch das Kriterium bestimmt, dass jeder mit jedem direkt kommunizieren *kann*. Das bedeutet jedoch keineswegs, dass tatsächlich alle Gruppen- oder gar Organisationsmitglieder tatsächlich mit allen anderen unmittelbar in Kontakt treten. Eine solche »Vollstruktur« ist in kleinen Gruppen zwar realisierbar, doch mit jedem Mitglied wächst der Kommunikationsaufwand stark an. In formellen Gruppen und Organisationen ist daher häufig eines der vier anderen Kommunikationsmuster anzutreffen:

Vollstruktur

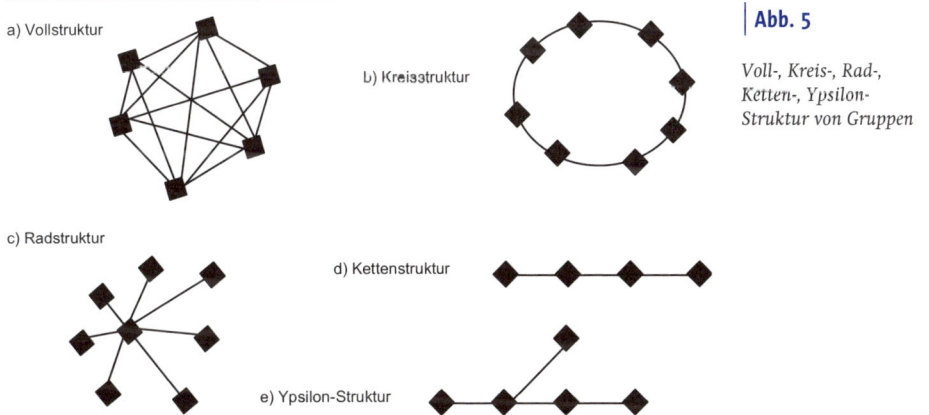

a) Vollstruktur

b) Kreisstruktur

c) Radstruktur

d) Kettenstruktur

e) Ypsilon-Struktur

Abb. 5

Voll-, Kreis-, Rad-, Ketten-, Ypsilon-Struktur von Gruppen

Bei der geschlossenen Kreisstruktur sind alle Mitglieder nach beiden Seiten mit anderen Gruppenmitgliedern verbunden. Kommunikation kann über zwei Wege erfolgen, wobei es meist einen längeren und einen kürzeren Kommunikationsweg gibt.

Kreisstruktur

Bei der Radstruktur gibt es ein eindeutiges Zentrum (die Nabe), von dem aus alle anderen Positionen (auf der Felge) erreicht werden können (über die Speichen). Eine direkte Kommunikation zwischen den Positionen auf

Radstruktur

der »Felge« ist nicht vorgesehen, nur die zentrale Person hat optimale Kommunikations-Chancen ohne »Intermediäre« (Zwischenglieder).

Kette   Bei der Kommunikations-Kette lässt sich ein Anfangs- und ein Endpunkt bestimmen; Kommunikation muss immer alle Glieder der Kette durchlaufen, die zwischen den beiden Kommunikanten liegen.

Ypsilon-Struktur   Die Ypsilon-Struktur gleicht der Kettenstruktur, allerdings mit dem Unterschied, dass (zumindest) an einem Ende eine Verzweigung besteht.

Durch Experimente hat man versucht, herauszufinden, welche Kommunikationsstruktur für bestimmte Aufgaben (Entscheidungen, kreative Problemlösungen etc.) am besten geeignet ist. Allerdings stimmen die Ergebnisse aus dem Labor kaum mit den Erfahrungen überein, die man beispielsweise in Organisationen sammeln kann.

Konformitätsdruck   Der in Gruppen häufig zu beobachtende Konformitätsdruck sichert zwar die Kohäsion der Gruppe, die Integration ihrer Mitglieder und die Grenze gegenüber Nicht-Mitgliedern, strukturiert aber auch die Kommunikation der einzelnen Mitglieder: Hat sich zu einem Thema bereits eine Mehrheitsmeinung gebildet oder haben sich die (Meinungs-)Führer der Gruppe bereits positioniert, so kann es anderen Mitgliedern schwer fallen, ihre eigene Meinung noch öffentlich zu äußern. Sie riskieren möglicherweise einen Status- oder Ansehensverlust in der Gruppe, im Extremfall auch den Ausschluss aus der Gruppe. Aus dem gleichen Grund werden Vertreter einer Minderheitenmeinung wahrscheinlich auch weniger verbale oder sonstige Unterstützung erhalten, sodass auch die Chancen für andere Mitglieder sinken, sich noch zu dieser Ansicht zu bekennen (→ vgl. zu diesem Effekt auch Teil I, Kap. 4.2). Für die Problemlösung in Arbeitsgruppen stellt dieses »Groupthink«-Phänomen einen erheblichen Nachteil dar, weil es verhindern kann, dass die nach sachlichen Kriterien vernünftigste Lösung gefunden wird.

Die Abgrenzung der Gruppe nach außen und die Integration der Gruppe nach innen werden kommunikativ auch durch Privat- und Fachsprachen erreicht. Erving Goffman betrachtet die Interaktion in und zwischen Gruppen als Theaterspiel, wobei er formalisierte und informelle Gruppen unterscheidet. Bezogen auf die »dramatische Interaktion«

Ensemble   sind Gruppen demnach »Ensembles«, die eine Situationsdefinition durch enge Zusammenarbeit mehrerer Teilnehmer schaffen und stützen. Das »gesamte Ensemble läßt einen bestimmten Eindruck entstehen, der für sich allein als drittes Phänomen zwischen der Einzeldarstellung einerseits und der Gesamtinteraktion der Gruppe andererseits betrachtet werden kann« (Goffman 2003: 75 – 76). »Ein Ensemble kann also definiert werden als eine Gruppe von Individuen, die eng zusammenarbeiten muß, wenn eine gegebene Situationsbestimmung aufrechterhalten werden soll. Ein Ensemble ist zwar eine Gruppe, aber nicht in bezug auf eine soziale Struktur oder eine soziale Organisation, sondern eher in bezug auf eine Interaktion oder eine Reihe von Interaktionen, in denen es um die relevante Definition der Situation geht. [...] Ausmaß und Art der Zusammenarbeit [...] wahrscheinlich verschleiert und geheimgehalten werden. Ein Ensemble hat etwas von einer Geheimorganisation« (Goffman 2003: 96).

Dabei können auch die Zuhörer oder Zuschauer ein eigenes Ensemble bilden. Wie im Theater gibt es auch in der alltäglichen Gruppenkonversation eine dem Publikum zugängliche Vorderbühne und eine nicht zugängliche Hinterbühne, auf der das Darsteller-Ensemble, zum Beispiel die Verkäufer in einem Geschäft oder die Bedienungen in einem Restaurant, »aus der Rolle fallen« dürfen und ganz anders kommunizieren. Das Publikums-Ensemble trägt selbst zur Aufrechterhaltung des Images der Darsteller bei, indem es immer dann Taktgefühl aufbringt, wenn es gilt, bestimmte Verletzungen der Vorderbühnen-Konvention zu »übersehen« oder zu »überhören«. Gerade in der Gruppenkommunikation gilt es, so Goffman, Peinlichkeiten und Schamgefühle zu vermeiden.

Netzwerke

Für die Untersuchung der direkten wie der technisch-vermittelten interpersonalen Kommunikation in Gruppen und Organisationen eignet sich in besonderem Maße der Ansatz sozialer Netzwerke, der vor allem aus der Sozialanthropologie stammt; seine theoretischen Wurzeln lassen sich aber bis auf die formale Soziologie (G. Simmel, L. v. Wiese) zurückführen. Für die Kommunikationswissenschaft hat vor allem Michael Schenk (1984) diesen Ansatz erschlossen. Auch bei der Erforschung von öffentlicher Meinungsbildung und persuasiver Kommunikation spielen mehrstufige und netzwerkartige Kommunikationsflüsse im Anschluss an die publizistischen Medien eine wichtige Rolle (vgl. Teil II, Kap. 2.4 zur Medienwirkungsforschung). Mit der Etablierung der Online-Kommunikation und zuletzt mit dem Aufkommen sog. »Social Network Services« wie StudiVZ oder Facebook haben Netzwerkansätze auch in der empirischen Kommunikationsforschung weiter an Bedeutung gewonnen.

soziale Netzwerke

Wie oben bereits ausgeführt, bestehen verschiedenartige Beziehungen zwischen den Personen eines Netzwerkes, von denen aber nur die Kommunikationsbeziehungen untersucht werden sollen. Kommunikationsnetzwerke sind »partiale« Netzwerke, also nur Ausschnitte aus dem gesamten, totalen Netzwerk. Mithilfe von Netzwerken können die Kommunikationsstrukturen und -beziehungen sowohl in Gruppen als auch in Organisationen untersucht werden, und es ist auch möglich, die Kommu-

Kommunikations-netzwerke

nikationsbeziehungen eines Individuums zu analysieren (ego-zentriertes Kommunikationsnetzwerk). Durch Beobachtungen und Befragungen können sowohl die Face-to-Face-, als auch die medial vermittelten Kontakte (Telefon, E-Mail etc.) ermittelt und mithilfe computergestützter statistischer Verfahren meist grafisch dargestellt werden. Es entsteht so etwas wie eine »Landkarte« der interpersonalen Kommunikation, an der sich die Besonderheiten der Kommunikation in einer Gruppe oder Organisation erkennen lassen.

Beschreiben und messen lässt sich unter anderem:

- welche Personen besonders häufig miteinander kommunizieren,
- ob sie direkt oder über ein oder mehrere Intermediäre miteinander kommunizieren (Nachbarschaft oder Adjazenz der Kommunikanten),
- welche Personen »Stars« der Gruppe sind, also *direkt* in Kommunikation mit anderen Mitgliedern stehen und ob es sich dabei um verschiedenartige oder eher ähnliche Mitglieder handelt (Verankerung eines Kommunikanten im Netzwerk),
- wie gut bzw. schnell eine Person erreicht werden kann, d. h. wie viele Intermediäre sie jeweils von den anderen Mitgliedern trennt (Erreichbarkeit),
- wie zentral eine bestimmte Person für die Kommunikation aller anderen Personen im Netzwerk ist, ob sie also eine strategische Position einnimmt und deshalb wahrscheinlich über besonders viele Informationen verfügt sowie entscheiden kann, ob und was sie davon weiter mitteilt (Zentralität),
- welche Kommunikationsrolle ein Kommunikant einnimmt (z. B. Meinungsführer oder -folger, Weiterleiter, Verstärker, Gatekeeper),
- ob alle potenziellen Verbindungen zwischen den Personen auch tatsächlich für die Kommunikation genutzt werden (Dichte),
- ob tatsächlich alle Mitglieder bzw. welche Mitglieder in direkter Kommunikation miteinander stehen (Vollständigkeit des Netzwerks),
- ob es im Gesamtnetzwerk bestimmte Cliquen oder Cluster von Personen gibt, die sich durch eine besonders intensive Kommunikation auszeichnen,
- mit welcher Häufigkeit kommuniziert wird,
- von welcher Dauer die Kommunikationsbeziehungen sind, und
- über welche Themen wer mit wem kommuniziert (und über welche nicht oder mit anderen Partnern).

uniplexe oder multiplexe Kommunikationsbeziehungen

Je nach dem, ob nur ein oder mehrere Themen Gegenstand der Kommunikation sind, spricht man von uniplexen oder multiplexen Kommunikationsbeziehungen. Anhand von Häufigkeit, Dauer und Intimität der Kommunikation können starke und schwache Bande (strong and weak ties) innerhalb des Netzwerks unterschieden werden.

Für die interpersonale Kommunikation in Gruppen und Organisationen sind dabei auch die schwachen Bindungen (weak ties) bedeutsam, denn durch diese Kontakte erfahren die Menschen oft Neuigkeiten aus anderen Teilen der Gruppe, Organisation oder der Gesellschaft. Gerade in Organisationen besitzen diejenigen Personen, die auch über vielfältige schwache Bindungen verfügen, eine wichtige Funktion für die Gruppe oder Organisation, der sie angehören. Sie bilden eine Brücke oder »Liason« zu anderen Kommunikationskreisen, Cliquen, Clustern oder Netzwerken.

Brücke oder »Liason«

Kommunikationsnetzwerke können miteinander verglichen werden, sodass sich auch für die technisch vermittelte und die öffentliche Kommunikation interessante Untersuchungsperspektiven ergeben: So kann man beispielsweise versuchen, die Veränderung der Kommunikationsbeziehungen nach der Einführung neuer Medien wie E-Mail zu untersuchen, oder man analysiert die Diffusion von Nachrichten von den publizistischen Medien bis zum alltäglichen Small Talk.

Mithilfe des Netzwerkansatzes können private Kommunikationsbeziehungen (Familien, Freundesgruppen, Vereine) ebenso untersucht werden wie die Kommunikation in und zwischen Organisationen.

Eine besondere Herausforderung besteht dabei allerdings in der hohen Dynamik von Netzwerken, gerade weil sich ihre Struktur durch Kommunikation verändert: Einerseits strukturiert das Netzwerk der Kommunikationsbeziehungen die Kommunikation, andererseits strukturiert die Kommunikation eben dieses Netzwerk.

Netzwerkanalysen werden in der Kommunikations- und Publizistikwissenschaft nicht nur für die Untersuchung von Akteurs- oder Kommunikantennetzwerken eingesetzt: Beziehungen und Verweise bestehen auch zwischen den Aussagen (Kommunikaten) eines Diskurses, z.B. einer Diskussion in einem Online-Chat oder einem Weblog. Kommunikation schließt an Kommunikation an und bildet ein Netzwerk inhaltlicher Bezugnahmen und Referenzen. Den »Sedimenten« in Flüssen vergleichbar, bleiben bei Kommunikationsprozessen manifeste Inhalte (z.B. gespeicherte Texte) zurück, die analysiert werden können. Wie bei den Akteursnetzwerken der Kommunikation stellt man dabei meist fest, dass auf manche Beiträge (Postings) besonders häufig direkt oder indirekt Bezug genommen wird. An solche »zentralen« Postings schließen besonders lange und breite Stränge (»Threads«) weiterer Postings an, während andere Argumente ignoriert werden und isoliert außerhalb des semantischen wie des sozialen Netzwerkes verbleiben.

semantische Netzwerke

Literatur

Soziale Netzwerke
Eine ausführliche Darstellung des Netzwerkansatzes, seiner theoretischen Bezüge, seiner Bedeutung für die Kommunikations- und Medienforschung sowie des empirischen Vorgehens bietet:

Schenk, Michael: **Soziale Netzwerke und Kommunikation**. Tübingen: Mohr 1984.

Schenk, Michael: **Soziale Netzwerke und Massenmedien**. Untersuchungen zum Einfluß der persönlichen Kommunikation. Tübingen: Mohr 1995.

Stegbauer, Christian (Hrsg.): **Netzwerkanalyse und Netzwerktheorie**. Ein neues Paradigma in den Sozialwissenschaften. Wiesbaden: VS 2008.

Monge, Peter R. / Contractor, Noshir S.: **Theories of communication networks**. Oxford u. a.: Oxford University Press 2003

Organisation als Kommunikation?

Die interpersonale Kommunikation in Organisationen unterscheidet sich von der in Gruppen vor allem durch das Verhältnis von formeller und informeller Kommunikation sowie durch die strukturellen und dauerhaften Vorgaben. Organisationen sind nämlich soziale Gebilde, die dauerhaft ein Ziel verfolgen und eine formale Struktur aufweisen, mit deren Hilfe die Tätigkeiten der Mitglieder auf das verfolgte Ziel hin ausgerichtet werden sollen. Die Strukturen von Organisationen sind dabei ebenso wie das Organisationsziel das Ergebnis von Aushandlungsprozessen, auch wenn diese nicht immer zwischen gleichberechtigten Mitgliedern stattfinden. Die Koordination von Tätigkeiten, die Vorausplanung und Rückmeldung über erreichte oder verfehlte Ziele, in der Arbeitsteilung aufgetretene Probleme, das Fällen von Entscheidungen – all dies ist ohne Kommunikation schlechterdings nicht vorstellbar, zu einem großen Teil besteht die Arbeit selbst aus nichts anderem als aus Kommunikation. So verbringen beispielsweise Manager in Wirtschaftsunternehmen, aber auch in Verbänden, Gewerkschaften, Kirchen und den politischen Institutionen 80 % und mehr ihrer Arbeitszeit mit Kommunikation. Verwendet man einen dynamischen Organisationsbegriff und versteht hierunter den Prozess des Organisierens, dann wird der hohe Stellenwert von Kommunikation besonders deutlich: Organisieren bedeutet dann letztlich in sehr hohem Maße Kommunizieren (vgl. McDaniel Johnson 1977).

Organisationen können sehr unterschiedliche Zwecke verfolgen und folglich auch verschieden strukturiert sein: Industrie- und Dienstleistungsunternehmen, aber auch Parteien, Gewerkschaften, Universitäten, Forschungsinstitute, Gerichte, Armeen, Gefängnisse etc. erfüllen jeweils spezifische Funktionen und Leistungen für die Gesellschaft. Hierfür bedarf es mitunter auch der organisationsübergreifenden Kommunikation und sogar der öffentlichen Kommunikation (→ vgl. hierzu Teil I, Kap. 5.2 – 5.3).

Kommunikation ist bei Organisationen, die nicht auf Zwang ökonomischer Notwendigkeit beruhen, von besonderer Bedeutung, denn erst sie kann den freiwilligen Zusammenschluss (»Rekrutierung«) und die dauerhafte Integration oder Inklusion der Mitglieder motivieren. Die Mitgliedschaft und Mitarbeit in einer Organisation beruht auf formalen, oftmals vertraglich fixierten, sowie auf informellen Regeln. Die formalen Regeln sind Ausdruck von Autoritäts- und Kompetenzzuschreibungen und beziehen sich auch auf die (interne wie externe) Organisationskommunikation.

Je größer eine Organisation ist, desto mehr formulierte, explizierte und verschriftlichte Kommunikationsregeln sind zu erwarten. Allerdings sind alle Versuche, die Kommunikation in Organisationen vollständig zu formalisieren und zu kontrollieren, notwendigerweise gescheitert: Alle formalisierten Regeln eröffnen einen Interpretationsspielraum und zudem ergeben sich immer wieder neue, bislang nicht formal geregelte Situationen, über die zumindest zunächst informell kommuniziert werden muss. Auch die informelle Kommunikation über private oder andere nicht organisationsbezogene Themen hat sich als funktional für die Kooperation (und damit letztlich für die Organisationsziele) erwiesen.

Kommunikationsregeln

Organisationen, die nach dem »Bürokratiemodell« (Max Weber) möglichst komplett auf schriftliche Kommunikation (Akten, Aktennotiz, Brief) und formale Kommunikationshierarchien setzen, haben sich für viele Aufgaben als wenig leistungsfähig erwiesen. Die formale Autoritätsstruktur soll auch festlegen, wer mit wem über was kommuniziert; in der Praxis bilden sich jedoch meist andere Strukturen: Tatsächlich gilt die Gleichung Autoritätsstruktur = Kommunikationsstruktur nirgends! Mit Netzwerkanalysen (→ vgl. oben) lässt sich gut nachweisen, dass die tatsächliche Kommunikation sich anderer Wege bedient, als sie durch die Autoritätsstruktur der Organisation (Organgramm) vorgegeben werden sollen: Informelle und formelle Kommunikationsnetzwerke überlappen sich zwar, sind aber praktisch nie kongruent: »Organisationen lassen sich somit als komplexe Kommunikationsnetzwerke beschreiben, die aus miteinander über verschiedene Kommunikationsrollen verbundenen Gruppen zusammengesetzt sind. Die gefundenen Rollen, Gruppen und Netzwerke liefern einen bestechenden Hinweis darauf, dass Organisationen weitaus komplexer sind, als einfache Organisationspläne es ausdrücken« (Schenk 1984: 265).

Bürokratiemodell

Auch in der Betriebswirtschafts- und Managementlehre wird die Bedeutung der informellen Kommunikation und der Kommunikation mit den Mitarbeitern, die überzeugt und motiviert werden sollen, mittlerweile erkannt. Kommunikation gilt als zentrales Mittel nicht mehr nur zur Koordination und zur Motivation (Arbeitszufriedenheit, Versprechen), sondern auch zur Partizipation der Mitarbeiter (bzw. Mitglieder) und zur strukturellen Innovation. In der Organisationspsychologie und -entwicklung setzt man sehr stark darauf, dass eine veränderte Kommunikation auch zu einer neuen Art der Kooperation und Organisation führen kann.

Kommunikationstraining und -beratung Mithilfe von Kommunikationstraining und -beratung sollen neue Strukturen und Verfahren (etwa flache Hierarchien, Teamarbeit, kollektive Problemlösungen) umgesetzt, die Bindung bzw. das »Commitment« der Mitarbeiter an die Organisation erhöht, eine moderne »Unternehmenskultur« etabliert werden: Es sind demnach gemeinsame Geschichten und Visionen, Leitbilder und Identitäten, die in einer Organisation kommuniziert werden müssen, damit ihre Mitglieder gut zusammenarbeiten können.

Eine theoretisch und empirisch fundierte Auseinandersetzung mit diesen zum Teil wohl vorübergehenden Managementmoden aus kommunikationswissenschaftlicher Sicht steht meist noch aus; hier dürfte für KommunikationswissenschaftlerInnen aber nicht nur ein praktisches Berufsfeld, sondern auch ein fruchtbares Forschungsfeld liegen.

Für die Analyse der organisationsinternen Kommunikationsprozesse kann man nach Akteuren (Kommunikanten) und deren Position unter-
Mitarbeiterkommunikation scheiden. Die »Mitarbeiterkommunikation« findet horizontal auf der Ebene der gleichberechtigten Kollegen statt; die vertikale Kommunikation zwischen den Hierarchiestufen wird – aus der Sicht der Vorgesetzten – als »Mitarbeitergespräch« oder – bei reduktionistischer Betrachtung – als einseitige Mitarbeiterinformation beschrieben. Die (horizontale) Kommunikation unter mehr oder weniger gleichberechtigten Führungskräften wird auch als Managementkommunikation bezeichnet. Das Ziel der meisten betriebswirtschaftlichen Überlegungen ist es, die Struktur so rational zu gestalten, dass die richtigen (und nur diese) Informationen zum genau richtigen Zeitpunkt an exakt dem richtigen Ort verfügbar sind. Diese Vorstellungen sind also nicht nur funktional bzw. normativ (im Sinne der ökonomischen Werte Effizienz und Effektivität), sondern auch theoretisch naiv, denn sie gehen vom veralteten Transportmodell der Kommunikation aus. In der Praxis wird informelle Kommunikation einerseits noch vielfach als Ressourcenverschwendung (Arbeitszeit etc.) und Störgröße aufgefasst, andererseits versucht man gezielt, informelle Kommunikationsnetzwerke für Organisationszwecke zu instrumentalisieren. Aus kommunikationswissenschaftlicher Sicht dürfte das dazu führen,

dass sich erneut informelle Netzwerke bilden werden, aber auch hier besteht noch Forschungsbedarf.

Organisationen und insbesondere Wirtschaftsunternehmen sind anders oder stärker als Familien, Peergroups oder Paarbeziehungen Felder strategischen Handelns und Kommunizierens: Mitteilungen können Chancen eröffnen und Risiken zur Folge haben, sodass aus taktischen Gründen nicht immer wahr oder wahrhaftig kommuniziert wird: Es werden bewusst Informationen zurückgehalten oder nur in bestimmter Weise vermittelt, um sich selbst einen Vorteil (oder dem Gegenspieler einen Nachteil) zu verschaffen. Von besonderer Bedeutung ist deshalb auch in Organisationen das wechselseitige Vertrauen zwischen den Kommunikanten und die Position im Netzwerk, und hier erweist sich erneut die hohe Bedeutung informeller Kommunikation. Macht und Einfluss prägen auch die geschlechtsspezifischen Kommunikationsstile in Organisationen sowie häufig auftretende Kommunikationskonflikte bis hin zum Mobbing, also dem kommunikativen und sozialen Ausschluss aus der Gruppe bzw. Organisationsabteilung.

Kommunikationskonflikte

Die Kommunikation in Organisationen folgt anderen institutionellen Regeln als die Kommunikation zum Beispiel in Familien: Die wechselseitigen Rollenerwartungen sind in höherem Maße kodifiziert; vor allem aber können sie leichter mit den Regeln und Erwartungen in anderen Organisationen verglichen werden, da zumindest immer ein Teil der Organisationsmitglieder gleichzeitig oder zuvor in anderen, aber vergleichbaren Organisationen kommuniziert hat.

Literatur

Organisationskommunikation

Über die Funktion von Kommunikation und Kommunikationsmanagement in der praktischen Organisationsentwicklung und deren Konzepten informieren:

Kieser, Alfred / Hegele, Cornelia / Klimmer, Matthias: **Kommunikation im organisatorischen Wandel**. Stuttgart: Schäffer-Poeschel 1998.

Einer der »Klassiker« der Organisationspsychologie liefert ein prägnantes Beispiel für die kybernetische Sicht auf die Organisationskommunikation, die hier als zu optimierender Informationsfluss verstanden (Kap. 14) wird:

Katz, Daniel / Kahn, Robert L.: **The Social Psychology of Organizations**. 2nd Ed., New York u. a.: John Wiley & Sons 1978.

Aus kommunikationswissenschaftlicher Sicht führt in das Forschungsfeld ein:

Johnson, David J.: **Organizational Communication Structure**. Norwood, NJ: Ablex 1993.

Eine konstruktivistische Perspektive auf die organisationsinterne Kommunikation entwickelt:

McDaniel Johnson, Bonnie: **Communication**. The Process of Organizing. Boston u. a.: Allyn and Bacon 1977.

Zusammenfassung

Gruppen- und Organisationskommunikation

Kommunikation leistet einen konstitutiven Beitrag für soziale Gruppen und Organisationen. Dabei wird sie durch die Strukturen und Hierarchien in Gruppen und Organisationen ebenso maßgeblich geprägt wie sie zur Reproduktion dieser Strukturen beiträgt. Gruppen und Organisationen können als soziale Netzwerke verstanden werden, die aus formellen und informellen Kommunikationen bestehen. Vielfach herrschen gruppen- oder organisationsspezifische Kommunikationsregeln was einen Konformitätsdruck nach innen und eine kommunikative Abgrenzung nach außen erzeugen kann. Mithilfe des Netzwerkansatzes lassen sich Kommunikationsbeziehungen in Gruppen und Organisationen anhand von Häufigkeit, Dauer, Thematik, Wahl der Kommunikationspartner etc. beschreiben und analysieren.

In Organisationen wurde und wird versucht, Kommunikation zu formalisieren, um die Leistungsfähigkeit der Organisation zu erhöhen. Allerdings verweist die Forschung auch auf die überragende Bedeutung der informellen Kommunikation. Manager verbringen rund 80 % ihrer Arbeitszeit mit Kommunikation, bei der es nicht um »Informationsübertragung« geht, sondern um Problemlösung, Motivation, Koordination, die Erzeugung eines sozio-emotionalen Wir-Gefühls u. a. m.

Übungsfragen

1 Anhand welcher Kriterien kann die Kommunikation in Gruppen und Organisationen als »partiales Netzwerk« beschrieben werden?
2 Welche Rolle spielt Kommunikation in modernen Organisationen?
3 Welche Bedeutung hat die formelle und informelle Kommunikation in Gruppen und Organisationen?

Technisch vermittelte interpersonale Kommunikation | 2.3

Bislang sind wir vom »einfachsten Fall«, dem Prototyp menschlicher Kommunikation ausgegangen, nämlich der direkten interpersonalen Kommunikation in der Face-to-Face-Situation. Wir haben gesehen, wie die intentionalen kommunikativen Handlungen der Kommunikanten aufeinander bezogen sind und interaktiv ineinander greifen. Deutlich geworden ist auch, dass menschliche Kommunikation ein komplexer Zeichenprozess ist, der eine wechselseitige Wahrnehmung voraussetzt. Parallel zur Vermittlung sprachlicher Symbole (hörbare Laute) können in der Visavis-Situation auch eine Reihe von nonverbalen, körperlichen Anzeichen (Gestik, Mimik, Proxemik) beobachtet sowie paraverbale Anzeichen und Signale wahrgenommen werden. Diese begleitenden Wahrnehmungen helfen den Kommunikanten wechselseitig dabei, die symbolisch vermittelten Aussagen besser zu verstehen. Dabei sind nicht alle parallel verlaufenden Zeichenprozesse redundant, sondern intentional gewählten wie nicht-intentional offenbarten Zeichen wird insbesondere auf der Verhaltens- und Beziehungsebene eine Bedeutung zugeschrieben, die eine metakommunikative Funktion erfüllen kann.

In der populären Sach- und Ratgeberliteratur, aber auch in kulturkritischen Publikationen wird mitunter die Ansicht vertreten, die Face-to-Face-Kommunikation sei nicht nur die evolutionsbiologisch und kulturgeschichtlich älteste Form der Humankommunikation, sondern auch die »beste«, »vollständigste« oder einzig »wahre«. Sobald Technik und Medien zwischen die Kommunikanten treten, sei Kommunikation gar nicht mehr oder nur in defizitärer Form möglich, weil die Vielfalt der menschlichen Wahrnehmung auf einen oder wenige menschliche Sinneskanäle reduziert wird (Kanalreduktions-These).

Kanalreduktions-These

Erschwerend komme hinzu, so die populäre Klage weiter, dass durch die Technisierung der Gesellschaft die direkte Face-to-Face-Kommunikation immer häufiger durch »mediatisierte« Kommunikation ersetzt werden kann: Die Medien verdrängen demnach das persönliche Gespräch (Substitutions-These).

Substitutions-These

Beide Thesen sind aus kommunikationswissenschaftlicher Sicht allerdings nicht überzeugend, zumindest können sie entscheidend relativiert werden. Hierfür müssen wir die Frage beantworten: Was geschieht eigentlich, wenn interpersonale Kommunikation nicht mehr direkt (Face-to-Face), sondern mithilfe technischer Vermittlungsmedien stattfindet?

Ausweitung und Kompensation statt Reduktion

Aufgrund unserer Alltagserfahrung wissen wir Formen technisch vermittelter Kommunikation entgegen der Kanalreduktions-These zu schätzen: Bei vielen, vermutlich sogar den meisten, Telefonaten, Brief- oder
E-Mail-Wechseln haben wir durchaus den Eindruck, dass wir erfolgreich
kommuniziert haben. Wir machen zwar die Erfahrung, dass wir unsere
Kommunikationspartner beim Telefonieren, Briefeschreiben und -lesen
etc. nicht sehen, riechen, fühlen, anfassen können, aber wir erfahren auch,
dass uns die Telekommunikationsmedien (Brief, Telefon, Fax etc.) und
die neueren Formen der computervermittelten Kommunikation (E-Mail,
Chat etc.) räumlich und zeitlich stark erweiterte Kommunikationsmög-
lichkeiten erschließen. Moderne Gesellschaften, arbeitsteilige Organisationen, aber auch Partnerschaften und Familienleben sind heutzutage
nicht mehr vorstellbar, würden wir uns auf die Face-to-Face-Kommunikation beschränken. Die Medien interpersonaler Kommunikation erweitern die Reichweite von Kommunikation und die Erreichbarkeit ganz
erheblich; nur so sind komplexe soziale Gebilde jenseits von Sippen und
Stämmen denkbar.

Reichweite und Erreichbarkeit

Betrachtet man genauer, was passiert, wenn zwei Menschen mithilfe
technischer Medien kommunizieren, wird zudem deutlich, dass die von
der Kanalreduktions-These behaupteten Defizite entweder gar nicht in
so hohem Maße auftreten oder durch ein verändertes Kommunizieren
und Kommunikationsverhalten kompensiert werden.

Nahezu alle Medien technischer Vermittlung (mit Ausnahme des wenig erfolgreichen Bildtelefons) führen zum Wegfall körpergebundener
Zeichen und reduzieren die Botschaft auf einen hand- oder maschinen-
geschriebenen Text, im Falle des Telefons bleiben hingegen zumindest
die stimmgebundenen Zeichen weiterhin wahrnehmbar. In all diesen
Fällen kommt es zu einer »Ent-Sinnlichung« und »Entkontextualisierung«,
allerdings ist dies den Kommunikanten (abhängig von deren Medienkompetenz mehr oder weniger) bewusst. Zum einen können sich die
Kommunikanten also gezielt auf den gewählten Kommunikationsmodus einstellen und ihr Verhalten hierauf abstimmen. Zum anderen gibt
es eine Fülle von Situationen, in denen gerade die Reduktion der Sinneskanäle und damit auch der Kontextinformationen für das Ziel der Verständigung von großem Vorteil ist: Für die sach- und fachbezogene Kommunikation kann es durchaus hilfreich sein, wenn Kommunikanten
nicht durch Verhaltensauffälligkeiten wie Stottern oder Erröten, zu
schnelles Sprechtempo, fahrige Gestik, ein zu großes Dekolleté etc. irritiert werden, die beim Verstehen der Sachbotschaft gerade nicht hilfreich sind. Die schriftliche Fixierung erlaubt wiederholte Rezeption und

Wegfall körpergebundener Zeichen

Entkontextualisierung

schrittweises Verstehen, hilfreich können dabei auch Skizzen, Grafiken und Bilder sein. Geschriebene (Brief, E-Mail, Chat) und gesprochene Sprache (hier: Telefonat) sind keineswegs arm an Ausdrucksformen, sondern erlauben uns die Verbalisierung von persönlichen Gefühlen, Bewertungen von Beziehungen und anderen situativen Kontexten, die in der Face-to-Face-Situation vielleicht unmittelbar beobachtbar wären. Mit der Medialisierung der interpersonalen Kommunikation werden zwar die Ausdrucksmöglichkeiten (Codes) reduziert, nicht aber automatisch auch die Verständigungs-Chancen. Was sich ändert, ist zudem die individuelle Kontrolle über die beobachtbaren Zeichen: Während sich ein Erröten kaum verbergen lässt, kann man den Satz »Das ist mir aber peinlich!« äußern oder eben auch verschweigen. Möglicherweise können Kommunikationspartner einfacher getäuscht oder belogen werden, weil die Authentizität intentionaler Zeichenverwendung weniger sicher ist als die von natürlichen Anzeichen. Andererseits sind viele der in der unmittelbaren Visavis-Situation beobachtbaren Anzeichen keineswegs eindeutig zu decodieren: Zappelt mein Kommunikationspartner während seiner Rede ständig herum, weil er Angst vor mir hat, krankhaft nervös ist, bald zum nächsten Termin (oder zur Toilette) muss?

Verbalisierung von Gefühlen und Kontexten

Die Kommunikation zwischen Menschen, so hatten wir festgestellt, ist keine Informationsübermittlung, sondern sie setzt eine wechselseitige und interaktive Rollenübernahme voraus. Kommunikanten, die sich technischer Medien bedienen, sind in der Lage dies zu reflektieren und auch die Rolle dessen zu übernehmen, der sie nicht sieht, sondern nur hört oder liest, was mitgeteilt wurde. Er trägt damit auch die Verantwortung dafür, alles explizit und über die je nach Medium zur Verfügung stehenden »Kanäle« zu kommunizieren, was zur Verständigung notwendig erscheint. Die Symbole gesprochener und geschriebener Sprache sind so leistungsfähig, dass sie auch an die Stelle von Anzeichen treten können. Mitunter bilden sich auch medienspezifische Ausdrucksformen heraus, wie die sogenannten Emotikons in der Chat- und E-Mail-Kommunikation. Diese an »Smileys« erinnernden, ikonische Zeichen [z. B. :-)] sollen Stimmungen und Gefühle (Emotionen) kennzeichnen, die metakommunikativ zum Verständnis der Aussage beitragen können, also etwa einen Scherz oder Ironie anzeigen können.

Symbole an die Stelle von Anzeichen

Die Reduktion von Sinneskanälen oder -modalitäten in der Kommunikationssituation kann also zum einen durch explizite Aussagen kompensiert werden, zum anderen eröffnet sie aber auch neue Interpretations- und Verständigungspotenziale: Der partielle Wegfall von sozialen Kontextzeichen wirkt, wie empirische Forschungen belegen, enthemmend. Es kann zur Nivellierung von Hierarchie- und Machtstrukturen kommen, was eine authentischere oder sachbezogenere Kommunika-

Nivellierung von Hierarchie- und Machtstrukturen

tion zur Folge haben kann. Wenn Statussymbole (etwa ein erhöhter Sitz-platz oder ein Chef-Schreibtisch etc. in Unternehmen) nicht mehr mitkom-muniziert werden, dann gerät dieser Kontext zumindest vorübergehend in den Hintergrund. Die Entkontextualisierung führt in der Online-Kom-munikation mitunter zu einer größeren Intimität sogar zwischen einan-der unbekannten Kommunikanten. Private und intime Details, von denen selbst der Lebenspartner im persönlichen Gespräch nie etwas erfahren wird, werden in Chat- und Newsgroups, aber auch per Telefon, Experten oder »Leidensgenossen« mitgeteilt. Aber diese gesteigerte kommunikative Freiheit besitzt auch negative Potenziale: Anonymität bzw. der Gebrauch von Pseudonymen erleichtern den Missbrauch, wenn die Kommunikan-ten allenfalls indirekt für ihr Verhalten verantwortlich gemacht werden können. So kommt es vor allem bei der Chat-Kommunikation im Inter-net angeblich verstärkt zu »Flaming« genannten Beschimpfungen und Beleidigungen.

Anonymität

Ob die Reduktion der Sinneskanäle vollständig kompensiert werden kann, erscheint fraglich. Nicht umsonst ersetzen medialisierte Kommuni-kationsformen ja die Face-to-Face-Kommunikation bislang nicht vollstän-dig. Die Reduktion der Zeichencodes ist jedoch nicht mit einer Informa-tionsreduktion gleichzusetzen, denn »Information« ist ja bekanntlich keine objektive und durch Kommunikation übertragbare Größe, sondern eine individuelle kognitive Konstruktion. In relativ reiz- und signalarmen Si-tuationen erlangen diese wenigen Reize einen besonderen Stellenwert; sie können uns in unverhältnismäßig hohem Maße zur Konstruktion von In-formation anregen. So wie ein Detektiv auch den kleinsten Details den Rang von bedeutungsvollen Indizien beimisst, so wird unsere Fantasie mit-unter gerade durch das Fehlen von gewisser Kenntnis angeregt: Wir inter-pretieren die wenigen sozialen Hinweisreize besonders intensiv und imaginieren möglicherweise fehlende soziale Kontexte, um uns ein (voll-ständigeres) Bild von unserem Kommunikationspartner zu machen. Wir betreiben Role taking, auch wenn wir nur wenig über den anderen wissen.

Medienregeln: Medienwahl und prozedurale Regeln

Die These von den Defiziten technisch vermittelter Kommunikation un-terstellt vielfach, dass wir zu Brief, Telefon oder E-Mail greifen *anstatt* direkt zu kommunizieren (Substitution). Das trifft sicherlich auf viele Situationen zu, in denen ein direktes Gespräch zwar wünschenswert oder notwendig, aufgrund raumzeitlicher Distanz aber nicht möglich erscheint. In diesen Fällen kommt es tatsächlich darauf an, ob und wie gut die oben beschriebenen Kompensationsmechanismen wirken.

Es ist aber keineswegs die Regel, dass technisch vermittelte Kommunikation als Ersatz für ein unmittelbares Face-to-Face-Gespräch dient. Jedenfalls gibt es keinen empirischen Nachweis für die Verdrängung des direkten Gesprächs durch mediatisierte Formen. Vielmehr schließen Telefonate, Brief- und E-Mailwechsel vielfach an direkte Gespräche und persönliche Treffen an oder sie gehen ihnen voraus. Seit und durch die Einführung der Telekommunikationsmedien ist die Reisetätigkeit jedenfalls nicht zurückgegangen – ganz im Gegenteil: Kommunikation und Mobilität nehmen weiter zu. Unsere sozialen Netze, also der Kreis der Menschen, mit denen wir in Kommunikation stehen, hat sich erweitert und die Beziehungen haben sich zum Teil sogar vertieft: Wir kommunizieren öfter mit bestimmten Kommunikationspartnern, weil wir zwischen den direkten Gesprächen via Telefon, Brief oder E-Mail in kommunikativem Kontakt bleiben können. Dass es bislang nicht zu einer nachweislichen Substitution direkter Kommunikation durch medialisierte Kommunikation gekommen ist, kann als Hinweis gedeutet werden, dass es sich bei den vermittelten Formen interpersonaler Kommunikation um zusätzliche Kommunikation handelt und dass offenbar auch die Kommunikanten nach wie vor einen deutlichen Unterschied zwischen den verschiedenen direkten und den vermittelten Kommunikationsformen wahrnehmen. Offenbar erwarten sie von einem Brief etwas anderes als von einem Telefonat oder einer E-Mail oder einem persönlichen Face-to-Face-Gespräch. Technisch vermittelte interpersonale Kommunikation stellt also in sehr weiten Teilen nicht Ersatz-, sondern Zusatzkommunikation dar, d. h., sie erfüllt keine Substitutions-, sondern eine Komplementärfunktion.

    Den technisch vermittelten Kommunikationsmodi werden von den Kommunikanten nicht nur Defizite zugeschrieben, die es zu überwinden gilt, sondern auch Vorteile, die man gerne nutzt. Neben der erweiterten und erleichterten raumzeitlichen Erreichbarkeit von Kommunikationspartnern erweist sich gerade die »Kanalreduktion« als Vorteil. Vielen Menschen fällt es zum Beispiel leichter unangenehme Dinge per Brief mitzuteilen oder dringende Angelegenheiten per Telefon, Fax oder E-Mail zu kommunizieren. Wer nur etwas mitteilen, aber sich nicht unmittelbar mit Gegenargumenten auseinandersetzen will, der wird vermutlich nicht das Telefon oder das direkte Gespräch, sondern Brief, Fax oder E-Mail wählen. Auch die Kontrolle der Botschaft, das Verschweigen von Kontextbedingungen bis hin zum Täuschen über die eigene Identität zählen zu den Vorteilen.

    In modernen technisierten Gesellschaften haben wir die Wahl zwischen einer zunehmenden Zahl verschiedener Kommunikationsmodi und Medien. Unser kommunikatives Handeln beginnt bereits mit der Wahl des

kein empirischer Nachweis für Verdrängung

Vorteile der Kanalreduktion

Kontrolle der Botschaft

Kommunikationsmodus. Wir entscheiden in Abhängigkeit von der Situation, dem Kommunikationspartner, dem Anlass bzw. Ziel unseres kommunikativen Handelns und von den geltenden sozialen sowie kulturellen Regeln, welchen Modus der Kommunikation wir wählen (Medienwahl).

Medienwahl ist keine rationale Wahl

Die Medienwahl ist – im Gegensatz zu älteren Annahmen – keine rationale Wahl in dem Sinne, dass nur die objektiven Eigenschaften der Medien und die Art der Kommunikate (Botschaften) den Ausschlag geben würden. Ausgehend von der »Kanalreduktions-These« hat man zunächst versucht, jedem Medium bzw. Kommunikationsmodus (Gespräch, Telefonat, Brief etc.) spezifische Grade von medialer Reichhaltigkeit (Anzahl und Kapazität der genutzten Sinneskanäle) zuzuschreiben (Media Richness). Ähnlich argumentierte die Theorie der »Sozialen Präsenz«, nach der das Face-to-Face-Gespräch die intensivste und persönlichste Form der Begegnung ist, gefolgt von Videokonferenzen, Telefonaten und schriftlichen Kommunikationsformen. Folgt man diesen Ansätzen einer rationalen Medienwahl, dann entwickeln Individuen eine Bewertungsskala für Medien bzw. Kommunikationsmodi und auf der Grundlage subjektiver Medienhierarchien wählen sie Medien und Kommunikationsmodi. Dabei verfahren sie mit rationalem Kalkül, um situationsangemessen ihren Nutzen zu maximieren und beachten dabei die Kosten (Aufwand).

Media Appropriatness

Kriterium ist die kontextbezogene Media Appropriatness (Angemessenheit). Diese Theorien unterstellen, dass die Medienwahl bewusst und rational erfolgt, also nicht gewohnheitsmäßig oder durch andere externe Zwänge bestimmt wird. Eine Differenzierung nach privater und beruflicher Nutzung sowie nach Nutzern und Nicht-Nutzern ist hierbei schwierig. Die empirischen Belege für die Theorien rationaler Medienwahl sind – jenseits von Laborstudien – mager, denn offenbar kommen eine Reihe weiterer Faktoren ins Spiel.

Social Influence

So unterliegt das Individuum bei der Medienwahl auch dem sozialen Einfluss (»Social Influence«), d. h., soziale Normen, Zwänge der Gruppe oder der Hierarchien bestimmen die Medienwahl sowie die eigenen Kenntnisse und Kompetenzen. Dieser Ansatz der »normativen Medienwahl« lässt sich vor allem in der betrieblichen Kommunikation bestätigen.

interpersonale Medienwahl

Die Wahl des Kommunikationsmodus erfolgt im Alltag aber immer unter Bezugnahme auf den konkreten Kommunikationspartner, seine Erreichbarkeit, Vorlieben und Kompetenzen bzw. die Annahmen, die man darüber hat, weshalb man auch von »interpersonaler Medienwahl« spricht.

Ein mittlerweile auch empirisch gestütztes, integratives Modell der Medienwahl haben Fulk et al. (1987) entwickelt: Demnach spielen weder die objektiven Medieneigenschaften, noch deren individuell-subjektive Beurteilung die entscheidende Rolle, sondern die sozial konstruierten Informationen über die Einstellungen, Bewertungen und Eigenschaften.

Erst das Zusammenspiel von (1) objektiven Medien- und Kommunikationseigenschaften, die (2) durch einen kollektiven sozialen Konstruktionsprozess erst informativ werden, und (3) subjektiv vor dem Hintergrund individueller Erfahrungen und Einstellungen bewertet werden, erklärt die tatsächliche Medienwahl.

Joachim R. Höflich hat am Beispiel des Telefons herausgearbeitet, welche Bedeutung prozedurale Regeln in der technisch vermittelten interpersonalen Kommunikation spielen: Prozedurale Medienregeln geben Auskunft darüber, wie sich Kommunikanten während der technisch vermittelten Kommunikation verhalten dürfen. Sie beschreiben zugleich Kompensationsmaßnahmen für die – im Vergleich zur direkten Kommunikation – fehlenden Zeichen, die Hinweise für die Interpretation der Sprechakte geben.

prozedurale Medienregeln

Für das Telefonieren hat Höflich (1997) u. a. die folgenden Regeln herausgefunden:

- Abhängig von der Qualität der Beziehung zwischen den Kommunikanten (Geschäftsbeziehung, Familie, Lebenspartner) und der Dringlichkeit des Gesprächsanlasses (Plauderei, Verabredung, Notruf etc.) gelten abgestufte Regelungen der Erreichbarkeit. Die technische Erreichbarkeit (24 Stunden, 365 Tage) wird durch die Telefonetiquette reguliert. Gerade weil das Telefonklingeln als schwer abweisbare Interaktionsaufforderung gilt, darf nicht jedermann spätabends, nachts oder am Wochenende angerufen werden.

- Der Angerufene identifiziert sich namentlich: Dies widerspricht zwar den Höflichkeitsregeln der Face-to-Face-Kommunikation, geht aber auf die Frühzeit der Telefonie zurück. Damals wurden Telefongespräche per Hand vom »Fräulein vom Amt« vermittelt, und um die knappen technischen Ressourcen zu schonen, sollte schnell festgestellt werden, ob tatsächlich die gewünschte Verbindung hergestellt worden war.

- Für die Gesprächseröffnung haben sich typische Formeln entwickelt: Auf die namentliche Meldung des Angerufenen erfolgt die Identifikation des Anrufers; bleibt diese aus, wird meistens mit »Hallo, wer ist denn da?« nachgefragt. Je nach Vertrautheit der Kommunikanten und je nach ihren gemeinsamen Telefonerfahrungen können sich spezifische Formeln herausbilden.

- In der Regel muss der Anruf vom Anrufer begründet werden, weil er ja letztlich in die Privatsphäre des Angerufenen eindringt: Es muss also der Gesprächsanlass oder das Thema genannt werden, insbesondere wenn es sich um Kommunikanten handelt, die nicht in einer intimen Paarbeziehung stehen.

- Die Gesprächsdauer hängt vom Kommunikationsanlass und der sozialen Beziehung der Kommunikanten ab. Telefonate sind in der Regel kürzer als Face-to-Face-Gespräche; in privaten und intimen Beziehungen können sie aber auch recht lang werden.

• Die räumliche Teilung der Interaktionssituation legt es nahe, dem Kommunikationspartner Information über den eigenen räumlichen und sozialen Kontext als Metakommunikation zur Verständnissicherung (Erleichterung des »Role taking«) zu vermitteln oder solche Informationen zu erfragen. Geregelt wird auch die Anwesenheit Dritter, worüber der Kommunikationspartner zu informieren ist, und der Umgang mit einseitigen Störungen (etwa Lärmbelästigungen). Besonders typisch sind solche Kontextmitteilungen zu Beginn von Mobiltelefonaten (»Ich sitze hier im Zug und bin gerade in XY ...«)

• Die Regelung des Sprecherwechsels erfolgt durch ein Senken der Stimme (Intonation), da ja die nonverbalen Ausdrucksmöglichkeiten nicht zur Verfügung stehen. Der Sprecherwechsel erfolgt am Telefonat oftmals reibungsloser als in der Face-to-Face-Kommunikation, wie empirische Untersuchungen ergeben haben. Vermutlich achten die Kommunikanten sehr sensibel auf die paraverbalen Intonations-Signale, weil sie um die fehlenden nonverbalen, mimischen Zeichen wissen.

• In der Regel beendet der Anrufer das Gespräch. Analog zum persönlichen Besuch wartet man nicht, bis der Gastgeber einen hinauswirft, aber dieser vermeidet es nach Möglichkeit auch, seinem Gast die Tür zu weisen.

• Auch für die Gesprächsbeendigung und Verabschiedung haben sich spezifische Formeln herausgebildet: Zunächst erfolgen meist ein sog. »Pre-closing-statement« (»Also dann ...«) oder eine inhaltliche Zusammenfassung, die dem Kommunikationspartner signalisieren, dass das Gespräch beendet werden soll. Die eigentliche Verabschiedung kann entweder formell (früher: »Auf Wiederhören«) oder informell (»Tschüss«, »Ciao«, »Bis ...«) erfolgen, je nach Gesprächsanlass und Qualität der Beziehung.

• Und schließlich muss auch der Umgang mit Regelverletzungen geregelt werden: Erforderlich sind Erklärungen, Entschuldigungen (oder Rechtfertigungen) und das Ersuchen um Verzeihung.

Nicht alle Regeln werden nur zur Verständnissicherung ausgehandelt, sondern zum Teil sind sie das Ergebnis ökonomischer Interessen und kultureller Traditionen sowie vergangener technischer Restriktionen (etwa die mittlerweile gelockerte namentliche »Meldepflicht« zum Gesprächsbeginn). Die Regeln der Medienwahl und die prozeduralen Regeln der Medienverwendung sind kulturell, sozial und historisch wandelbar. Gleichwohl besitzen sie jeweils aktuelle Geltung, auch wenn man gegen sie verstoßen kann. Der in den Medienregeln kodifizierte »standardisierte Gebrauch« eines Mediums ist eine wichtige Voraussetzung für das Gelingen von Kommunikation. So wie wir bei der Kommunika-

standardisierter Gebrauch eines Mediums

tion einen gemeinsamen Zeichenvorrat, z. B. übereinstimmende Semantik und Syntaktik einer natürlichen Sprache benötigen, so bedarf es auch eines gemeinsamen Sets pragmatischer Regeln. Im Falle technisch vermittelter interpersonaler Kommunikation strukturieren die Medienregeln die wechselseitigen Erwartungen der Kommunikanten, Interaktion wird damit erheblich erleichtert und es können sogar einige der semiotischen Defizite kompensiert werden, die der technischen Vermittlung geschuldet sind.

Zusammenfassung

Technisch vermittelte interpersonale Kommunikation

Technisch vermittelte oder medialisierte Kommunikation kann vor allem als eine die Face-to-Face-Kommunikation unterstützende und ergänzende Kommunikation betrachtet werden (Komplementärfunktion), während es kaum empirische Belege für eine weitgehende Verdrängung der direkten Kommunikation (Substitutionsthese) gibt.

Technisch vermittelte Kommunikation reduziert zwar die Vielfalt und die Anzahl der Sinnesreize (Kanalreduktions-These), ist deshalb aber nicht zwangsläufig defizitär. Zum einen bietet die Konzentration auf bestimmte Signaltypen (Codes) spezifische Vorteile, und zum anderen können die Kommunikanten die Defizite der Medienvermittlung gezielt kompensieren. Dabei verwenden sie Medienregeln.

Medienwahlregeln legen fest, in welchen Situationen welche Kommunikationsformen erlaubt sind. Einige Beispiele: Darf man beispielsweise per Telefon kondolieren? Darf man eine Liebesbeziehung per SMS beenden? Darf ich einen Geschäftspartner oder Kollegen auch unter seiner privaten Telefonnummer anrufen? Darf ich einen flüchtigen Bekannten ohne Voranmeldung persönlich besuchen und ihn zu einem persönlichen Gespräch »zwingen«? Die Medienwahl erfolgt weder rein objektiv-rational (objektive Medieneigenschaften etc.), noch rein subjektiv-individuell, sondern im Zusammenspiel sozial moderierter Faktoren. Die individuelle Wahrnehmung der »objektiven« Medieneigenschaften ist sozial durch das Urteil der Gruppe, der Kommunikationspartner oder gar kulturell durch die Gesellschaft insgesamt geprägt.

Als prozedurale Regeln bestimmen Medienregeln, wie mithilfe eines einmal gewählten Mediums (oder Kommunikationsmodus) kommuniziert wird: Was wird erwartet, was ist erlaubt und was verpönt oder zumindest unüblich? Hierauf geben sozial ausgehandelte und kulturell tradierte Medienregeln Auskunft und entlasten die Kommunikanten von einer vollständigen Neu-Aushandlung der Verhaltensweisen.

Literatur

Technisch vermittelte interpersonale Kommunikation
Über die Medienwahl, insbesondere im Internet informiert: Beck, Klaus: **Computervermittelte Kommunikation im Internet**. München: Oldenbourg 2006, S. 230 – 343.

Prozesse und Regeln technisch vermittelter interpersonaler Kommunikation stellt ausführlicher dar: Höflich, Joachim R.: **Ansätze zu einer Theorie der technisch vermittelten Kommunikation**. In: Zeitschrift für Semiotik, 19. Jg., Nr. 3 (1997), S. 203 – 228.

Übungsfragen

1 Welche Faktoren beeinflussen die Wahl eines bestimmten Kommunikationsmediums?
2 Formulieren Sie auf der Grundlage ihrer eigenen Medienverwendung prozedurale Medienregeln (Medienverwendungsregeln) für die Kommunikation per Brief oder die Kommunikation per E-Mail!

Medien | 3

Ähnlich wie »Kommunikation« sind auch »Medien« längst zu einem Begriff der Alltagssprache geworden; gemeint sind damit meist die sogenannten »Massenmedien« Zeitung, Hörfunk und Fernsehen, in letzter Zeit immer häufiger auch »das Internet«.

Der »Medien«-Begriff wird also keineswegs ausschließlich als wissenschaftlicher Begriff verwendet, und er wird auch nicht exklusiv in der Kommunikationswissenschaft als Fachterminus benutzt. Zudem hat sich die Publizistik- und Kommunikationswissenschaft lange Zeit nicht sehr intensiv mit den Medien an sich befasst, was sich erst durch das Aufkommen immer neuer Medien sowie die Etablierung einer »Medienwissenschaft« grundlegend gewandelt hat.

Im folgenden Kapitel soll zunächst ein Überblick der unterschiedlichen Begriffsverwendungen und Aspekte von Medien gegeben werden. Etwas ausführlicher wird in einem kritischen Exkurs die vor allem in den Geisteswissenschaften populäre Medientheorie McLuhans vorgestellt, um daran anschließend einen kommunikationswissenschaftlichen Medienbegriff zu begründen. Abschließend werden dann die verschiedenen Leistungen und Funktionen erläutert, die Medien im Prozess der öffentlichen Kommunikation (→ vgl. Kap. 4) erbringen.

3.1 | Medienbegriffe

Von seiner lateinischen Wortbedeutung her bedeutet »Medium« soviel wie Mittel, Vermittelndes oder schlicht etwas, das in der Mitte steht. In den Naturwissenschaften wird der Begriff ab dem 17. Jahrhundert, im 18. und 19. Jahrhundert dann zunehmend auch im alltäglichen deutschen Sprachgebrauch benutzt; dort zunächst als Bezeichnung des Spiritismus für einen Menschen, der – auf unerklärliche oder okkulte Weise – in der Lage sein soll, Kontakt zum Jenseits, z. B. zu Verstorbenen, herzustellen.

»Medium« in anderen Disziplinen

Der Begriff »Medium« wird außer in der Kommunikations- und Medienwissenschaft heute in zahlreichen anderen Disziplinen verwendet, zum Beispiel:

- In der *Pädagogik* sind Medien didaktische Instrumente, also Lehr- und Lernmittel. Medien sind dabei so etwas wie technische Träger für den zu lernenden Stoff.
- In den *Philologien* und anderen *Geisteswissenschaften* versteht man unter »Medium« vor allem die Sprache, also ein bestimmtes Symbolsystem. Auch die Literatur wird vielfach als Medium verstanden.
- In der *mathematischen Informationstheorie* ist mit Medium ein Zeichenvorrat gemeint.
- In der *systemtheoretischen Soziologie* (Talcott Parsons und Niklas Luhmann) versteht man unter Medien zum einen technische Verbreitungsmedien (z. B. Druck, Funk etc.), vor allem aber bestimmte Interaktionstypen bzw. -logiken. Bei Parsons sind Geld, Macht, Einfluss und Wertbindung soziale Interaktionsmedien, bei Luhmann gehören Geld, Liebe, Macht, Wahrheit, Kunst, Recht und Glaube zu den »symbolisch generalisierten Kommunikationsmedien«. Diese »Erfolgsmedien« erhöhen

die Wahrscheinlichkeit gelingender Kommunikation, wobei Kommunikation hier in einem sehr weiten Sinne verstanden wird: Entscheidend ist die Annahme und der Anschluss weiterer Kommunikation. Das Medium Geld motiviert zum Beispiel Kauf und Verkauf, d. h., durch Geld wird die höchst unwahrscheinliche Herausgabe einer Ware seitens des Besitzers sehr viel wahrscheinlicher; an die Stelle von »Schenken« oder Naturalientausch tritt Kauf / Verkauf mittels des Mediums Geld, das immer wieder verwendet werden kann. Die Verbreitungsmedien erhöhen hingegen vor allem die Wahrscheinlichkeit der Erreichbarkeit, weil sie raumzeitliche Distanzen überbrücken. Das wichtigste Kommunikationsmedium ist auch in der Systemtheorie die Sprache. Sie ist als Medium eine Menge loser gekoppelter Elemente (Laute), die bei der Kommunikation in eine bestimmte Form (Wörter, Sätze, Äußerungen) gebracht werden. Nach der Kommunikation löst sich die feste Kopplung der Form wieder auf und die Elemente des Mediums können erneut für andere Kommunikationen benutzt werden.

- Bei den Erfolgsmedien Sprache, Geld, Liebe und Macht sowie den technischen Verbreitungsmedien handelt es sich um sehr unterschiedliche »Medien«, deren Funktion nicht auf Kommunikation im engeren Sinne der Kommunikationswissenschaft beschränkt ist und die nur wenig mit unserem – eher technisch geprägten – Alltagsverständnis von Medien gemein haben.

- In der geistes- und kulturwissenschaftlich geprägten neueren *Medientheorie und -philosophie* wiederum herrscht ein anderer Medienbegriff vor: Einerseits werden die klassischen publizistischen Kommunikationsmedien, wie Buch, Radio oder Fernsehen als Medien bezeichnet. Andererseits gelten auch Symbolsysteme wie Sprache, Schrift, Bild als Medien. Und schließlich treten eine Reihe von technischen Artefakten hinzu, die ebenfalls unter dem Medienbegriff subsummiert werden, wie dies insbesondere in den populären und immer wieder zitierten Schriften von Marshall McLuhan der Fall ist.

Is the medium the message? | 3.2

Der kanadische Literaturwissenschaftler und Essayist Herbert Marshall McLuhan zählt zu den Medien so unterschiedliche Dinge wie: das gesprochene Wort, das geschriebene Wort, Straßen, die Zahl, Kleidung, Wohnen, Geld, Uhren, Druck, Comics, Rad, Fahrrad und Flugzeug, Fotografie, Presse, Auto, Werbung, Spiele und Sport, Telegrafie, Schreibmaschine, Telefon, Grammofon, Kino, Radio, Fernsehen, Waffen und die

Herbert Marshall
McLuhan

Automation. Offenbar werden hier sehr unterschiedliche Dinge unter einen Medienbegriff gefasst, ohne eine logische Systematik zu entfalten: Alles, was irgendwie Zeichencharakter hat oder was zumindest auch Zeichencharakter haben kann, ist ein Medium. Vermischt werden Basistechnologien oder wie der Druck und Medien, die auf dem Buchdruck beruhen, wie Comics oder die Presse. McLuhan trennt dabei nicht zwischen »Technik« und »Medium«, und auch wenn man in Rechnung stellt, dass es McLuhan nicht um eine systematische Medientheorie geht, so bleiben doch eine Reihe offener Fragen und eine gewisse Ratlosigkeit zurück.

Extensions of Man   Medien sind nach McLuhan »Extensions of Man«, also technische Ausweitungen der menschlichen Sinne und Körper. Medien verändern radikal unsere Wahrnehmung und unsere gesamte Kultur, weil sie neue Sichtweisen und Handlungsmöglichkeiten eröffnen. Die Verkehrsmittel Fahrrad, Auto, Eisenbahn und Flugzeug (die er ja als Medien bezeichnet) erlauben uns Distanzen zurückzulegen, die wir ohne diese Technologien nicht bewältigen könnten. Das Fernrohr oder das Fernsehen, aber auch das Telefon und das Radio haben für unsere Sinne ähnliche Ausweitungen zur Folge. Allerdings gehen diese Ausweitungen des Menschen mit einschneidenden »Amputationen« (McLuhan), also dem Verlust natürlicher Körperlichkeit, einher. Sie verändern unseren Körper und unser Leben tiefgreifend.

The medium is   »*The medium is the message*« – so lautet die viel zitierte Kernaussage
the message   McLuhans. Es ist demnach nicht ausschlaggebend, was wir mithilfe eines Mediums mitteilen (Inhalt), sondern wie etwas mitgeteilt wird (Form). Die Form wird durch das Medium geprägt, ja durch die Medientechnik determiniert; sie ist die eigentliche Botschaft. Die Medien sind Metaphern unserer Wahrnehmung, sie prägen durch ihre technische und symbolische Form unser Bewusstsein – völlig unabhängig von irgendwelchen inhaltlichen Aussagen. Es macht also demnach keinen Unterschied, ob es sich um eine Kriegs- oder um eine Liebeserklärung handelt, wohl aber, ob die Kriegserklärung im Fernsehen oder im Hörfunk verkündet wird. Diese offenkundig unsinnige Schlussfolgerung scheint McLuhan durch seine pointierte Formulierung in Kauf zu nehmen; allerdings will er auf etwas anderes hinaus. Ihm geht es weniger um die individuellen Wirkungen und Folgen von Kommunikation und Medien als vielmehr um die gesellschaftlich-kulturellen Wirkungsweisen. An die Überlegungen des kanadischen Wirtschaftshistorikers Harold Adams Innis anknüpfend, schreibt McLuhan der Entwicklung der Medien eine ganz überragende kulturgeschichtliche Bedeutung zu. Er teilt die Menschheitsgeschichte in vier Epochen ein, die jeweils durch einen Wandel der Medien periodisiert werden: Die orale Stammeskultur wird durch die Erfindung der Schrift zur Manuskript-Kultur, durch die Erfin-

dung des Buchdrucks zur sog. »Gutenberg-Galaxis« und schließlich zum »elektronischen Zeitalter«. Diese medientechnischen und -kulturellen Umbrüche sind die eigentliche Wirkung der Medien und nicht die Rezeption bestimmter Medieninhalte, die auf unser Bewusstsein, unsere Ansichten oder Meinungen wirken und unser konkretes Handeln beeinflussen. McLuhan argumentiert letztlich technikdeterministisch, d. h., für ihn bestimmt allein das technische Potenzial bzw. die technische Form der Übertragung, was ein Medium bewirkt.

Gutenberg-Galaxis

Literatur

Toronto School

Der kanadische Literaturwissenschaftler Herbert Marshall McLuhan (1911 – 1980) setzte sich auch mit medientheoretischen Fragen auseinander. Seine »mosaikartigen« Essays haben eine breite Wirkung in den Kultur- und Medienwissenschaften entfaltet. Seine Formulierungen von der – angeblich vom Untergang bedrohten – »Gutenberg-Galaxis« und vom »Global Village« haben vor dem Hintergrund der neueren Medienentwicklung wieder an Popularität gewonnen:

McLuhan, H. Marshall: **The Gutenberg Galaxy**. London (1962); dt. Ausgabe: Die Gutenberg-Galaxis. Das Ende des Buchzeitalters. Bonn u.a: Addison-Wesley 1995.

McLuhan, H. Marshall H.: Understanding Media: The Extensions of Man (1964); dt. Ausgabe: **Die magischen Kanäle**. 2., erw. Aufl., Dresden u.a.: Verlag der Kunst 1995.

McLuhan bezeichnete sich selbst als Schüler des Wirtschaftshistorikers Harold Adams Innis (1894–1952), der sich schon in den 1940er Jahren mit der Bedeutung von Kommunikation und Medien für die Kultur und die politische Geschichte beschäftigte:

Innis, Harold A.: **Empire and Communications**. Oxford: Clarendon Press 1950, Toronto: Dundum 2007.

Innis, Harold A.: **The Bias of Communication**. Toronto: Toronto University Press 1951, 2. Aufl. 2008.

Innis, Harold A.: **Kreuzwege der Kommunikation**. Ausgewählte Beiträge. Hrsg. v. Karlheinz Barck. Wien u. New York: Springer 1997.

Eine einführende Darstellung beider Theorien findet sich bei:

Hartmann, Frank: **Medienphilosophie**. Wien: WUV / UTB 2000, S. 238 – 269.

McLuhan unterscheidet heiße und kalte Medien – eine durchaus problematische und inkonsistente Differenzierung: Die heißen Medien erwei-

heiße und kalte Medien

tern nur einen unserer Sinne, indem sie z. B. sehr viele visuelle Details liefern. Kalte Medien hingegen liefern nur wenige Details und aktivieren damit den Rezipienten, der gezwungen ist, selbst sehr viel zu ergänzen, sich persönlich zu beteiligen: Demnach wäre eine Fotografie ein heißes, eine Karikatur hingegen ein kaltes Medium. Welche Konsequenzen diese Einteilung letztlich besitzt und ob sie auf alle Beispiele, die McLuhan anführt, zutrifft, ist zu bezweifeln. Warum beispielsweise das Fernsehen ein kühles, der Kinofilm hingegen ein heißes Medium ist, bleibt ungeklärt.

Im Ergebnis können wir festhalten, dass sich aus McLuhans Überlegungen eine Fülle von Anregungen gewinnen lassen und dass er auf Forschungsdefizite der »klassischen« Kommunikationswissenschaft aufmerksam macht, die zu lange die Analyse der medialen Form und die kulturhistorische Makroperspektive vernachlässigt hat. Ein klares Verständnis oder gar eine wissenschaftliche Systematik der Medien hat McLuhan, der sich selbst auch nicht als systematischen Theoretiker verstanden hat, jedoch nicht formuliert.

3.3 | Kommunikationswissenschaftlicher Medienbegriff

Aus kommunikationswissenschaftlicher Sicht interessieren uns nicht »alle möglichen Medien«, sondern Medien nur insofern, wie sie Kommunikation ermöglichen, ihr dienen bzw. (und das ist die Lehre aus den Überlegungen McLuhans) wie sie Art und Weise von Kommunikation gestalten.

Kommunikative und materielle Medien

Mittel zum Zweck

Wenn wir Kommunikation als symbolische Interaktion begreifen, dann können Medien mit Harry Pross als »Mittel zum Zweck«, als Kommunikationsmittel betrachtet werden, die intentionale Zeichenprozesse zwischen Menschen über räumliche, zeitliche oder raumzeitliche Distanzen hinweg ermöglichen, und zwar so, dass eine Verständigung stattfinden kann. Medien bezeichnen also keine Substanzen, sondern immer Relationen bzw. Funktionen (Mittel und Zweck). Wir haben bereits gesehen, dass Kommunikation nicht als »Kommunion« stattfindet, es bleibt zwischen den Kommunikanten (bzw. Kommunikator und Rezipient) immer eine Differenz bzw. eine Distanz, die durch Signale und Zeichen überbrückt werden muss. Der jeder Kommunikation zugrundeliegende Zeichenprozess bedarf der materiellen Übermittlung; Zeichen müssen sinnlich wahrgenommen werden, damit Kommunikation zustande kommen kann. In den älteren Kommunikationstheorien wurden verschiedene Sinnes-, Wahrnehmungs- oder Übertragungskanäle unterschieden, die auch als »Medien« bezeichnet wurden. Demnach gibt es in der interpersonalen Face-to-Face-Kommunikation taktile, gustatorische, thermale und olfaktorische Kanäle oder »Medien.« Gemeint sind damit die Sinnesmodalitäten des Tastens (Berührens), Schmeckens (etwa beim Kuss), die Wahrnehmung körperlicher Wärme sowie das Riechen. Hinzu kommen die auch in der »Massenkommunikation« genutzten auditiven und visuellen Kanäle, also Hören und Sehen. »Medien« werden hierbei alleine anhand der Sinnesmodalitäten oder Wahrnehmungskanäle identifiziert, woraus sich eine zeichentheoretische Klassifikation »kommunikativer Medien« gewinnen lässt. Wir können dann zwischen Sprach-, Ton-, (Steh-)Bild- und Bewegtbildmedien sowie Kombinationsformen unterscheiden.

kommunikative Medien

Jenseits dieser zweifellos bedeutsamen semiotisch-ästhetischen sowie der rezeptions- und kognitionspsychologischen Aspekte interessieren aus kommunikationswissenschaftlicher Sicht noch eine Reihe weiterer Medieneigenschaften. In modernen Gesellschaften spielen jenseits der unmittelbar wahrnehmbaren Zeichen und der Sprache in der Face-to-Face-Kommunikation technische Medien eine besondere Rolle, die eine Überwindung von Raum-Zeit-Distanzen bewerkstelligen. Die Überwindung von Distanzen setzt dabei materielle Medien für die physikalische Speicherung (Ton, Stein, Papier, Zelluloid, Magnetband, Silizium-Chips etc.) oder Übertragung (Luft, Licht, Wasser, elektromagnetische Wellen) voraus. In der Face-to-Face-Kommunikation greifen wir beispielsweise auf das kommunikative Medium Sprache zurück, das aber des materiellen Mediums Luft bedarf, damit sich die Schallwellen zwischen den beiden Kommunikanten bewegen können. Auch die Beobachtung der nonverbalen Zeichen und Signale bedarf eines Mediums, nämlich des Lichts für die visuelle Wahrnehmung, während taktile, thermale, olfaktorische und gustatorische Wahrnehmungen – etwa bei Umarmung und Kuss – keine Beleuchtung aber andere elektromagnetische Wellen und Luft als materielle Medien voraussetzen.

Technische Medien

Zur Überwindung der raumzeitlichen Distanzen bedienen sich moderne Gesellschaften in hohem Maße technischer Medien, die eine Übermittlung von Signalen oder Daten bewerkstelligen. Wenn beispielsweise das materielle Medium Papier genutzt werden soll, um eine zeitliche Distanz zu überbrücken, so benötigt man auch ein technisches Medium, etwa ein Schreibgerät oder eine Druckerpresse. In dieser Hinsicht kann man einteilen in (a) Druck- oder Printmedien, (b) Rundfunkmedien und (c) Telekommuniaktions- oder Netzmedien (Telefon, Internet, Mobiltelefon); zuweilen werden auch nur Print- und »elektronische Medien« voneinander unterschieden. In dem Maße jedoch, wie die Medientechnologien einem Wandel unterliegen, verschwimmen auch die vermeintlich klaren Einteilungen aufgrund technischer Medienkonvergenz. In zunehmendem Maße können beispielsweise Rundfunkprogramme auch über solche Telekommunikationsnetze (Internet, Mobiltelefon) verbreitet werden, die früher anderen Anwendungen vorbehalten waren. Und umgekehrt werden die Kabelfernsehnetze zunehmend für »Tripple Play«, also Telefon, Internet und Fernsehen genutzt.

Individual-, Massen- und Hybridmedien

Medien der interpersonalen Kommunikation

Auch die klassische Zweiteilung in Medien der interpersonalen Kommunikation (Brief, Telefon, Telefax, E-Mail etc.) und Massenmedien (Zeitung, Film, Rundfunk) verliert tendenziell an Trennschärfe. Mit Massenmedien waren und sind die Medien der Massenkommunikation gemeint, die besser als öffentliche Kommunikation zu bezeichnen ist (→ vgl. Teil I, Kap. 4 u. 5). Gemeint ist also nicht die massenhafte Verbreitung und Nutzung eines Mediums, dann wäre auch das Telefon ein Massenmedium. Massenmedien verbreiten nach traditioneller Vorstellung identische »Inhalte« oder »Programme« an ein Massenpublikum oder die Öffentlichkeit. Ausschlaggebend ist nicht das Kriterium der Masse, sondern das der Öffentlichkeit. Daher ist die Bezeichnung publizistische Medien weitaus überzeugender und auch weniger negativ besetzt. Allerdings verschwimmen durch den medialen Wandel auch hier die Grenzen, denn zum einen haben sich eine Reihe von Medien der Gruppenkommunikation, wie Chat, Newsgroups oder Mailinglisten entwickelt, die zwischen privaten und teil- oder gruppenöffentlichen bzw. öffentlich beobachtbaren Kommunikationsformen oszillieren. Zum anderen entwickeln sich auch im klassischen Bereich publizistischer Medien immer mehr Angebote, die immer kleinere Zielgruppen statt der allgemeinen Öffentlichkeit adressieren. In dem Maße, wie technische, materielle und kommunikative Medien multifunktional werden, vereinigen sie Funktionen der interpersonalen, vorwiegend privaten, der gruppeninternen und der öffentlichen Kommunikation. In diesem Sinne kann man das Internet als »Hybridmedium« bezeichnen, wobei es sich beim Internet zunächst nur um ein Medium erster Ordnung, nämlich eine inhaltsneutrale technische Plattform (ein bestimmtes Übertragungsprotokoll), handelt. Zu

publizistische Medien

Medium erster Ordnung

einem Medium zweiter Ordnung gehören weitere Bestimmungsgründe, **Medium zweiter Ordnung**
von denen wir die zeichentheoretischen bereits kennengelernt haben
(kommunikative Medien). Hinzu müssen aber noch die Organisations-
und Institutionsaspekte des Mediums zweiter Ordnung kommen, auf
die im Folgenden näher eingegangen werden soll.

Primäre, sekundäre und tertiäre Medien

Harry Pross unterscheidet, bezogen auf den Kommunikationsprozess,
zwischen primären, sekundären und tertiären Medien: Bei der Face-to-
Face-Kommunikation bedienen wir uns des primären Mediums Sprache,
ein technisches Medium ist für keinen der Kommunikanten notwendig.
Bei der Kommunikation mit sekundären Medien benötigt ein Kommunikant (oder der Kommunikator) ein technisches Medium, zum Beispiel
eine Druckmaschine. Der zweite Kommunikant oder der Rezipient benötigt jedoch kein technisches Medium. Dies ist bei tertiären Medien anders, denn hier benötigen beide Kommunikatoren (Telefon) bzw. Kommunikator und Rezipient (Fernsehen) eine technische Einrichtung zur
Kommunikation.

Die Systematik von Pross verdeutlicht auch, dass technische Medien
oder Übertragungstechniken allein noch kein Kommunikationsmedium
darstellen, denn an Kommunikation sind mindestens zwei Kommunikanten beteiligt. Kommunikationsmedien müssen deshalb definierte
»Schnittstellen« (Interfaces) aufweisen, die den Kommunikanten bzw.
den von ihnen verwendeten Symbolen einen Zugang eröffnen. Dieser
Zugang beschränkt sich nicht auf technische und semiotische Fragen:
Technisch sind heute viele Menschen in der Lage, selbst beispielsweise
ein Urlaubs-Video zu drehen. Ob dieses auch den ästhetischen Ansprüchen
und thematischen Relevanzkriterien entspricht, die für eine Ausstrahlung im Fernsehen gelten, ist (trotz der Tendenzen zu Trash- und Rea-
lity-TV) eine ganz andere Frage.

Kommunikationsmedien prozessieren durchaus wechselnde Botschaften oder Aussagen, aber sie tun dies dauerhaft in jeweils spezifischer Weise. Kommunikationsmedien sind dauerhafte Gebilde, sie existieren auch,
wenn gerade nicht kommuniziert wird. Sie organisieren einen Teil unserer kommunikativen Handlungen nach bestimmten Regeln oder Routinen und sind damit keine neutralen Mittler oder leere Container, in die
jeder alles hineintun kann, um es zu transportieren. Es existieren semiotische Codier- und Wahrnehmungsgrenzen, d. h., es können keine Bewegt-
bilder in der Zeitung gedruckt oder Stehbilder telefoniert werden. Es bestehen technische Restriktionen, etwa der Übertragungsbandbreite oder

der Speicherkapazität auf der Ebene der materiellen Medien. Doch die Regeln werden nicht nur durch die technischen Eigenschaften oder die Codierungsmöglichkeiten festgelegt. Es gibt auch soziale Regeln der Medienverwendung und des Medienzugangs, wie das Beispiel des im Fernsehen »nicht sendefähigen Urlaubsvideos« zeigt.

soziale Regeln der
Medienverwendung

Bei der Kommunikation mithilfe der primären Medien, wirken vor allem die sozialen Regeln und Konventionen des Sprachgebrauchs und des menschlichen Verhaltens, etwa Höflichkeitsnormen. Bei den sekundären und tertiären Medien kommt bekanntlich Technik ins Spiel, die in der Regel arbeitsteilige und organisierte Verfahren voraussetzt: Ohne eine Boten- oder Postorganisation erweist sich das Medium Brief als wenig hilfreich, denn der Verfasser müsste den Brief selbst transportieren (und bräuchte ihn dann vielleicht gar nicht mehr zu schreiben). Was schon für die vergleichsweise einfachen sekundären Medien und die interpersonale Kommunikation gilt, erlangt für die tertiären Medien sowie für die sog. Massenkommunikation überragende Bedeutung: Ohne eine Organisation wäre weder ein Telefonnetz, noch eine Tageszeitung oder gar ein Fernsehprogramm zu realisieren.

Medien als Organisationen und Institutionen

Damit wir Kommunikationsmedien überhaupt benutzen können, reicht die Erfindung oder das bloße Vorhandensein einer Kommunikationstechnologie nicht aus. Es muss ein erheblicher organisatorischer Aufwand betrieben werden, damit man telefonieren oder fernsehen kann. Es muss festgelegt werden, wer wann und in welchem Umfang ein Medium nutzen kann, welche Botschaften übermittelt werden dürfen und in welcher Form das geschehen darf. Geregelt werden muss schließlich auch, wer die Kosten für die Benutzung des Mediums trägt und wer ein solches Medium überhaupt betreiben darf.

Wie alle Organisationen so funktionieren auch Medienorganisationen nach bestimmten Regeln und Strukturen, die festlegen, wer anhand welcher Kriterien wann Entscheidungen fällt. Medienunternehmen wie der Axel Springer Verlag oder der Rundfunkanbieter ZDF können als Organisationen beschrieben werden, die einen bestimmten Organisationszweck verfolgen, der von den Organisationsmitgliedern arbeitsteilig, koordiniert und planvoll nach zuvor festgelegten Rollen und Kompetenzen realisiert wird. Der Zweck einer öffentlich-rechtlichen Rundfunkanstalt unterscheidet sich signifikant von dem eines privaten Rundfunkveranstalters, und in der Folge differieren eben auch Finanzierung, interne Strukturen und Entscheidungen. Während beispielsweise der Norddeut-

Regeln und Strukturen

Organisationszweck

sche Rundfunk Hörfunk- und Fernsehprogramme produziert, die sich am medienpolitisch und -rechtlich verankerten Programmauftrag der öffentlich-rechtlichen Anstalten (Grundversorgung mit vielfältigen Programmen zur Information, Unterhaltung, Bildung und Beratung, ausgewogene Berichterstattung, Beitrag zur Meinungs- und Willensbildung) orientieren, agiert ein privatwirtschaftliches Unternehmen wie RTL ganz anders. Organisationsziel ist hier die Erwirtschaftung von Profiten und die Steigerung des Unternehmenswertes (Shareholder-Value); die Einhaltung gesetzlicher Mindeststandards für die produzierten Programme werden ausschließlich als Kostenfaktoren betrachtet, die es zu minimieren gilt. Während sich öffentlich-rechtliche Rundfunkanstalten ein aufwändiges Korrespondentennetz und ausdifferenzierte Redaktionsstrukturen leisten können und dafür auch über die Rundfunkgebühr (also letztlich Zwangsentgelte) finanziert werden, müssen sich private Veranstalter überwiegend auf dem Werbemarkt finanzieren. Das bedeutet, sie müssen vor allem solche Programme produzieren und senden, die hohe Einschaltquoten erzielen und dabei möglichst geringe Kosten verursachen. Daher werden sie versuchen, mit möglichst kleinen Redaktionen auszukommen und einzelne Programme möglichst billig einzukaufen oder selbst zu produzieren.

Medien können aber auch als »Bürgermedien«, als »Freie Medien« (»Alternativmedien«) oder als Organisationsmedien organisiert sein. Wiederum unterscheiden sich die Ziele, Strukturen und Finanzierungsweisen: Bei den »Bürgermedien« handelt es sich um öffentlich finanzierte Medien wie die »Offenen Kanäle«, die Bürger für eigene Programmangebote nutzen können. Bei Alternativmedien stehen erwerbswirtschaftliche Ziele meist sehr stark im Hintergrund, es geht vielmehr um die Herstellung von »Gegenöffentlichkeit« oder andere Formen der politischen Kommunikation; oftmals ist hier die Arbeitsteilung und Rollenprofessionalisierung bewusst nur sehr begrenzt ausgebildet und die Finanzierung erfolgt durch Lohnverzicht, ehrenamtliche Tätigkeit oder auf Spendenbasis. Diese Beispiele mögen hier genügen, um zu verdeutlichen, dass zum einen Organisationszwecke und -strukturen in einem inneren Zusammenhang stehen, und dass zum anderen bei den Medienorganisationen vielfach auch externe, medienpolitische Normensetzungen eine große Rolle spielen. Wieder anders liegt der Fall, wenn es sich um Verbands-, Gewerkschafts-, Parteizeitungen oder konfessionelle Medien handelt. Hier werden von den Mutterorganisationen die Organisationsziele der Medien vorgegeben und für eine entsprechende Finanzierung gesorgt.

Neben den publizistischen Medienunternehmen, deren Aufgabe immer auch in der Bereitstellung von Aussagen zur öffentlichen Kommunikation besteht, existieren andere Medienorganisationstypen, die andere Zwecke verfolgen: Die Betreiber von Telekommunikationsnetzen

Bürgermedien

Verbands-, Gewerkschafts-, Parteizeitungen oder konfessionelle Medien

andere Medienorganisationstypen

(Service Provider) stellen selbst keine Kommunikate, Programme oder sonstigen »Content« her; sie organisieren nur die Möglichkeit für Dritte, über diese Netze zu kommunizieren.

Neben den – wie hier nur angedeutet wurde – sehr unterschiedlich strukturierten Medienunternehmen spielen weitere Medienorganisationen eine Rolle, wie zum Beispiel Verleger- und Journalistenverbände, Einrichtungen der Medienselbstkontrolle etc.

Mit diesen Organisationsfragen der Medien und der Kommunikation beschäftigen sich eigene Teildisziplinen der Kommunikationswissenschaft (→ vgl. Teil II): Die Medienökonomie untersucht vor allem die Organisations- und Finanzierungsweise von Medienunternehmen und deren Agieren auf dem Medienmarkt. Die Kommunikations- und Medienpolitik fragt auf der gesellschaftlichen Makroebene nach der am besten geeigneten Organisationsweise der Medien, wobei hier die grundlegenden Kommunikations- und Informationsfreiheiten als Maßstab gelten. Medienrecht und Medienethik untersuchen die Regulierung der medialen Kommunikation. Auch die Journalismus- und Kommunikatorforschung setzt sich mit Organisationsfragen auseinander, wenn sie auf der Mesoebene untersucht, wie Redaktionen organisiert sind.

Medien sind aber nicht nur Organisationen; aufgrund ihrer Dauerhaftigkeit und der Regelhaftigkeit ihrer Organisationsweise kann man Medien als soziale Institutionen beschreiben, die bestimmte Leistungen oder Funktionen für die Kommunikanten bzw. für die Gesellschaft insgesamt erbringen. Viele dieser Regeln gelten nicht nur in einer bestimmten Medienorganisation, sondern für ganze Bereiche medialer (und öffentlicher) Kommunikation. So sprechen wir beispielsweise zu Recht von der Institution der (freien) Presse, ohne damit nur eine bestimmte Zeitung oder Zeitschrift zu meinen. Mit der Presse oder dem Fernsehen als Institution sind dauerhafte Regelsysteme gemeint, ein Netz von wechselseitigen Handlungs- und Leistungserwartungen, die vielfach normativ begründet werden: Wir erwarten von der freien Presse (und nicht nur von der FAZ oder der tageszeitung), dass sie partei- und regierungsunabhängig politische Missstände aufdeckt, wir erwarten vom öffentlich-rechtlichen Rundfunk (und nicht nur vom ZDF oder vom NDR), dass er uns umfassend und ausgewogen informiert, aber auch dass er sorgsam mit unseren Rundfunkgebühren umgeht. Wir erwarten von einem Hollywood-Film oder einer Soap, dass sie uns gut, kurzweilig oder spannend unterhält, aber unsere filmästhetischen und kognitiven Fähigkeiten nicht allzu sehr herausfordert. Und umgekehrt kennen auch die Kommunikatoren oder Produzenten unsere Erwartungen (etwa durch die Medienforschung), sie erwarten, dass wir etwas Bestimmtes erwarten. Soziale Institutionen sind – allgemein gesprochen – Regelwerke zur Lösung von immer

Marginalien:

Medienökonomie

Kommunikations- und Medienpolitik

Kommunikatorforschung

Medien sind soziale Institutionen

wiederkehrenden alltäglichen Handlungsproblemen. Institutionen erbringen Ordnungs-, Orientierungs- und Sinnstiftungsfunktionen, indem
sie Komplexität und Unsicherheit reduzieren. Normen, Rollen, Hand-
lungsabläufe (Scripts) müssen nicht in jeder Kommunikationssituation
neu ausgehandelt werden, es kann vielmehr auf eingespielte Routinen
zurückgegriffen werden.

Zusammenfassung

Kommunikationswissenschaftlicher Medienbegriff
Führt man sich die Komplexität dessen vor Augen, was ein Kommunikationsmedium leistet, dann wird deutlich, dass die Definition von »Medium« aus kommunikationswissenschaftlicher Sicht mehrere Aspekte
beinhalten muss. So hat der Schweizer Kommunikationswissenschaftler
Ulrich Saxer bereits in den 1980er Jahren eine Definition vorgeschlagen,
die diesem Anspruch zwar gerecht wird, allerdings noch dem Transportmodell der Kommunikation verhaftet ist, aber die vier Aspekte von
Medien als Zeichensystem, Organisation, Institution und technischer
Basis verdeutlicht.

Definition

Medien
»Medien sind erstens Kommunikationskanäle, geeignet, bestimmte Zeichensysteme mit unterschiedlicher Kapazität zu transportieren. [...] Zum
Zweiten sind Medien Organisationen, d. h. zweckerfüllende Sozialsysteme, denn nur so kommt die Medientechnik effizient zum Tragen. Weil
Medienkommunikation das Resultat von Herstellungs-, Bereitstellungs-
und Empfangsvorgängen ist, bilden Medien, drittens, komplexe Systeme,
freilich in unterschiedlichem Maß [...] Medienkommunikation, da sie,
viertens, in alle erdenklichen Schichten des gesellschaftlichen Seins hin-
einwirkt, zeitigt in unbegrenzt vielfältiger Weise Auswirkungen, funktionale wie dysfunktionale. Und um dieses umfassenden Funktionspotentials
willen werden Medien, fünftens, in das gesellschaftliche Regelungssys-
tem eingefügt, werden sie institutionalisiert.«
(Saxer, Ulrich: Grenzen der Publizistikwissenschaft. In: Publizistik 4/1980:
532)

Medialisierung von Alltag und Gesellschaft

Unsere alltägliche Erfahrung, aber auch die Ergebnisse der Mediennutzungsforschung (vgl. Teil II, Kap. 2.3) sprechen dafür, dass die Bedeutung von Medien für unser individuelles kommunikatives Handeln wie für Wirtschaft, Politik und Gesellschaft insgesamt stark gewachsen ist. Medien werden zunehmend an allen Orten (und mobil), zu allen Tageszeiten und allen möglichen Zwecken genutzt, sie durchdringen unseren Alltag und sie gestalten unseren Alltag mit. Wer einmal versucht, in einem persönlichen Medientagebuch auch nur einen Tag lang alle eigenen Mediennutzungen, von der Short Message auf dem Handy über die iPod-Nutzung auf dem Weg zur Vorlesung, die Spiegel-Online-Lektüre am Notebook bis hin zu Tagesschau, Online-Spiel oder Kinobesuch am Abend zu protokollieren, wird überrascht sein, wie oft wir Medien benutzen, wie lange und zu welch vielfältigen Zwecken. Auch inhaltlich prägen die publizistischen Medien durch ihre Angebotsformen und Inhalte unseren Alltag mit: Sie strukturieren unsere Zeit und sie bieten Informationen zu alltäglichen Fragen der Lebensgestaltung.

Aus kommunikationswissenschaftlicher Sicht geht es bei dieser als »Medialisierung« oder »Mediatisierung« (Friedrich Krotz) beschriebenen Entwicklung nicht um einen beklagenswerten Verlust direkter interpersonaler Kommunikation und ihre Substitution durch technische Medien. Im Mittelpunkt der Forschung stehen vielmehr die empirisch beschreibbaren Veränderungen gesellschaftlicher Kommunikationsverhältnisse und die Folgen für soziale Beziehungen, Werte und Identitäten, aber auch für wichtige gesellschaftliche Funktionssysteme: Welche Funktionen erbringen Medien also für bzw. in Politik, Wirtschaft, Wissenschaft und Gesellschaft – und wie wandeln sich Demokratie, Markt, Forschung, Lehre und Kultur durch ihre zunehmende Medialisierung?

Literatur

Medienbegriff der Kommunikationswissenschaft

Einen allgemein anerkannten Medienbegriff gibt es in der Kommunikationswissenschaft bislang nicht. Einen systematischen Überblick findet man bei:

Mock, Thomas: **Was ist ein Medium?** Eine Untersuchung kommunikations- und medienwissenschaftlicher Grundverständnisse eines zentralen Begriffs. In: Publizistik, 51. Jg. (2006), S. 183 – 200.

Alle rein technisch fundierten Mediendefinitionen greifen jedoch zu kurz, weil in jedem Fall auch semiotische (Zeichensysteme), psychologische (Wahrnehmungsmodi) und soziale (Organisation, Institution) Merkmale notwendig sind, um Kommunikationsmedien (Medien zweiter Ordnung) von Technik oder Übertragungstechnologien (Medien erster Ordnung) zu unterscheiden.

Auf die Mehrdimensionalität des Medienbegriffs hat vor allem Ulrich Saxer wiederholt aufmerksam gemacht:

Saxer, Ulrich: **Grenzen der Publizistikwissenschaft**. In: Publizistik, 25. Jg. (1980), Nr. 4, S. 525 – 543.

Saxer, Ulrich: **Der Forschungsgegenstand der Medienwissenschaft**. In: Leonard, Joachim-Felix et al. (Hrsg.): Medienwissenschaft. Berlin u. New York: de Gruyter 1999, S. 1 – 14.

Die Unterscheidung von Medien erster und zweiter Ordnung erläutert Herbert Kubicek näher:

Kubicek, Herbert: **Das Internet auf dem Weg zum Massenmedium?** Ein Versuch, Lehren aus der Geschichte alter und neuer Medien zu ziehen. In: Werle, Raymund / Lang, Christa (Hrsg.): Modell Internet? Entwicklungsperspektiven neuer Kommunikationsnetze. Frankfurt am Main u. New York: Campus 1997, S. 213 – 239.

Die Einteilung in primäre, sekundäre und tertiäre Medien findet sich bei:

Pross, Harry: **Medienforschung**. Film, Funk, Presse, Fernsehen. Darmstadt: Habel 1972.

Eine zusammenfassende Darstellung vor dem Hintergrund des medialen Wandels liefert:

Beck, Klaus: **Neue Medien – neue Theorien?** Klassische Kommunikations- und Medienkonzepte im Umbruch. In: Löffelholz, Martin / Quandt, Thorsten (Hrsg.): Die neue Kommunikationswissenschaft. Theorien, Themen und Berufsfelder im Internet-Zeitalter. Eine Einführung. Wiesbaden: Westdeutscher Verlag 2003, S. 71 – 87.

Den bislang vernachlässigten Organisationsaspekt der Medien stellt Otfried Jarren in den Vordergrund:

Jarren, Otfried: **Medien als Organisationen – Medien als soziale Systeme**. In: Jarren, Otfried/ Bonfadelli, Heinz (Hrsg.): Einführung in die Publizistikwissenschaft. Bern u. a.: Haupt/UTB 2001, S. 137 – 160.

Mit dem Prozess der Mediatisierung beschäftigt sich grundlegend:

Krotz, Friedrich: **Die Mediatisierung kommunikativen Handelns**. Der Wandel von Alltag und sozialen Beziehungen, Kultur und Gesellschaft durch die Medien. Wiesbaden: Westdeutscher Verlag 2001.

1 Erläutern Sie den Unterschied zwischen Erfolgs- und Verbreitungsmedien in der soziologischen Systemtheorie!

2 Warum sind Uhren, Fahrräder und Geld aus kommunikationswissenschaftlicher Sicht (und entgegen der Annahme von McLuhan) keine Medien?

3 Worin besteht der Unterschied zwischen »materiellen« und »kommunikativen Medien«?

4 Was versteht man unter primären, sekundären und tertiären Medien?

5 Warum ist das Internet kein Kommunikationsmedium?

6 Nennen und erläutern Sie die vier Dimensionen des kommunikationswissenschaftlichen Medienbegriffs!

3.4 | Leistungen und Funktionen publizistischer Medien

Folgt man dem Definitionsansatz von Saxer, so kann man Medien als soziale Systeme verstehen: Auf der Mesoebene können wir Medienunternehmen und -verbände als Organisationssysteme beschreiben, auf der Makroebene können wir von einem Funktionssystem der Medien bzw. der »Massenmedien« sprechen. Doch was versteht man in den Sozialwissenschaften unter einem »System«? Ein soziales System besteht aus Handlungen (bei Luhmann: aus Kommunikationen), nicht aus den Personen, die sie ausführen. Die Handlungen sind also die Elemente des Systems, das mehr ist als die bloße Summe seiner Teile (also aller einzelnen Handlungen bzw. Kommunikationen). Durch die Handlungen, die aneinander anknüpfen, gewinnt das System zum Beispiel Regelhaftigkeit und Dauer. Es grenzt sich von seiner Umwelt ab: Die Umwelt liefert Probleme, die vom System als Aufgabe beobachtet und gelöst werden müssen, entweder durch Anpassung (Funktion) oder als Nicht-Anpassung (Dysfunktion). Je komplexer die Umwelt (hier z. B. die Gesellschaft insgesamt) wird, umso komplexer wird auch das System (hier: die Medien) werden müssen, damit es sich selbst erhalten kann. Nach und nach kommt es deshalb zur Binnendifferenzierung von Handlungssystemen, z. B. zur Aufgabenteilung. Die primäre Funktion eines sozialen Systems liegt aus systemtheoretischer Sicht immer in der Sicherung des eigenen Bestands und der Anschlussfähigkeit weiterer Operationen (Handlungen bzw. Kommunikationen). Darüber hinaus erfüllen Systeme aber auch Funktionen für andere Systeme, indem sie konkrete Leistungen erbringen.

Funktionssystem der Medien

Über das Verhältnis des Mediensystems zu seiner Umwelt bzw. zu anderen gesellschaftlichen Funktionssystemen (wie Wirtschaft, Politik, Wissenschaft etc.) gibt es in der Kommunikations- und Mediensoziologie unterschiedliche Auffassungen: Viele Anhänger von Niklas Luhmanns Theorie autopoietischer Systeme versuchen nachzuweisen, dass sich die Massenmedien zu einem eigenständigen System entwickelt haben, das nur nach seinen eigenen »Gesetzen« operiert und für andere Systeme kommunikativ nicht erreichbar ist. Die Medien sind durch andere Systeme wie Politik oder Wirtschaft allenfalls irritierbar, aber die Medien entscheiden selbst, ob und welche dieser Irritationen für die Medien zur Information werden, also Einfluss auf Struktur und Operationsweise der Medien erlangen. Derzeit konkurrieren verschiedene Spiel- und Lesarten dieses Ansatzes; strittig ist zum Beispiel nach welchem Code das System der Massenmedien operiert und sich von seiner Umwelt (einschließlich der anderen Funktionssysteme) unterscheidet, aber auch, ob statt der Massenmedien nicht die Öffentlichkeit oder der Journalismus als autopoietische Systeme aufzufassen wären. Als Funktion des autopoietischen Systems der Massenmedien wird meist die Irritation der anderen Funktionssysteme angegeben, sodass den Massenmedien letztlich eine Vermittlungsrolle zwischen den informationell geschlossenen Funktionssystemen zukommt: Massenmedien thematisieren Ereignisse, die für mehrere Funktionssysteme relevant sein können (»Mehrsystemzugehörigkeit«).

Irritation der anderen Funktionssysteme

Zumindest beim derzeitigen Stand der Theorieentwicklung ist der Erkenntnisgewinn dieses Ansatzes überschaubar, denn die oben skizzierten Aussagen bleiben notwendigerweise abstrakt. Anschaulicher und für die weitere Systematisierung und Forschung aufschlussreicher erscheint es, wenn wir nicht a priori von einer vollständigen autopoietischen Schließung des Mediensystems ausgehen, sondern diese Frage vorerst offen lassen. Dies hat den Vorteil, dass man auch beobachten kann, ob und in welchem Maße Politik und Wirtschaft auf die Medien Einfluss nehmen bzw. ob umgekehrt die Medien die Politik beeinflussen.

Wir gehen also davon aus, dass die Medien zwar ein System bilden, das nach einer eigenen Systemlogik operiert, das aber in einer Umwelt (der Gesellschaft) operiert, der es sich anpassen muss, und das Leistungen für andere Funktionssysteme erbringt. Mit »Funktion« oder »Leistung« ist hier also nicht die Wirkung auf der Mikroebene (Individuum) oder der Zweck einer einzelnen Medienorganisation (Mesoebene) gemeint. Es geht vielmehr um eine möglichst neutrale Beschreibung der Bedeutung der publizistischen Medien in und für die Gesellschaft. Will man nun beurteilen, ob ein System (hier: die Medien) funktional oder dysfunktional agiert, so muss man sich zunächst darüber klar werden, in welcher Umwelt es existiert bzw. mit welchen anderen Systemen es zu tun hat.

Funktion in und für die Geschichte

Bezogen auf die deutsche Gegenwartsgesellschaft (und eine Vielzahl vergleichbarer Gesellschaften) kann man von einer ausdifferenzierten, hoch-technisierten, kapitalistischen und pluralistisch-demokratischen Industriegesellschaft ausgehen. Für und in dieser gesellschaftlichen Umwelt sollen die Medien nun Leistungen bzw. den eigenen Bestand sichernde Funktionen erbringen. Kommunikationsmedien, die der interpersonalen Kommunikation dienen, haben ganz andere Funktionen zu erfüllen, als die publizistischen Medien, die ja nicht mehr nur der Verständigung von zwei Individuen (wie das Telefon oder Brief) dienen.

Den publizistischen Medien werden zum einen allgemeine oder übergreifende Funktionen für die gesamte Gesellschaft und verschiedene andere Funktionssysteme zugeschrieben, zum anderen aber auch konkrete Leistungen für ganz bestimmte Systeme (wie Wirtschaft, Politik, Wissenschaft etc.).

Definitionen

Funktionen und Leistungen

Funktion wird in der Kommunikationswissenschaft, anders als in der Mathematik (Leibniz) und den Naturwissenschaften, uneinheitlich und mitunter lediglich als Synonym zu Leistung, Aufgabe, Zweck oder Wirkung verwendet, ohne dass damit tiefer gehende theoretische Unterscheidungen einhergehen. Ausgangspunkt funktionaler Analysen ist die Unterscheidung von Struktur und Funktion: Während Strukturen die dauerhaften Relationen (Beziehungen) zwischen den Elementen (Komponenten) eines sozialen Systems bezeichnen, beziehen sich Funktionen auf diejenigen Prozesse des Systems, die zur Lösung spezifischer Probleme erbracht werden müssen. Mit Funktionen sind keine individual-psychologischen Medienwirkungen (Mikroebene) gemeint, sondern Leistungen, die vom Mediensystem für andere soziale Systeme wie Wirtschaft, Politik, Kultur etc. erbracht werden (Mesoebene) oder Funktionen (im strengen Sinn), die für das übergeordnete Sozialsystem Gesellschaft insgesamt (Makroebene) erfüllt werden. Die Beschreibung von Funktionen setzt immer die Nennung eines Bezugssystems voraus, für das Medien funktional sind oder Dysfunktionen erbringen.

Funktion unterscheidet sich sowohl von Zweck als auch von Aufgabe: Aufgaben sind normative Anforderungen, die von außen herangetragen werden, Zwecke sind spezifisch und teleologisch vorher bestimmt; Funktionen hingegen sind kontingente Problemlösungen für kontingente Probleme, d. h., dasselbe Problem kann unterschiedlich gelöst, dieselbe Funktion auf verschiedene Weise erfüllt werden. Manifeste Funktionen von Kommunikation sind von den am Kommunikationsprozess Beteiligten beabsichtigt und – auch vom Kommunikationsforscher – beobachtbar. Latente Funktionen hingegen werden den Kommunikanten nicht ohne weiteres bewusst, sind nicht intendiert und meist allenfalls indirekt beobachtbar. (Quelle: gekürzte Fassung eines Lexikonartikels d. Verf.; erschienen in: Bentele, Günter / Brosius, Hans-Bernd / Jarren, Otfried (Hrsg.): Lexikon der Kommunikations- und Medienwissenschaft. Wiesbaden: VS 2006, S. 78 – 79)

Info & Literatur

Funktionale Analysen

Wright und Lasswell nennen drei grundlegende Funktionen öffentlicher Kommunikation: Surveillance (die Überwachung der Umwelt), Correlation (Kohärenz der gesellschaftlichen Sphären) und Transmission (kulturelle Tradierung von Werten und Wissen).

Lasswell, Harold D. (1948): **The Structure and Function of Communication in Society**. In: Bryson, Lyman (Hrsg.): The Communication of Ideas. New York: Institute for Religious and Social Studies, S. 37 – 51.

Wright, Charles R. (1964): **Functional Analysis and Mass Communication**. In: Dexter, L. A. / White, D. M. (Hrsg.): People, Society, and Mass Communications. New York: Free Press, S. 91 – 109.

Eine Systematisierung und ausführlichere Diskussion der Medienfunktionen mit weiteren Literaturhinweisen bieten

Burkart, Roland (2002): **Kommunikationswissenschaft**. 4. überarb. u. aktualisierte Auflage. Wien u. a.: Böhlau / UTB, S. 378 – 412 und

Kübler, Hans-Dieter: **Kommunikation und Massenkommunikation**. Ein Studienbuch. Münster u. Hamburg: LIT 1994, S. 73 – 105.

Informationsfunktion

Als übergreifende Funktion wird meist die Informationsfunktion genannt. Oft geht damit noch die Vorstellung einher, Medien seien Container, die Informationen transportieren. Aus der Kommunikationstheorie (→ vgl. Teil I, Kap. 1) wissen wir aber, dass diese Vorstellung zu einfach ist, denn »transportiert« werden allenfalls Reize oder Signale, die dann die kognitiven Systeme der Rezipienten irritieren; ob und welche Information schließlich konstruiert wird, bestimmen nicht die Medien, sondern die Rezipienten. Die Information des Publikums durch die Medien darf man sich eben nicht als gleichförmige »Programmierung« oder starke und gleichartige Medienwirkung vorstellen, wie dies der Begriff »Massenmedien« suggeriert. Richtig bleibt aber, die Übermittlung von Reizen und die Vermittlung von Aussagen durch die Medien haben letztlich die Funktion, die Individuen unserer Gesellschaft und die Gesellschaft insgesamt zu informieren.

Entgegen der pointierten Formulierung von Niklas Luhmann wissen wir zwar nicht alles, was wir über die Welt wissen, aus den Medien, beziehen aber doch einen erheblichen Anteil unseres Wissens aus der öffentlichen Kommunikation und den publizistischen Medien. Dabei bilden die Medien die Welt keineswegs ab, denn zum einen wären sie dazu gar nicht in der Lage und zum anderen würde dies zu einer Verdopplung der Welt (Realität + Medienrealität) führen. Medien können »Welt« nur konstruieren (und nicht abbilden), weil auch für Medienorganisationen (z. B. Redaktionen) und -akteure (z. B. Journalisten) gilt, dass sie Informationen nur aufgrund von Irritationen selbst konstruieren können. Auch Journalisten und Medienorganisationen nehmen keine erkenntnistheoretische Sonderstellung ein, sondern sie konstruieren Realität nach bestimmten Kriterien, Regeln und Mustern, die vor allem in der Kommunikatorforschung (→ vgl. Teil II, Kap. 2.1) untersucht werden. Dabei selektieren Medien in sehr starkem Maße, das heißt, sie wählen aus, über welche Themen (und über welche Aspekte eines Themas) berichtet wird und über was nicht berichtet wird. Nicht alle Ereignisse der Welt werden zum Thema öffentlicher Kommunikation, sondern nur sehr wenige, nach bestimmten Nachrichtenfaktoren ausgewählte (→ vgl. Teil II, Kap. 2). Durch die Selektionsleistung der Medien wird die Komplexität der Welt reduziert. Eine vollständige und realistische Abbildung der Welt würde uns genauso viel helfen wie eine Landkarte, die so groß und so detailliert ist wie die Erde.

Die Informationsfunktion der publizistischen Medien schließt also eine grundlegende *Selektionsfunktion* und die *Konstruktion einer Medienrealität* ein. Diese Medienrealität ist kein völlig willkürliches oder das subjektive Produkt einzelner Journalisten, sondern die regelgeleitete Leistung einer gesellschaftlichen Institution, d. h., die journalistischen Aussagen beanspruchen durchaus einen Faktizitätsanspruch und eine gewisse Verbindlichkeit. Sie sollen relevante Themen für die Anschlusskommunikation in der Gesellschaft und in spezifischen Funktionssystemen vorgeben bzw. diese zumindest irritieren und anregen.

Selektionsfunktion

Konstruktion einer Medienrealität

Bildungsfunktion

Die selektive Konstruktion von Medienrealität bezieht sich nicht nur auf das je aktuelle Zeitgeschehen, sondern auch auf die Vergangenheit einer

Gesellschaft. Die Medien werden nicht zuletzt aufgrund ihrer Speicher-
funktion als Teil des sozialen oder kulturellen Gedächtnisses bezeichnet.
Allerdings wird nicht »die Vergangenheit« und auch nicht das Wissen
über die Vergangenheit gespeichert. Gespeichert werden können nur
Daten, die dann wieder Anlass für Irritation und Kommunikation sind.
Gleichwohl tragen Medien damit ganz wesentlich zur *Tradition von Wissen*   Tradition von Wissen
bei, das in medialisierten Gesellschaften eben nicht mehr auswendig
gelernt und mündlich überliefert werden muss.

Die Konstruktion von Medienrealität und die medienvermittelte Tradierung von Wissen bedeutet, dass Medien auch eine herausragende *Bil-
dungsfunktion* aufweisen, die sich auf verschiedene Lebensbereiche erstreckt. Schulische wie außerschulische Lernprozesse sind ohne Medien
schon lange nicht mehr denkbar; neben das Buch sind längst andere
mediale Bildungsprogramme getreten, die in der Allgemeinbildung ebenso wie in der Berufsbildung eingesetzt werden. Publizistische Medien
tragen aber auch erheblich zur politischen und ökonomischen Bildung
bei. Allerdings können sie – zumindest vorübergehend – auch dazu beitragen, dass Wissen und Bildung in der Gesellschaft ungleich verteilt
sind, es also zu möglicherweise sozial problematischen und desintegra-
tiv wirkenden Wissensklüften kommt.

Publizistische Medien erfüllen über die Informationsfunktion hinaus
noch eine Reihe weiterer *sozialer, politischer und ökonomischer Funktionen*,
die nicht immer eindeutig voneinander zu trennen sind.

Soziale Funktionen

Publizistische Medien erfüllen mindestens vier soziale Funktionen:
(1) *Sozialisationsfunktion*: Mit Sozialisation ist das Erlernen und Einüben   Sozialisationsfunktion
    von Normen und Rollen in der Gesellschaft gemeint, also ein Prozess
    der lebenslangen Erziehung und Selbsterziehung. Neben den primä-
    ren (Familie) und sekundären Sozialisationsagenturen (Kindergarten,
    Schule etc.) spielt die Kommunikation mit Freunden und Bekannten,
    aber auch die öffentliche Kommunikation hierbei eine entscheidende
    Rolle. Gerade die publizistischen Medien kommunizieren Rollenwis-
    sen und Rollenmuster (Unterhaltung), Leitbilder, Werte, Denkformen
    und Verhaltensweisen, und zwar vor allem in den dramaturgisch gestal-
    teten unterhaltenden Angeboten sowie den sog. »Reality-Formaten.«
    Hier können auch andere Rollenbilder und -muster kennengelernt
    und partiell erprobt werden, mit denen man niemals in unmittel-
    baren Kontakt gekommen wäre. In welchem Maße die Medien Ein-
    fluss auf unsere Rollen- und Wertvorstellungen nehmen, ist in der

kommunikationswissenschaftlichen Forschung umstritten. Weitreichende Thesen wie die vom »Verschwinden der Kindheit« (Neil Postman) oder von der Erziehung zur Gewalt durch Medien lassen sich in dieser Form empirisch aber keineswegs belegen.

politische Sozialisation

Die Sozialisationsfunktion der publizistischen Medien erstreckt sich auch auf die politische Sozialisation, also die Erziehung zum mündigen, kritischen und aktiven Wahlbürger. Die Medien vermitteln dabei nicht nur politische Bildung, sondern auch politisches Rollenwissen (etwa als Wähler). Sozialisationsfunktionen erbringen die publizistischen Medien auch in ökonomischer Hinsicht, wenn sie uns zum (mehr oder weniger) rationalen Konsumenten erziehen.

Integrationsfunktion

(2) *Integrationsfunktion*: Moderne Gesellschaften sind hochgradig ausdifferenziert, und die individuellen Biografien der Menschen sind immer stärker Gegenstand persönlicher Entscheidungen. Diese individuelle Vielfalt führt nicht zuletzt vor dem Hintergrund eines vielfältigen Medienangebotes zu der grundlegenden Frage, was eine Gesellschaft eigentlich noch zusammen hält. Den publizistischen Medien wird – trotz der Tendenz zu Special-Interest- und Zielgruppenangeboten – eine große Bedeutung bei der Herstellung eines Gemeinschafts- und Zugehörigkeitsgefühls zugeschrieben. Vermittelt durch publizistische Medien können die gemeinsamen Interessen und Probleme, aber auch die gemeinsamen Gefühle als Gemeinsamkeiten erkannt werden; die Identifikation von Individuen und Gruppen mit der Gesellschaft und ihrer Kultur wird hierdurch gefördert. Die Selektion und Strukturierung von Themen und Aussagen schafft eine gemeinsame Grundlage für interpersonale Anschlusskommunikationen, die Medien liefern Gesprächsanlässe im Alltag. Mediale Großereignisse wie die Fußballweltmeisterschaft, aber auch alltägliche Sendungen wie die Tagesschau erreichen noch immer große Publika und geben Themen auch für diejenigen vor, die selbst die betreffenden Medien vielleicht gar nicht genutzt haben. Soziale Integration erfolgt nicht nur über Themen, sondern auch über Zeitstrukturen, die von den Medien vermittelt werden. Medienereignisse können den privaten Tagesablauf wie den öffentlichen Kalender strukturieren. Es bilden sich gemeinsame Routinen und Gewohnheiten und sogar Medienrituale heraus. Gesellschaftliche Integration ist zugleich eine normative Vorgabe, die insbesondere dem öffentlich-rechtlichen Rundfunk seitens des Verfassungsrechts explizit gemacht wird.

Publizistische Medien können auch zu einer übermäßigen sozialen Integration beitragen: Durch gleichgeschaltete Propaganda etwa werden die Individuen zwar in hohem Maße integriert, aber um den Preis, dass sie ihre Individualität und Freiheit zusehends verlieren. Vor allem aber mündet solch totalitäre Medienpropaganda immer auch in der brutalen Desintegration, sprich in Ausgrenzung, Ausweisung, Vertreibung oder gar Ermordung – wie der Nationalsozialismus gezeigt hat.

(3) *Soziale Orientierung*: Publizistische Medien helfen auch bei der Organisation des Alltags und der Bewältigung problematischer Lebenslagen. Medien bieten Informationen über Verfahren und Praktiken der Gesellschaft und Beratungsleistungen für zum Teil sehr spezielle Fragen. Was muss man tun, wenn man arbeitslos wird? Wo melde ich ein Auto an? Wie funktioniert eigentlich eine Flugreise? Solche und eine Fülle anderer Alltagsfragen werden in den Medien – en passant – beantwortet. In Bevölkerungsgruppen, die tendenziell weniger Face-to-Face kommunizieren, treten mitunter die Medien partiell an die Stelle persönlicher Beratung und Alltagshilfe. soziale Orientierung

(4) *Rekreationsfunktion*: Medien erlauben es dem Individuum, sich zu entspannen, zu erholen, zu zerstreuen und abzulenken. Solche Unterhaltungsmotive sind für die individuelle Medienwahl und -nutzung von großer Bedeutung. Die Suche nach Rekreation, also der Wiederherstellung der Kräfte und einem Ausgleich zur Arbeit, ist dabei nicht allein ein individuelles Phänomen, sondern ein gesellschaftliches. Ohne Unterhaltung wäre ein sozialer Zusammenhalt und ein friedliches Miteinander vermutlich nicht möglich, und darüber hinaus ist die Rekreation auch ökonomisch bedeutsam (Reproduktionsfunktion). Rekreationsfunktion

Politische Funktionen

Von besonderer normativer Bedeutung sind die politischen Funktionen der publizistischen Medien:

(5) *Öffentlichkeitsfunktion*: Die Herstellung von Öffentlichkeit ist in modernen und ausdifferenzierten Großgesellschaften ohne Medien nahezu unmöglich (→ vgl. Teil I, Kap. 4.4). Selbst bei Großdemonstrationen – etwa in der DDR 1989 – versammeln sich nur Bruchteile einer Gesellschaft, während die Medien nahezu alle Bürger erreichen. Die Herstellung von Öffentlichkeit ist eine konstitutive Voraussetzung demokratischer Partizipation sowie Willens- und Meinungsbildung. In engem Zusammenhang damit steht auch die Öffentlichkeitsfunktion

(6) *Kritik- und Kontrollfunktion*: Medien stehen in demokratischen Staaten nicht im Dienst der Regierung, sie unterliegen keiner zentralen Lenkung oder Zensur, sondern sind Foren, in denen auch Kritiker (etwa die politische Opposition) zu Wort kommen. Die staatliche Macht wird durch die öffentliche Kommunikation in den Medien kontrolliert. Dabei sind die Medien keine »Vierte Gewalt« im verfassungsrechtli- Kritik- und Kontrollfunktion

chen Sinn, aber sie ermöglichen eine Kontrolle der drei Staatsgewalten durch öffentliche Kommunikation. Im Idealfall bezieht sich die Kritik- und Kontrollfunktion auch auf die Medien selbst: Durch öffentliche Kommunikation via Medien kann auf Fehler und Missstände der Berichterstattung hingewiesen werden. Damit Kritik und Kontrolle stattfinden, müssen die Medien eine weitere Funktion erfüllen, nämlich die

Artikulationsfunktion (7) *Artikulationsfunktion*: Die Medien haben eine dienende Funktion, sie sollen ein Forum der Meinungen in ihrer Vielfalt sein und, gerade weil nicht jeder einzelne Bürger unmittelbaren Zugang zu ihnen hat, im Auftrage der Bürger Themen, Fragen und Meinungen artikulieren. Dabei kommt den Journalisten die Rolle des »Gesprächsanwalts« zu, der als Mittler und Übersetzer agiert.

Korrelationsfunktion (8) *Korrelationsfunktion*: Unter der Voraussetzung, dass die publizistischen Medien eine kritische Öffentlichkeit herstellen und ihren Artikulationsaufgaben gerecht werden, soll es im Prozess der öffentlichen Kommunikation auch zu einer kollektiven Willensbildung, einem rationalen Konsens kommen.

Politikvermittlungs- (9) *Politikvermittlungsfunktion*: Auch in demokratischen Staaten müssen
funktion die politischen Entscheidungen an die Bürger vermittelt werden, d. h., zur allgemeinen Informationsfunktion kommt die Herstellung von Akzeptanz der politischen Maßnahmen hinzu. Politik muss sich öffentlich legitimieren (Legitimationsfunktion), sie bedarf der Unterstützung der Bürger. Allerdings lassen sich hier auch dysfunktionale Züge beobachten: Wird die Politikvermittlung einseitig überbetont und fehlen dabei Kritik- und Kontroll- sowie Artikulationsfunktion, dann wird aus der Politikvermittlung politische Propaganda. Aber auch in demokratischen Staaten ergeben sich Probleme, die in der Kommunikationswissenschaft untersucht werden: In dem Maße, wie sich die Politik den Selektions- und Präsentationslogiken der Medien unterordnet, wächst die Gefahr, dass nur noch symbolische und personalisierte Politik betrieben wird. Es geht dann nicht länger um die sachliche Wirkung und den Erfolg einer Maßnahme, sondern nur noch um die öffentliche Zustimmung oder den Wahlerfolg.

Ökonomische Funktionen

Wie die politischen so sind auch die ökonomischen Funktionen der Medien von ihrer Umwelt, also dem Wirtschaftssystem einer Gesellschaft, abhängig. Bezogen auf das kapitalistische Wirtschaftssystem wurden die ökonomischen Funktionen der Medien vor allem von kritischen Kommunikationswissenschaftlern analysiert, was wiederum die marxistische Terminologie erklärt.

(10) *Reproduktionsfunktion*: Als individuelle und soziale Funktion wurde bereits die Unterhaltungs- und Rekreationsfunktion der Medien genannt. Aus wirtschaftswissenschaftlicher Perspektive tragen die Medien dadurch, dass sie der Entspannung und Erholung dienen, auch dazu bei, die Arbeitskraft wieder herzustellen. Medien steigern damit indirekt die Produktivität bzw. Wertschöpfung der Volkswirtschaft.

Reproduktionsfunktion

(11) *Affirmationsfunktion*: Aus Sicht neomarxistischer und kritischer Medientheorien wird durch die publizistischen Medien und insbesondere durch deren Unterhaltungsangebote nicht nur die individuelle Arbeitskraft reproduziert, sondern letztlich das gesamte kapitalistische System stabilisiert. Die Medien, so der Verdacht, stellen die ökonomischen und politischen Verhältnisse nicht infrage, sondern stellen sie als selbstverständlich, naturgegeben oder in beschönigender Weise dar. Sie manipulieren das Bewusstsein ihrer Nutzer und bestätigen die kapitalistische Ideologie (Affirmation). Allerdings finden sich in der Kommunikationsforschung bislang keine empirischen Belege für die Manipulationsthese, die solchen Theorien zugrunde liegt. Dass Medien nach dem altrömischen Herrschaftsprinzip von »Panem et Circensis« zumindest zeitweilig erfolgreich eingesetzt werden können, scheint hingegen ein systemunabhängiges Phänomen zu sein.

Affirmationsfunktion

(12) *Zirkulationsfunktion*: Publizistische Medien finanzieren sich zu einem überragenden Anteil aus Werbung und aus diesem Grunde sind sie gezwungen, auch ein entsprechend konsumförderliches redaktionelles Angebot zu produzieren. Die Medien beschleunigen und optimieren damit den ökonomischen Kreislauf von Geld- und Warentausch.

Zirkulationsfunktion

(13) *Transparenzfunktion*: Bezahlte Werbung, aber auch die redaktionelle Berichterstattung über Waren- und Dienstleistungsangebote bis hin zu Warentests und Verbraucherberatungen erzeugen bzw. erhöhen die Markttransparenz. Die Konsumenten können sich mithilfe der publizistischen Medien besser und schneller informieren, und die Märkte können rascher reagieren, wodurch die Effizienz des Wirtschaftssystems gesteigert wird.

Transparenzfunktion

(14) *Akkumulationsfunktion*: Erwerbswirtschaftliche Medienorganisationen streben wie alle Wirtschaftsunternehmen nach Renditen und Profiten, und in marktwirtschaftlichen Wirtschaftssystemen müssen sie genau dies auch tun, um in der Konkurrenz zu überleben und Kapital für Innovationen und Investitionen aufbringen zu können. In der Tat gehört die Medienbranche insgesamt zu den profitablen und wachsenden Wirtschaftszweigen, d. h., die Chancen hier weiteres Kapital »aufzuhäufen« (Akkumulation), sind überdurchschnittlich hoch.

Akkumulationsfunktion

Beschäftigungsfunktion (15) *Beschäftigungsfunktion*: Medienorganisationen sind Arbeitgeber, d. h., sie fragen Arbeitskräfte auf einem Markt nach, der seit einigen Jahren zumindest in Deutschland große Probleme mit weitreichenden sozialen und politischen Folgen aufweist. Die meisten Arbeitsplätze in der Medienwirtschaft setzen vergleichsweise hohe Qualifikationen voraus und sind dementsprechend gut bezahlt, was wiederum von fiskalischer Bedeutung für den Staat und von volkswirtschaftlicher Bedeutung für die Konsumentennachfrage ist.

Medienorganisationen erzeugen nicht nur auf dem Arbeitsmarkt Nachfrage, sondern auch auf dem Rohstoff- (z. B. Papier, Energie) und auf dem Bildungsmarkt.

Abb. 6

Medienfunktionen

Informationsfunktion (Selektion und Konstruktion von Medienrealität)		
ökonomische Funktionen	**soziale Funktionen**	**politische Funktionen**
Transparenz	Sozialisation	Öffentlichkeit
Zirkulation	Integration	Politikvermittlung
Akkumulation	Orientierung	Artikulation
Affirmation	Rekreation	Korrelation
Reproduktion		Kritik- und
Beschäftigung		Kontrolle

Übungsfragen

1 Was versteht man unter der Integrationsfunktion und was unter der Sozialisationsfunktion publizistischer Medien?

2 Welche politischen Funktionen haben publizistische Medien in demokratischen Gesellschaften?

3 Erläutern Sie die Rekreations- und Reproduktionsfunktion der Medien und stellen Sie dabei die unterschiedlichen Dimensionen der Begriffe heraus!

Öffentlichkeit, öffentliche Meinung und öffentliche Kommunikation | 4

Öffentlichkeit als Raum

Öffentlichkeit ist ein schillernder Begriff: Im alltäglichen Sprachgebrauch ist die Rede von öffentlichen Grünanlagen und Plätzen, öffentlichen Verkehrsmitteln und Schwimmbädern, von öffentlichen Gebäuden oder von öffentlichen Ärgernissen. Gemeint sind damit Einrichtungen oder Vorkommnisse, die für jedermann zugänglich, zu nutzen oder sichtbar sind. »Öffentlich« bezeichnet hier vor allem den Gegensatz zu privat: Der private Park, das Privatgelände oder -gebäude sind eben nicht ohne Einladung und Einwilligung des Eigentümers zugänglich. Und noch eine zweite Unterscheidung schwingt oftmals beim Wort »öffentlich« mit: der Unterschied zum Geheimen, von dessen Gehalt oder gar von dessen Existenz nur Eingeweihte etwas erfahren sollen, etwas, das nicht »an das Licht der Öffentlichkeit« gelangen soll. Die Unterscheidungen privat vs. öffentlich und geheim vs. öffentlich grenzen unterschiedliche, meist räumlich vorgestellte »Sphären« voneinander ab. Während der Zugang – im physischen wie im übertragenen Sinne – zur öffentlichen Sphäre allen offen steht (oder zumindest stehen sollte), ist er zur Privat- und Intimsphäre begrenzt.

Wie bei einer Zwiebel wird der innerste Kern des Geheimen oder Intimen von der »Schale« der Privatsphäre umschlossen, um die sich wiederum die »Schale« der Öffentlichkeit legt. Aus kommunikationswissenschaftlicher Sicht sind Zweifel an diesem Zwiebelmodell angebracht: Gerade im Zeitalter der Medien dringen die Nachrichten der Öffentlichkeit, mitunter sogar der Weltöffentlichkeit in unsere privaten Räume. Und umgekehrt kommunizieren wir private, zuweilen ja intime Themen in der Öffentlichkeit – für alle Umstehenden hörbar per Handy oder gar für ein Millionenpublikum inszeniert in den Talkshows des Fernsehens. Gleichwohl würden wir deshalb auch im alltäglichen Sprachgebrauch das Fernsehen nicht als privates und das Mobiltelefon nicht als öffentliches Medium bezeichnen. Mit »Privatfernsehen« ist die juristische Eigentumsform gemeint und mit dem »öffentlichen Fernsprecher« der Zugang für jedermann.

Was also versteht man in der Kommunikationswissenschaft unter Öffentlichkeit und den daraus abgeleiteten Begriffen »Öffentliche Meinung« sowie »öffentliche Kommunikation«? Wie lassen sich die Strukturen von Öffentlichkeit beschreiben, welche Bedeutung besitzt Öffentlichkeit heute und wie haben sich ihre Strukturen und gesellschaftlichen Funktionen entwickelt? Und nicht zuletzt: Was zeichnet öffentliche Kommunikation aus? Antworten auf diese Fragen geben verschiedene kommunikationswissenschaftliche Theorien, die im Folgenden vorgestellt werden.

Öffentlichkeit | 4.1

Entstehung und Strukturwandel

In den Gesellschaften des Altertums und Mittelalters, die bekanntermaßen noch nicht über ein ausdifferenziertes Mediensystem verfügten, hatte Öffentlichkeit einen relativ gut vom Privaten abgrenzbaren Ort: Auf der griechischen Agora, dem Forum Romanum und dem Marktplatz der mittelalterlichen Stadt wurde öffentlich kommuniziert. Es gab einen konkreten Ort, an dem sich Menschen trafen oder versammelten, um Neuigkeiten zu erfahren, Gerüchte zu erörtern oder ihre Meinung zu äußern. Der Zugang zu diesen Orten der Präsenzöffentlichkeit war frei – zumindest für die männlichen Bürger. Allerdings konnten nicht alle Themen öffentlich erörtert werden: Zum einen gab es private Themen, zum anderen gab es Geheimnisse, und von einer Meinungsfreiheit in politischen und religiösen Belangen konnte lange Zeit nicht die Rede sein.

Präsenzöffentlichkeit

Im Feudalzeitalter unterlagen insbesondere viele politische Belange der Geheimhaltung: Politische Entscheidungen wurden im nicht-öffentlichen Kabinett getroffen, die Diplomatie zwischen den Staaten war im Wesentlichen Geheimdiplomatie. Die politische Öffentlichkeit war vor allem eine »repräsentative Öffentlichkeit«: Die politischen Herrscher traten öffentlich auf, um ihre Macht zu repräsentieren, aber sie mussten vor der Öffentlichkeit keine Rechenschaft für ihre politischen Entscheidungen oder gar ihren Herrschaftsanspruch geben.

Als Substantiv und als politisches Schlagwort taucht »Öffentlichkeit« erst im 18. Jahrhundert im Zuge der Aufklärung und des Entstehens einer bürgerlichen Gesellschaft auf. Die Differenz geheim vs. öffentlich wurde durch eine neue Differenz, nämlich privat vs. öffentlich, abgelöst. Glaube, Beruf und Erwerb wurden zunehmend zur Privatsache; an die Stelle personaler politischer Herrschaft trat eine ausdifferenzierte Verwaltung. Das »Gottesgnadentum« als Legitimation politischer Herrschaft verlor an (Überzeugungs-)Kraft. Insbesondere in den Städten nahm die Bildung und damit auch die Fähigkeit, lesen und schreiben zu können, zu. Es entstanden Zeitschriften, Stadttheater, Kaffeehäuser und Clubs als Foren öffentlicher Kommunikation. Dabei schlossen Präsenzkommunikation und Medienkommunikation aneinander an: Die »zum Publikum versammelten Privatleute« (Habermas) debattierten über die jüngste Theateraufführung oder den neusten Roman, aber man las auch das, was andere darüber in Journalen schrieben – und diskutierte über diese Kritiken. Erörterte das bildungsbürgerliche Publikum der literarischen Öffentlichkeit anfangs vor allem ästhetische Fragen, so weitete sich das

bürgerliche Öffentlichkeit

Themenspektrum bald auf politische Fragen aus. Die bürgerlichen Ideale Freiheit, Gleichheit, Brüderlichkeit veränderten die Öffentlichkeit: Neben die repräsentative Öffentlichkeit, die der Legitimation der öffentlichen Gewalt diente, trat eine kritische Öffentlichkeit, mit dem Ziel, die öffentliche Gewalt zu kontrollieren, zum Beispiel durch ein Parlament.

Allerdings beschreibt Jürgen Habermas in seinem grundlegenden Werk über den »Strukturwandel der Öffentlichkeit« (1962) auch, wie die Ideale der kritischen Öffentlichkeit gerade durch den politischen Erfolg des Bürgertums, den Siegeszug des Industriekapitalismus und später durch die Etablierung des Sozialstaats konterkariert wurden. Habermas **Zerfall der** kritisiert den Zerfall der kritischen Öffentlichkeit und die Dominanz sog. **kritischen Öffentlichkeit** Produktionsöffentlichkeiten: Die Kommerzialisierung der Medien, ihre Abhängigkeit vom zahlungskräftigen Interesse der werbetreibenden Industrie sowie die Professionalisierung der Öffentlichkeitsarbeit von Parteien, Verbänden, Unternehmen und Regierungen verhindern einen herrschaftsfreien Diskurs. Die Berichterstattung wird zunehmend entpolitisiert, Unterhaltung dominiert. Medien werden (wieder) instrumentell zur Legitimation politischer Herrschaft eingesetzt, die Zugangsbarrieren zu ihnen haben sich erhöht: Es bedarf immer größerer finanzieller Mittel und immer höherer Medienkompetenz, um seine Meinungen öffentlich zu kommunizieren. Aus der kritischen Öffentlichkeit wird eine hergestellte Produktionsöffentlichkeit, in der mithilfe von Kommunikationskampagnen öffentliche Zustimmung für ein bestimmtes Interesse hergestellt werden soll. An die Stelle des besseren Argumentes treten Public Relations und Werbung, an die Stelle von Kritik rücken der Konsum vorgefertigter Medienangebote und die Akklamation, also die unreflektierte Zustimmung der Massen.

Diskursmodell

Ausgehend von der ideen- und realgeschichtlichen Untersuchung des Strukturwandels der Öffentlichkeit hat Habermas den normativen Gehalt der kritischen bürgerlichen Öffentlichkeit herausgearbeitet und in drei Prinzipien zusammengefasst:

Diskurs-Normen Prinzipielle Gleichheit der Teilnehmer, d. h., jeder hat das gleiche Recht zu sprechen und auch einen Anspruch auf die Aufmerksamkeit des Publikums. Zumindest innerhalb dieser bürgerlichen Kreise sollen Einkommens- oder Standesunterschiede keine Rolle spielen.

Prinzipielle Problematisierbarkeit aller Themen, d. h., auch die politischen Belange sind nicht länger als geheim zu behandeln, sondern dürfen und sollen öffentlich diskutiert werden.

Prinzipielle Unabgeschlossenheit des Publikums, d. h., jeder kann Mit-glied des Publikums werden, niemand wird aufgrund von Machtverhält-nissen oder sozialen Unterschieden vom Diskurs ausgeschlossen.

Mit diesen drei Prinzipien des Diskurses versucht Habermas keine Be-schreibung der realen historischen Verhältnisse: So hatten Frauen oder Menschen mit niedrigerer Bildung und geringem Einkommen, aber auch die Landbevölkerung de facto keinen oder nur sehr geringen Zugang zur Sphäre bürgerlicher Öffentlichkeit. Auch in den Präsenzöffentlich-keiten der Antike kann von einer »gleichberechtigten« Kommunikation nicht in dem Sinne die Rede sein, dass die Rollenverteilung zwischen Redner und Zuhörern jederzeit spontan aufgehoben bzw. umgekehrt werden konnte.

In seiner »Theorie des kommunikativen Handelns« begründet Haber-mas ausgehend von der soziologischen Handlungstheorie und der Theorie der Sprechakte (→ vgl. Kap. 2.1) die Geltungsansprüche kommunikativen   Geltungsansprüche
Handelns: Neben der Verständlichkeit der Aussagen erhebt demnach jeder Kommunikand Anspruch auf Wahrheit, Wahrhaftigkeit und Rich-tigkeit. Das heißt, seine Aussagen sollen eine Entsprechung in der Wirk-lichkeit haben, also wahr sein; sie sollen zum Ausdruck bringen, was der Sprecher wirklich meint oder denkt, also wahrhaftig sein; und sie sollen gegenüber dem Kommunikationspartner auch moralisch berech-tigt sein. Alle erhobenen Geltungsansprüche können in der Konversation kritisiert (z. B. bezweifelt) werden und dann in einer »idealen Sprechsi-tuation« argumentativ untermauert werden. In einem solchen Diskurs kann – wenn nur lange genug Argumente ausgetauscht werden – auch ein Konsens erreicht werden. Kommunikatives Handeln ist auf Verstän-digung gerichtet, und nicht wie zweckrationales oder instrumentelles Handeln auf die Durchsetzung von Interessen oder die Manipulation anderer Menschen.

Die drei weiter oben genannten Prinzipien und die Geltungsansprü-che beschreiben aber die kommunikationsethischen Ziele, die im libera-len Ideal bürgerlicher Öffentlichkeit angelegt waren. Öffentlichkeit soll-te und soll demnach als demokratisches Forum für alle (Bürger) einen herrschaftsfreien Diskurs ermöglichen, bei dem nur die Kraft des besse-ren Arguments zählt. Das Ziel ist es, zu einem vernünftigen, rationalen Konsens zu kommen, also auf demokratischem Wege eine öffentliche Meinung (→ vgl. Kap. 4.2) herzustellen, die mehr ist als die Summe der vor-handenen Privatmeinungen und die auch etwas anderes ist als die durch bloße Abstimmung feststellbare Meinung der Mehrheit. Es soll mit sach-lichen Argumenten überzeugt und nicht mit Rhetorik, Propaganda, Fehlinformation, Werbung etc. bloß überredet werden. Auch die publi-zistischen Medien, ohne die Öffentlichkeit in modernen und ausdifferenzierten Gesellschaften nicht mehr vorstellbar wäre, sollen diesem normativen Ideal zufolge vor allem informieren und ein für alle Meinungen, Sprecher und Themen offenes Forum bieten, denn in demokratischen Gesellschaften stellt Öffentlichkeit die zentrale Legitimationsinstanz politischer Herrschaft dar. Auch unter Bedingungen moderner Öffentlichkeit, in der kommerzielle Medien dominieren, kann noch immer ein kritischer Diskurs sowie zivilgesellschaftliche Deliberation stattfinden, und zwar insbesondere im Rahmen neuer sozialer Bewegungen (Umwelt-, Frauen-, Friedensbewegung). Den Medien kommt dabei zumindest eine »Frühwarnfunktion« zu, d. h., sie weisen auf politisch relevante Themen hin, die dann Gegenstand öffentlicher Diskussion werden können, auch wenn die Medien selbst kein diskursives Forum mehr bieten können.

kontrafaktische Geltung

Das Diskursmodell der Öffentlichkeit bietet vielleicht keine zutreffende empirische Beschreibung, beansprucht aber eine »kontrafaktische Geltung«, beschreibt also ein demokratietheoretisches Ideal, an dem sich alle verantwortlichen Kommunikationspartner – Journalisten, Politiker, Öffentlichkeitsarbeiter und Bürger – zu orientieren haben, damit legitime politische Herrschaft in einer freiheitlichen Gesellschaft möglich ist.

Neben diesem normativen Diskursmodell kritischer Öffentlichkeit haben sich weitere, eher deskriptive und insofern vielleicht realistischere Modelle von Öffentlichkeit entwickelt: Das Spiegelmodell und das kybernetische Modell des amerikanischen Politologen Amitai Etzionis.

Spiegelmodell von
Öffentlichkeit

Während Habermas gleichwohl an der »kontrafaktischen« Gültigkeit der normativen Funktionsanforderungen des »Diskursmodells von Öffentlichkeit« festhält, plädieren Jürgen Gerhards und vor allem Niklas Luhmann für ein normativ weniger anspruchsvolles, empirisch aber möglicherweise brauchbareres »Spiegelmodell von Öffentlichkeit«. Öffentlichkeit erfüllt demnach lediglich eine Transparenzfunktion: Sie dient der Selbstbeobachtung der Gesellschaft durch die Veröffentlichung von Themen, doch führt der Öffentlichkeitsprozess nicht mehr zur Bildung einer rational begründeten, konsensuellen öffentlichen Meinung, sondern allenfalls zu Anschlusskommunikationen.

Niklas Luhmann (1996) argumentiert aus systemtheoretischer Sicht, wenn er unter Öffentlichkeit die »gesellschaftsinterne Umwelt der gesellschaftlichen Teilsysteme« (z. B. Politik, Wirtschaft, Wissenschaft) oder die »Reflexion jeder gesellschaftsinternen Systemgrenze« versteht. Soziale Systeme können zwar ihre Grenzen nicht aufheben, d. h., im Wirtschaftssystem schließen nur Zahlungen an Zahlungen, nicht aber an politische Operationen an, die nach der Logik (dem Systemcode) von Macht vs. Nicht-Macht verlaufen. Soziale Systeme können sich selbst also nicht überschreiten, aber sie können dies reflektieren: Indem sie ihre Grenzen »von innen« erkennen, wird klar, dass es ein Außen (eine soziale Umwelt und andere soziale Systeme) gibt. Systeme können einander beobachten – und zwar im Medium der Öffentlichkeit oder, wie Luhmann an anderer Stelle formuliert, im Medium der öffentlichen Meinung. Öffentlichkeit ist also kein Funktionssystem wie Wirtschaft, Politik oder die Massenmedien, sondern ein allgemeines gesellschaftliches Reflexionsmedium, ein Spiegel. »Es geht um die Möglichkeit, zu beobachten, wie der Beobachter selbst (zum Beispiel die Politik) und andere in der öffentlichen Meinung abgebildet werden. Im Spiegel sieht man jedenfalls nicht sich selbst, sondern nur das Gesicht, das man für den Spiegel aufsetzt und ihm zuwendet. Aber man sieht nicht nur das, sondern man sieht im Rückblick über die eigenen Schultern hinweg die anderen, die im gleichen Raum (der Gesellschaft) vor dem Spiegel agieren: andere Personen, andere Gruppen, andere politische Parteien, andere Versionen zum gleichen Thema.« Die Spiegelmetapher Luhmanns weist auf die Beobachtung von Beobachtern hin. Durch die Massenmedien wird Öffentlichkeit nicht produziert, sondern repräsentiert: Ihre Berichterstattung macht auch für einzelne Funktionssysteme (Politik) oder Organisationssysteme (eine Partei) sichtbar, dass sie von anderen Funktionssystemen (Wirtschaft) oder Organisationssystemen (einer anderen Partei) beobachtet werden. Öffentlichkeit beschreibt für alle Systeme immer die jeweils andere, für das System selbst kommunikativ (also im Falle der Politik: durch Macht) nicht erreichbare Seite.

gesellschaftliches Reflexionsmedium

Auch Jürgen Gerhards und Friedhelm Neidhardt schreiben der Öffentlichkeit die Funktion zu, zwischen dem politischen System und der Gesellschaft zu vermitteln: Öffentlichkeit ist demnach ein intermediäres Kommunikationssystem, in dem öffentliche Meinung entsteht. Im Gegensatz zum Konzept Luhmanns spielen bei Gerhards und Neidhardt aber Akteure (also Personen) durchaus eine Rolle im System Öffentlichkeit.

intermediäres Kommunikationssystem

Nach Amitai Etzioni kann Öffentlichkeit als kybernetischer Prozess verstanden werden: In der Input-Phase soll Öffentlichkeit für Transparenz sorgen, also offen sein für alle Themen und Meinungen, die von kollektiver Bedeutung sind. Nach Habermas soll zumindest idealtypisch kein Thema von der öffentlichen Kommunikation ausgeschlossen werden und alle diskursfähigen Menschen sollen gleichberechtigten Zugang zu den Foren öffentlicher Kommunikation besitzen. In der Throughput-Phase soll Öffentlichkeit eine Validierung der Themen und Meinungen im rationalen Diskurs leisten, d. h., es soll hier allein das bessere Argument zählen, ohne Ansehen der Kommunikanden und ohne äußeren Zwang. Die Validierung oder Bewertung erfolgt kollektiv und schließt die begründete Revision von Meinungen ein; Ziel ist – nach Habermas – die Erzeugung eines rationalen Konsenses, der in der Output-Phase gesellschaftlichem und politischem Handeln Orientierung bietet.

Öffentlichkeit als kybernetischer Prozess

Abb. 7

*Phasen und Funktionen
von Öffentlichkeit*

Phase	Funktion	Diskursmodell	Spiegelmodell
Input	Transparenz	+	+
Throughput	Validierung	+	(–)
Output	Orientierung	+	–
Autoren	*Etzioni*	*Habermas*	*Luhmann*

Außer den zeitlichen Strukturen und Funktionen des Öffentlichkeitsprozesses lassen sich noch zwei weitere Strukturen unterscheiden: die Ebenen des Netzwerkes Öffentlichkeit und die Sprecherrollen in der Öffentlichkeit. Neidhardt unterscheidet drei Ebenen von Öffentlichkeit:

Encounterebene   Auf der Encounterebene der alltäglichen Kommunikation erfolgt öffentliche Kommunikation (über öffentlich relevante Themen und Meinungen) interpersonal. Beteiligt sind hieran zwei oder mehr Menschen in überschaubaren Gruppen; zumindest grundsätzlich wechseln die Sprecher- und Zuhörerrollen; Vermittler sind nicht beteiligt. Auf der

Themenöffentlichkeit   Ebene der Versammlungs- oder Themenöffentlichkeit wird vor einem Publikum öffentlich kommuniziert, d. h., Sprecher- und Hörerrollen sind asymmetrisch verteilt. Zum Teil erfolgt diese Rollendifferenzierung in organisierter Form, z. B. auf Versammlungen, Kundgebungen, Tagungen, Podiumsdiskussionen oder Demonstrationen. Auch die Themen werden meist nicht mehr spontan ausgehandelt, sondern in mehr oder weniger strukturierter Weise, etwa durch eine Tagesordnung vorgegeben. Werden solche Versammlungs- oder Themenöffentlichkeiten durch journalistische Berichterstattung (auch auf dem »Umweg« über Presse- und Öffentlichkeitsarbeiter) zum Gegenstand der Berichterstattung der publizistischen Medien, so wird die Schwelle zur dritten Ebene von

Medienöffentlichkeit   Öffentlichkeit überschritten: Diese Medienöffentlichkeit ist in hohem Maße institutionalisiert, d. h., Publikums-, Sprecher- und Vermittlungsrollen sind festgelegt und die wechselseitigen Erwartungen eindeutig. Medienöffentlichkeit ist im Gegensatz zu den beiden anderen Ebenen von Öffentlichkeit dauerhaft und arbeitsteilig organisiert, Themen und Meinungen werden auf der Grundlage von journalistischen Selektionsregeln ausgewählt und professionell präsentiert sowie ggf. kommentiert und kontextualisiert.

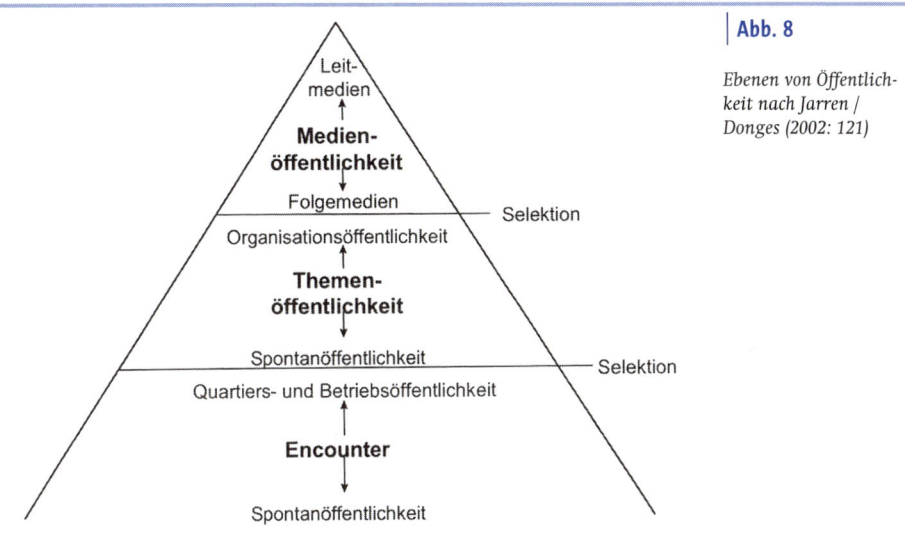

Abb. 8

*Ebenen von Öffentlich-
keit nach Jarren /
Donges (2002: 121)*

Begreift man Öffentlichkeit als Prozess, dann findet Kommunikation auch zwischen den verschiedenen Ebenen statt: Auch wenn wir das meiste, was wir über die Welt wissen, aus den Medien wissen, so kommunizieren wir doch auch immer noch direkt. Interpersonale Kommunikation wirkt am Öffentlichkeitsprozess mit; in der Kommunikationswissenschaft geht man von einem Zwei- oder Mehrstufenfluss der Kommunikation aus: Themen und Meinungen, die wir aus den Medien kennen, werden Gegenstand der Kommunikation in der Familie, im Kollegen- oder Bekanntenkreis. Und umgekehrt können wir auch unsere »eigenen« Themen und Meinungen artikulieren und über Organisationen, z. B. Vereine, Gewerkschaften, Parteien oder Bürgerinitiativen kommunizieren. Unter Umständen gelangen sie auf diese Weise sogar in die Medienöffentlichkeit.

> Öffentlichkeit als Prozess

Bei der Betrachtung der drei Ebenen von Öffentlichkeit sind bereits verschiedene kommunikative Rollen angesprochen worden; Neidhardt unterscheidet aber nicht nur die Rollen von Publikum, Vermittlern (»Kommunikateuren«) und Sprechern, er differenziert die Sprecherrollen weiter in:

> Sprecherrollen

- Repräsentanten, also gewählte oder auf andere Weise bestellte »offizielle« Vertreter von gesellschaftlichen Gruppen und Organisationen,
- Advokaten, »selbsternannte« Fürsprecher oder Anwälte bestimmter Interessengruppen,

- Experten, wie zum Beispiel Wissenschaftler mit Fach- und Sachwissen über ein bestimmtes Thema,
- Intellektuelle, die weniger durch ihr Sach- und Fachwissen als durch ihre moralisch-ethische Kompetenz qualifiziert sind, entsprechend argumentieren (und meist über eine über ihre berufliche Rolle hinaus reichende Reputation verfügen) und
- Kommentatoren, die sich insbesondere aus den Reihen der Journalisten rekrutieren.

Alle diese Sprecher oder Öffentlichkeitsakteure erwarten und bemühen sich um Publizität für Themen und Meinungen, also um Medienpräsenz. Im Gegenzug erwarten die Medien von diesen Sprechern, dass sie Themen und Meinungen bereitstellen, die beim Publikum Aufmerksamkeit und Zustimmung hervorbringen.

Kommt es jedoch zu einer Dominanz oder Überrepräsentanz etablierter Sprecher, die aufgrund ihrer Prominenz oder ihres Prestiges erhöhte Chancen auf Medienpräsenz besitzen, so wird die Transparenzfunktion in der Input-Phase geschwächt, es kommt zu systematischen Verzerrungen der Öffentlichkeit.

Öffentlichkeitsrhetorik

Auch während der Validierungsphase können Störungen auftreten, nämlich wenn die »Öffentlichkeitsrhetorik« dominiert, also nicht mehr das bessere Sachargument zählt, sondern die Darstellung im Mittelpunkt steht. Hierbei können gezielt bestimmte Strategien eingesetzt werden, zum Beispiel Thematisierungs- oder Agenda-Building-Kampagnen, die ganz bewusst die Selektionskriterien der Medien bedienen und dabei nicht mehr auf rationale Verständigung zielen. Die Skandalisierung von Ereignissen beispielsweise transformiert Kausalbeziehungen in Schuldfragen. Wechselseitige Beschuldigungen führen zwar zu hoher Medienpräsenz und Publikumsaufmerksamkeit, tragen aber nicht zur Lösung eines Sachproblems bei. Verlautbarungsstil und Propaganda dienen außerkommunikativen Interessen, zum Beispiel politischer oder wirtschaftlicher Art, und nicht mehr der Kommunikation (Verständigung). Neidhardt hält deshalb die Validierungsfunktion von Öffentlichkeit für empirisch fragwürdig. Wo aber schon eine Validierung bestenfalls unvollständig erfolgt, kann Orientierung gar nicht mehr geleistet werden.

Fragmentierung der Öffentlichkeit

Beeinträchtigt werden die Funktionen der Öffentlichkeit nach Ansicht einiger Theoretiker zudem durch die Fragmentierung, ein Auseinanderfallen der Öffentlichkeit in viele Teilöffentlichkeiten. Hintergrund dieser Entwicklung ist eine doppelte Differenzierung: Zum einen haben sich die Lebenswelten und Lebensstile in unserer Gesellschaft und damit auch unsere Interessen an Themen und Meinungen pluralisiert. Zum anderen hat sich auch das System der Medien ausdifferenziert. Neben den großen Publikumsmedien hat sich längst eine Fülle von Zielgruppenmedien etabliert, die nicht mehr über alle Belange von öffentlichem Interesse berichten, sondern nur noch über thematisch eng umgrenzte Ausschnitte.

Allerdings weisen die nach wie vor hohen Reichweiten der großen Publikumsmedien, eine gewisse Konsonanz bei der Themenselektion der Medien, aber auch repräsentative Befragungen der Mediennutzer darauf hin, dass es neben den vielen »kleinen Öffentlichkeiten« und individuell bedeutsamen Themen noch immer eine umfassendere Öffentlichkeit gibt. Das oben beschriebene Mehrebenen-Modell des Öffentlichkeitsprozesses trägt dem Rechnung, denn es ist durchaus wahrscheinlich (und durchaus funktional), dass einige Themen nie über das Stadium der Themenöffentlichkeit hinaus gelangen, ohne dass es deshalb gar keine gemeinsamen Themen in der »großen« Medienöffentlichkeit geben würde.

Vertreter des normativ anspruchsvolleren Diskurs-Modells der Öffentlichkeit diagnostizieren im Anschluss an Habermas' kritischen Befund seit langem Funktionsmängel der Medienöffentlichkeit. Politische Akteure der Studenten- und später der Alternativ-Bewegung hatten seit den 1960er Jahren die Erfahrung gemacht, mit ihren politischen Themen und Meinungen in den publizistischen Medien nicht durchzudringen. Als Reaktion auf die »vermachteten Strukturen« einer kommerzialisierten und durch Pressekonzentration geprägten Öffentlichkeit wurden deshalb theoretische Konzepte einer Alternativ- oder »Gegenöffentlichkeit« entwickelt und Versuche unternommen, mit eigenen, nicht-kommerziellen Medien eine kritische und diskursive Öffentlichkeit wieder zu gewinnen. In selbstverwalteten Projekten sollten ohne hierarchische Strukturen und »Zensur« Betroffene selbst zu Wort, Ton und Bild kommen. Alternativ- und Stadtteilpresse, »Stattmagazine«, »Freie Radios« und »Volksblätter« unterlagen zwar nach einer kurzen Erfolgsphase den marktwirtschaftlichen Zwängen oder der Selbstkommerzialisierung, veränderten aber durchaus die »etablierten Medien«, deren Themensetzung und Meinungsgebung sowie den Stil der Berichterstattung.

In den letzten zehn Jahren richteten sich viele Hoffnungen auf die »Netzöffentlichkeit«: Das Internet biete nun jedem die Möglichkeit, öffentlich zu kommunizieren, ohne die hohen ökonomischen und technischen Barrieren des Medienzugangs überwinden und die Selektionsprozesse journalistischer Gatekeeper durchlaufen zu müssen. Unabhängig davon, welche Sprecherrolle den Kommunikanden in der Medienöffentlichkeit zukommt und unabhängig von den Faktoren Macht oder Prominenz kann im Internet sachlich diskutiert werden, zumal hier überwiegend textbasiert kommuniziert wird, also nahezu alle nicht-sprachlichen Indikatoren der Person ausgeblendet sind. Die für die Medienöffentlichkeit typische Arena-Galerie-Konstellation, bei der das Publikum in einer »pas-

Marginalien:

Alternativ- oder Gegenöffentlichkeit

Netzöffentlichkeit

siven« Position von der Galerie aus das kommunikative bzw. strategische Handeln der politischen Elite-Akteure (»Matadore«) in der Arena lediglich verfolgen kann, wird aufgelöst. Die »Einseitigkeit« und Intransparenz der »Massenkommunikation« wird abgelöst durch vielfältige »one-to-one«-, »one-to-many«- und »many-to-many«-Kommunikationsflüsse, an denen sich alle beteiligen können. Dies ermöglicht einen herrschaftsfreien Diskurs ohne Ansehen der Person und führt zu einer rationalen Argumentation. Das Netz stellt sich nach dieser Sichtweise als ideales Medium für kritische »Gegenöffentlichkeiten« dar und ermöglicht die globale Vernetzung lokaler Gegenöffentlichkeiten.

Aus kommunikationswissenschaftlicher Perspektive müssen diese Annahmen allerdings relativiert werden, denn sie treffen allenfalls auf Teile der computervermittelten Kommunikation zu: Der universelle Zugang zum Internet ist keineswegs gegeben, weil nicht alle über die gleichen technischen, ökonomischen und kognitiven Ressourcen (Netzzugang, Medienkompetenz etc.) verfügen – schon gar nicht im globalen Maßstab. Spätestens mit der Kommerzialisierung des Internets ist auch hier – am deutlichsten im WWW – die Galerie-Arena-Konstellation dominant geworden. Die technisch mögliche direkte Adressierbarkeit führt nicht automatisch zu wechselseitiger Kommunikation und rationalem Austausch von Argumenten. Nach den bislang vorliegenden empirischen Studien herrscht auch online nur ausnahmsweise der »zwanglose Zwang des besseren Arguments.« Problematisch erscheint auch die Erfüllung von Wahrheits- und Wahrhaftigkeitsansprüchen, denn das Internet erweist sich nicht nur als umfangreiche Nachrichtenquelle, sondern auch als Sammelbecken von falschen, nicht überprüften und fragwürdigen Informationen bis hin zu böswilligen und propagandistischen Verschwörungstheorien. Phänomene der Hierarchiebildung, der Monopolisierung von Themen und Aufmerksamkeit, der autoritären Gesprächsführung und des »Diskursausschlusses« durch Ignorieren sind auch online durchaus verbreitet. Mitunter steht sogar die tatsächliche Identität der Sprecher infrage.

Vertreter des Spiegelmodells von Öffentlichkeit gehen davon aus, dass im Internet gerade aufgrund der geringen Zugangs- und Publikationsschwellen ein unübersichtliches Angebot an Themen und Meinungen kommuniziert wird, sodass nicht einmal die Transparenzfunktion von Öffentlichkeit erbracht werden kann: Die im Netz veröffentlichten Themen und Meinungen können nicht als allgemein bekannt angesehen werden, denn so lange sie nicht auf die Ebene der Medienöffentlichkeit gelangen, werden sie nur von einem kleinen Teil der Netznutzer (und damit noch kleineren Teilen der Gesellschaft) wahrgenommen. Die Kommunikation im Netz bewegt sich auf der Ebene medialisierter

Encounteröffentlichkeit. Werden öffentlich relevante Themen und Mei- Encounter-
nungen in der E-Mail-, Chat-, Newsgroup- oder Web-Kommunikation öffentlichkeit
diskutiert, dann handelt es sich um zwar mehr (Web, Chat, Newsgroup)
oder weniger (E-Mail, Mailinglists) öffentlich beobachtbare, aber weiterhin um interpersonale Kommunikation. Die Kommunikation mittels
Websites, Newsgroups und Chats erfolgt in der Regel themenzentriert,
sie bewegt sich somit auf der Ebene der medialisierten Themen- oder
Versammlungsöffentlichkeit.

Themen und Meinungen durchlaufen demnach auch unter Bedingungen der computervermittelten Kommunikation verschiedene Ebenen
der Öffentlichkeit, bevor sie zum Gegenstand der Medienöffentlichkeit
werden *können.* Im Unterschied zur nicht medialisierten Encounteröffentlichkeit sind weite Teile der interpersonalen und Gruppenkommunikation im Netz jedoch öffentlich beobachtbar. Dies können sich politische
Akteure und Organisationen (z. B. Parteien hinsichtlich der Diskussions-
foren auf ihren Websites) und Journalisten zunutze machen: Bei der
Recherche nach Themen und Meinungen können sie dann auf solche
aus dem Internet zurückgreifen und anhand der Selektionskriterien der
Medienöffentlichkeit entscheiden, ob sie hierüber berichten oder nicht.
Aufgrund der Vielzahl der Angebote und Foren sowie der geringen
Transparenz des Netzes entsteht aber ein sehr hoher Selektionsdruck,
sodass die Chancen eines Themas, aus dem Netz in die publizistischen
»offline«-Medien zu gelangen, eher gering ist.

Themenkarrieren verlaufen *zwischen* den verschiedenen Ebenen der Themenkarrieren
Öffentlichkeit, und zwar durchaus in beiden Richtungen: So wie Medien-
themen aus Presse und Rundfunk auch auf der Encounterebene außerhalb des Netzes weiter kommuniziert werden, lässt sich feststellen, dass
online viele Themen diskutiert werden, die auf der Agenda der publizistischen »Offline«-Medien stehen: In Mailinglists, Chats und Newsgroups
wird Bezug genommen auf Nachrichten aus Fernsehen, Hörfunk und
Presse. Hinzu kommen Bezugnahmen, Zitate und Verweise (auch über
integrierte Links) auf Themen und Meinungen aus den publizistischen
Online-Medien, also den Angeboten des Online-Journalismus. Hier gelten grundsätzlich die Regeln und Strukturen der Medienöffentlichkeit:
Die Differenzierung von Publikums-, Vermittler- und Sprecherrollen sind
ebenso gegeben wie die Binnendifferenzierung in verschiedene Sprecherrollen.

Zusammenfassend lässt sich feststellen: »Netzöffentlichkeit« ist keine
völlig neue Form von Öffentlichkeit, die an die Stelle der Medienöffentlichkeit tritt, sondern muss als Teil des Netzwerkes für die Kommunikation von Themen und Meinungen verstanden werden. Begreift man Öffentlichkeit als Prozess, dann erscheint die Vorstellung »Netzöffentlichkeit«

und »Öffentlichkeit« seien zwei hermetisch getrennte Sphären, ebenso unzutreffend wie Spekulationen über die Substitution der Medienöffentlichkeit durch eine »Netzöffentlichkeit«.

Zusammenfassung

Öffentlichkeit

Die Vorstellung einer räumlich, zeitlich oder sachlich klar abgrenzbaren Sphäre »Öffentlichkeit« ist aus kommunikationswissenschaftlicher Sicht nicht angemessen, zumindest aber historisch überholt. Nach Jürgen Habermas (1992: 436) lässt sich Öffentlichkeit in demokratischen Rechtsstaaten »am ehesten als ein Netzwerk für die Kommunikation von Inhalten und Stellungnahmen, also von Meinungen beschreiben; dabei werden die Kommunikationsflüsse so gefiltert und synthetisiert, dass sie sich zu themenspezifisch gebündelten öffentlichen Meinungen verdichten.« Öffentlichkeit ist also nicht gleichzusetzen mit dem »öffentlichen Raum«, der gesamten Gesellschaft oder allem, was veröffentlicht ist, sondern sie ist ein Netzwerk. Zu betonen ist der kommunikative Prozesscharakter, der zur Ausbildung von öffentlichen Meinungen zu bestimmten Themen – und nicht der öffentlichen Meinung schlechthin – führt bzw. führen soll. Öffentlichkeit ist ein mehrschichtiger Kommunikationsprozess, an dem Öffentlichkeitsakteure (Sprecher) und Medien maßgeblich beteiligt sind. Medien stellen Themen und Meinungen bereit; Öffentlichkeit leistet als öffentliche Kommunikation eine Selbstbeobachtung der Gesellschaft und soll – so die normative Forderung – durch rationalen Diskurs einen Konsens, eine öffentliche Meinung herstellen. Zumindest aber kann sie eine Strukturierung des gesellschaftlichen Kommunikationspozesses durch Themen leisten.

Übungsfragen

1 Skizzieren Sie die wesentlichen Stufen des Strukturwandels der Öffentlichkeit vom Zeitalter des Feudalismus bis zum Zerfall bürgerlicher Öffentlichkeit!

2 Beschreiben Sie die Unterschiede zwischen dem Spiegelmodell und dem Diskursmodell von Öffentlichkeit?

3 Können in der »Netzöffentlichkeit« der computervermittelten Kommunikation die normativen Prinzipien des Diskursmodells von Öffentlichkeit realisiert werden?

Öffentliche Meinung | 4.2

Presse, Publikum und öffentliche Meinung

Mit dem Aufkommen der Massenpresse im 19. Jahrhundert und der Demokratisierung im 20. Jahrhundert gewinnt der Kampf um die öffentliche Meinung besondere politische Bedeutung, was sich auch in der theoretischen Reflexion niederschlug. So formulierte beispielsweise der Liberale Albert Schäffle (1831 – 1903) im Jahre 1875: »Was ist die öffentliche Meinung, wenn nicht der Ausdruck der Ansichten, Werturteile und Willensneigungen des allgemeinen oder irgend eines speciellen Publikums?« Die öffentliche Meinung geht für den Soziologen Schäffle aus der »öffentlichen Erörterung für das und durch das Publikum in der Tagespresse« hervor, sie ist das Produkt oder Ergebnis von Öffentlichkeit und öffentlicher Kommunikation, wobei hier die Presse eine wichtige Rolle spielt. Öffentliche Meinung ist mächtiger als die Privatmeinung, sie ist aber auch anfällig für Manipulationen und muss deshalb »in Bahnen gehalten« werden. Weiter heißt es dann: »Ohne die und gegen die öffentliche Meinung läßt sich augenblicklich nur schwer eine sociale Wirkung erzielen.«

Wie bei Schäffle so spielen auch bei Karl Bücher (1847 – 1930), dem Nestor der Kommunikationswissenschaft, kognitive (intellektuelle) und affektiv-emotionale Elemente bei der öffentlichen Meinung zusammen. Bücher betont einige Zeit später das massenpsychologische Stimmungsmoment der öffentlichen Meinung: »Die öffentliche Meinung ist das stark mit Gefühls- und Willensmomenten durchsetze Urteil der Gesellschaft, die massenpsychologische Reaktion, die sich zustimmend oder ablehnend gegen bestimmte Vorgänge, Maßnahmen oder Einrichtungen wendet. Die Presse wird zum Organ der öffentlichen Meinung, wenn sie die von den Massen ausgehenden Ideenströmungen aufnimmt, ihnen Gestalt und Richtung gibt, auf ihrem Grunde Forderungen an die Staatsgewalt formuliert. Aber sie übt auch Einfluß auf die öffentliche Meinung, indem sie das Urteil Einzelner oder ganzer Gruppen der Masse suggeriert.« *Presse als Organ der öffentlichen Meinung*

Beide Themen, Macht wie Manipulierbarkeit öffentlicher Meinung durch die Medien, sind zentrale Topoi der Theorien öffentlicher Meinung. Der Soziologe Ferdinand Tönnies (1855 – 1936) unterscheidet in seiner 1922 erschienen »Kritik der öffentlichen Meinung« »öffentliche Meinung«, also die Gesamtheit der öffentlich geäußerten, durchaus widersprüchlichen Meinungen, von »der Öffentlichen Meinung« als bestimmter und einheitlich wirksamer Kraft, die auf das Urteil des gebilde- *Kritik der öffentlichen Meinung* ten Publikums oder den »Beschluss einer ideellen Versammlung« zurückgeht. Die bestimmte »Öffentliche Meinung« ist Ausdruck eines Willens, und nicht mehr bloßes intellektuelles Meinen und Erwägen. In einem weiteren Schritt beschreibt Tönnies »Aggregatzustände« öffentlicher Meinung, die man auch als Phasen eines gesellschaftlichen Kommunikationsprozesses verstehen kann: Die feste öffentliche Meinung umfasst die langfristig stabilen Grundüberzeugungen des Publikums, wie beispielsweise den grundlegenden Konsens über bürgerliche Freiheitsrechte oder demokratische Regierungsform. Allerdings kann die feste öffentliche Meinung »verflüssigt«, also in Bewegung gebracht werden. Meist ist die öffentliche Meinung »dunst- oder gasartig« und von Einzel-, Gruppen- oder Parteimeinungen bewegt. Die »luftartige öffentliche Meinung des Tages« kann sich durchaus im Widerspruch zur festen Meinung befinden; ausgetragen werden diese Kämpfe nach Mustern wie »Regierung vs. Opposition« oder »konservativ vs. reformativ« in der »Arena« der Medien.

Nach Tönnies kann »die öffentliche Meinung« durchaus eine Minderheitenmeinung sein, denn sie ist nicht die Mehrheit der Stimmungen, sondern gemeinsames Resultat der widersprechenden Meinungen. Die Medien können öffentliche Meinung sowohl wiedergeben, als auch beeinflussen. Sie sind vor allem Ausdruck (oder Spiegel) widerstreitender Partei- und Tagesmeinungen, flüssiger und gasförmiger öffentlicher Meinung in Bewegung. Solche öffentlichen Meinungen können zur (herrschenden) öffentlichen Meinung werden, aber nicht durch einen Journalisten allein. Bereits Tönnies erkennt die von der öffentlichen Meinung ausgehende soziale Macht, wenn er schreibt: »Die öffentliche Meinung tritt immer mit dem Anspruch auf, maßgebend zu sein, sie heischt Zustimmung und macht wenigstens das Schweigen, das Unterlassen des Widerspruchs zur Pflicht.«

öffentliche Meinung als soziale Macht

Öffentliche Meinung als soziale Kontrolle

Theorie der Schweigespirale

Dieser Gedanke der sozialen Kontrolle durch öffentliche Meinung ist auch grundlegend für die Theorie der Schweigespirale von Elisabeth Noelle-Neumanns. Im Unterschied zu Tönnies argumentiert sie sozialpsychologisch und geht von der »Isolationsfurcht« des Menschen aus: Um uns nicht als Außenseiter sozial isoliert zu fühlen, beobachten wir ständig unsere Umwelt, also das Verhalten unserer Mitmenschen, aber auch, was uns die Medien über unsere Umwelt und unsere Mitmenschen mitteilen. Hieraus erfahren wir, welche Meinungen man öffentlich äußern darf, ohne sich zu isolieren. Wir entwickeln ein quasistatistisches Organ, das uns warnt, sozial offenbar nicht erwünschte Ansichten zu kommunizieren.

Definition

Öffentliche Meinung I

Aus sozialpsychologischer Sicht ist öffentliche Meinung »jene Meinung, die man ohne Gefahr von Sanktionen öffentlich aussprechen und der entsprechend man öffentlich sichtbar handeln kann ... Mit einer kürzeren Formel kann man öffentliche Meinung als herrschende Meinung umschreiben, die zu ihrer Beachtung in Verhalten und Handeln zwingt, indem sie den Zuwiderhandelnden ... mit Isolation bedroht.« (Elisabeth Noelle-Neumann: Öffentlichkeit als Bedrohung. 1979: 173)

Öffentliche Meinung ist also hier mehr als die Summe (das Aggregat) aller Einzelmeinungen und nicht mit der Mehrheitsmeinung gleichzusetzen. Die öffentliche Meinung besitzt Macht sowohl gegenüber den Regierenden, die auf öffentliche Zustimmung angewiesen sind, als auch gegenüber den Individuen, auf die sie soziale Kontrolle ausübt und so gesellschaftliche Integration erst ermöglicht. Ähnlich wie Tönnies unterscheidet Noelle-Neumann eine öffentliche Meinung im Ruhezustand, in dem es lediglich ein latentes Einstellungs- und Meinungsklima gibt, und einen Prozess der öffentlichen Meinungsbildung, der sich vor allem an konflikt- und wertehaltigen Themen entzündet.

mehr als die Summe aller Einzelmeinungen

Den Medien, insbesondere dem Fernsehen schreibt Noelle-Neumann im Gegensatz zu Tönnies hierbei starke Wirkungen zu, weil es durch seine Bilder sehr authentisch wirkt und hohe Suggestionskraft entfaltet. Die Journalisten, so Noelle-Neumann, wissen um diese Wirkungsmacht und zugleich sind sie kein repräsentativer Spiegel der Gesellschaft und der Bevölkerungsmeinungen, weil sie eher politisch linke Meinungen vertreten als die Bevölkerung. Die Berichterstattung der Medien ist verzerrt, weil es den Journalisten gelingt, ihre eigene Minderheitenmeinung als Mehrheitsmeinung darzustellen. Weil sich nun die Rezipienten mithilfe ihres quasi-statistischen Organs in hohem Maße an der Medienberichterstattung orientieren (müssen), beginnen auch diejenigen, die selbst der tatsächlichen Mehrheitsmeinung anhängen, zu glauben, dass sie zu einer Minderheit gehören. Um sich sozial nicht zu isolieren, äußern diese Menschen ihre eigene Meinung vorsichtshalber auch dann nicht mehr, wenn sie tatsächlich in der Mehrheit sind, sondern schweigen. Hierdurch wiederum verliert diese Meinung an öffentlicher Präsenz

quasi-statisches Organ

und Geltung, was im nächsten Schritt auch die anderen Anhänger dieser Meinung zum Schweigen bringt. denn schließlich fürchten auch diese sich vor sozialer Isolation. Es handelt sich also um einen spiralförmigen, sich verstärkenden Prozess des Schweigens, der angeblich weitreichende politische Folgen haben kann.

Abb. 9 | *Der Prozess der Schweigespirale nach Donsbach (1987) und Bonfadelli (2004: 157)*

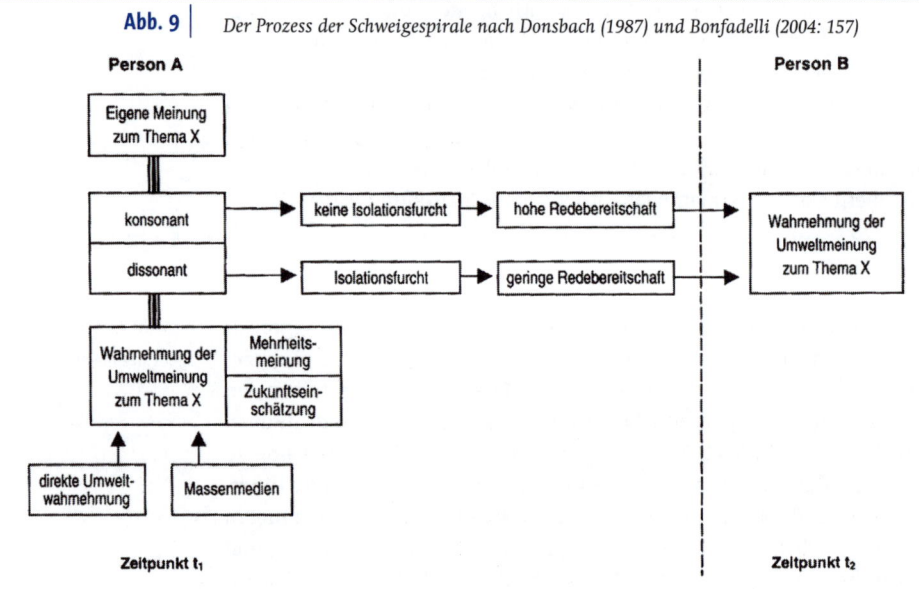

Schweigespirale in der Kritik

Die Theorie der Schweigespirale ist allerdings empirisch, theoretisch und politisch umstritten: Empirisch nachweisen lassen sich im Experiment die Isolationsfurcht sowie über Befragungen Unterschiede zwischen der aggregierten Mehrheitsmeinung und der vermeintlichen, wahrgenommenen Mehrheitsmeinung (dem nicht artikulierten Meinungsklima). Schwieriger ist hingegen der Nachweis, dass die Isolationsfurcht tatsächlich mehrheitlich so stark verbreitet ist, dass sie solch tiefgreifende Wirkungen auf die öffentliche Meinung hat und vor allem, dass sich das individuelle Handeln, zum Beispiel bei geheimen politischen Wahlen, tatsächlich hieran orientiert. Auch Noelle-Neumann räumt ein, dass »moralische Helden« sich öffentlich zu einer (wahrgenommenen) Minderheitsmeinung bekennen.

Umstritten sind auch die Einschätzungen von Noelle-Neumann hinsichtlich der politischen Orientierung der Journalisten bzw. die Frage, inwieweit deren politische Einstellung ihren Ausdruck tatsächlich in den Medien findet.

Öffentliche Meinung als Themenstruktur

Niklas Luhmann betrachtet öffentliche Meinung nicht mehr als rationales Ergebnis eines Diskurses oder als verbindlichen Hinweis für die politische Entscheidungsfindung, sondern lediglich als funktionale Hilfe für die Selektion von Themen der öffentlichen Kommunikation. In großen Sozialsystemen wie den ausdifferenzierten Gesellschaften der Moderne ist die Bildung einer auf Wahrheitsfindung ausgerichteten öffentlichen Meinung nicht mehr möglich; öffentliche Meinungen bleiben kontingent, d. h.; sie könnten auch anders ausfallen. Öffentliche Meinungen helfen jedoch bei der Selektion von Themen, also von »Sinnkomplexen«, über die man reden, aber durchaus auch unterschiedliche Meinungen haben kann. Es kann also nicht mehr über etwas Beliebiges kommuniziert werden, Themen strukturieren die Kommunikation. Luhmann spricht von einer Doppelstruktur von Themen und Meinungen, die jedoch »durch technisch bedingte Einseitigkeit der Kommunikation über Massenmedien« (→ vgl. hierzu auch Kap. 3.3) aufgehoben werden kann; Kommunikation wird dann manipulativ. Die Leistung öffentlicher Meinung besteht lediglich darin, die öffentliche Kommunikation zu strukturieren. Das zu lösende Problem ist nicht mehr die Konsensfindung auf der Meinungsebene, sondern die Anpassung der Themenstruktur der öffentlichen Kommunikation an den jeweiligen politischen Entscheidungsbedarf: Es geht also um Themensetzung und Themenkarrieren, um die Allokation knapper Aufmerksamkeit und die Gestaltung der politischen Tagesordnung (Agenda). Die öffentliche Meinung wird damit zum Steuerungsmechanismus des politischen Systems, ohne die politischen Entscheidungen und Machtfragen determinieren zu können – es geht nicht um die Meinung, sondern um die Themen und ihre strukturierende Funktion. Orientierung und gesamtgesellschaftliche Integration kann nach Luhmann durch öffentliche Meinung heutzutage nicht mehr erfolgen.

Öffentliche Meinung ist ein »Kommunikationsnetz ohne Anschlusszwang«, d. h., es verpflichtet nicht zu bestimmten Meinungen und Stellungnahmen auf der Ebene einzelner Akteure. Öffentliche Meinung ist für Luhmann ausschließlich auf die Gesellschaft bezogen und nicht auf das Bewusstsein von Individuen oder auf die aggregierte Meinung vieler oder aller Menschen einer Gesellschaft.

Öffentliche Meinung ist ein Medium, dem die Massenmedien mit ihrer Berichterstattung vorübergehend konkrete Form verleihen, zum Beispiel in Gestalt von Themen, die selektiert werden, eine Aufmerksamkeitskarriere und eine Gewöhnungsphase durchlaufen, bis sie durch andere Themen verdrängt werden und möglicherweise nach einiger Zeit wieder aktualisiert werden. Öffentliche Meinung hat vor allem politische

Doppelstruktur von Themen und Meinungen

Themensetzung und Themenkarrieren

Kommunikationsnetz ohne Anschlusszwang

öffentliche Meinung ist ein Medium

Funktionen, denn für die Politik ist sie »einer der wichtigsten Sensoren, dessen Beobachtung die direkte Beobachtung der Umwelt ersetzt.«

Definition

Öffentliche Meinung II

Aus systemtheoretischer Sicht selektiert öffentliche Meinung lediglich die Themen öffentlicher Kommunikation, zu denen Meinungen geäußert werden *können*. Als »Kommunikationsnetz ohne Anschlusszwang« kommt es aber in ausdifferenzierten Gesellschaften nicht mehr zur Bildung einer – gar durch rationalen Diskurs erzeugten – konsensuellen Öffentlichen Meinung, die politische Entscheidungen bestimmt. Öffentlichkeit und öffentliche Meinung sind keine Funktionssysteme, sondern Reflexionsmedien, in denen sich Themen spiegeln.

Literatur

Öffentlichkeit

Eine aufschlussreiche Sammlung von Quellen zur Theorie der Öffentlichkeit ist das Buch von Pöttker; Horst (Hrsg.): **Öffentlichkeit als gesellschaftlicher Auftrag**. Konstanz: UVK 2001.

Als Standardwerk zur Öffentlichkeit gilt: Habermas, Jürgen: **Strukturwandel der Öffentlichkeit**. Untersuchungen zu einer Kategorie der bürgerlichen Gesellschaft. Neuwied: Luchterhand 1962; Frankfurt a. M.: Suhrkamp 1990.

Weiterführende Informationen zu Biografie, Werk und Rezeption sind, zum Teil auch online verfügbar:

Nida-Rümelin, Julian (Hrsg.): **Philosophie der Gegenwart in Einzeldarstellungen.** Von Adorno bis v. Wright. Stuttgart: Kröner 1991, S. 210–217.

Deutsches Historisches Museum Berlin: www.dhm.de/lemo/html/ biografien/HabermasJuergen/

Niklas Luhmann (1927 – 1998) Jurist und Soziologe, gilt neben T. Parsons als bedeutendster Vertreter der soziologischen Systemtheorie. Seine Werke werden auch in der Kommunikationswissenschaft rezipiert, insbesondere in konstruktivistischen Kommunikations- und Medientheorien sowie in der Kommunikatorforschung (→ vgl. Kap. 2 u. 4). Es ist umfangreiche Sekundärliteratur verfügbar; als Einstieg für Kommunikationswissenschaftler liegt nahe: Luhmann, Niklas: **Die Realität der Massenmedien.** 4. Auf. Wiesbaden: VS 2009.

Die sozialpsychologische Sicht der öffentlichen Meinung bietet: Elisabeth Noelle-Neumann: **Die Schweigespirale: öffentliche Meinung – unsere soziale Haut**. 6. erw. Aufl., München: Langen Müller 2001.

Einige vertiefende Beiträge sind zu lesen in: Neidhardt, Friedhelm (Hrsg.): **Öffentlichkeit, öffentliche Meinung, soziale Bewegungen**. Sonderheft der Kölner Zeitschrift für Soziologie und Sozialpsychologie. Opladen: Westdeutscher Verlag 1994.

Übungsfragen

1 Welche Rolle spielen Journalisten und ihre Berichterstattung für die Bildung der öffentlichen Meinung nach der Theorie der Schweigespirale?
2 Welche Funktion besitzt öffentliche Meinung aus systemtheoretischer Sicht?

Öffentliche Kommunikation | 4.3

Von der Massenkommunikation zur öffentlichen Kommunikation

Im alltäglichen Sprachgebrauch werden Presse und Rundfunk (Hörfunk und Fernsehen sowie die zugehörigen Textdienste), mitunter auch pauschal »das Internet« oder das WorldWideWeb als »Massenmedien« oder Medien der »Massenkommunikation« bezeichnet. Im Gegensatz zur privaten Individual- oder Telekommunikation gelten dabei die Vielzahl der »Empfänger«, der offene Zugang zu den Medienangeboten und die Öffentlichkeit der Kommunikationsprozesse als wesentliche Charakteristika. Das ausschlaggebende Kriterium scheint dabei wiederum die Unterscheidung von privat vs. öffentlich zugänglich zu sein oder auch die Vorstellung von eindeutig abgrenzbaren Sphären Öffentlichkeit und Privatheit. | Massenmedien

Bei näherer Betrachtung ergeben sich jedoch Probleme und offene Fragen hinsichtlich des Begriffs »Massenkommunikation«: | Massenkommunikation

- Ist es überhaupt sinnvoll oder auch nur zutreffend von »Massen*kommunikation*« zu sprechen, wenn wir unter Kommunikation einen Prozess symbolisch vermittelter Interaktion verstehen, der handlungsfähige Akteure voraussetzt (→ vgl. Kap. 2)?
- Kommunizieren tatsächlich *Massen* miteinander, wird massenhaft kommuniziert, oder wird mittels Massenmedien kommuniziert?

• Wenn sich »Masse« lediglich auf die Vielzahl der »Empfänger« bezieht, kann diese Vielzahl der Rezipienten zutreffend als homogene »Masse« verstanden werden?

Letztlich stehen also beide Bestandteile des Terminus Massenkommunikation infrage, sodass er aus kommunikationswissenschaftlicher Sicht wenig hilfreich erscheint. Offenbar ist mit »Massenkommunikation« jener Typus öffentlicher Kommunikation gemeint, der mittels (Massen-)Medien organisiert wird. Statt des missverständlichen, aus der amerikanischen Forschungstradition entlehnten Begriffs Massenkommunikation ist daher die Bezeichnung öffentliche Kommunikation oder Publizistik eindeutig zu bevorzugen. Zu beachten bleibt dabei aber, dass öffentliche Kommunikation auch ohne Medien stattfinden kann, zum Beispiel in Form einer Versammlung (Präsenzöffentlichkeit). Im Folgenden soll es nicht um diese Form öffentlicher Kommunikation gehen, sondern um die lange Zeit unter dem Begriff Massenkommunikation behandelte öffentliche Medienkommunikation. Öffentliche Medienkommunikation kennzeichnet die Öffentlichkeit moderner Gesellschaften. Letztlich geht es darum, zu verstehen, wie gesellschaftliche Kommunikation unter Bedingungen der medialen Vermittlung möglich ist.

Um die Komplexität öffentlicher Kommunikationsprozesse für die kommunikationswissenschaftliche Betrachtung, einschließlich der empirischen Forschung, zu vereinfachen, wurden in den letzten sechs Jahrzehnten eine Reihe von Modellen entworfen. Die meisten Modelle der »Massenkommunikation« hatten vor allem heuristische Funktion: Es ging zunächst darum, die wichtigsten Komponenten und Faktoren zu benennen, die ausschlaggebenden Beziehungen zu erkennen und systematisch weiterführende Fragestellungen zu entwickeln.

Modelle der Massenkommunikation

Auf der Suche nach einer soliden Grundlage erschien das informationstheoretische Modell von Claude Shannon und Warren Weaver (→ vgl. Abbildung 1) hierfür zunächst geeignet, auch wenn es diesen Autoren in ihrem Modell gar nicht um die Beschreibung und Erklärung sozialer Kommunikation ging, sondern um die Optimierung von (Tele-)Kommunikationstechnik. Dass dieses lineare und einseitige Modell der Signalübertragung nicht in der Lage ist, menschliche Kommunikation hinreichend zu beschreiben, wurde bereits am Beispiel der interpersonalen Kommunikation deutlich (→ vgl. Kap. 2). Auch die Tatsache, dass technische Medien bei der Massenkommunikation eine bedeutende Rolle spielen, ändert an den Mängeln dieses Modells nichts, zumal aus kommunikationswissenschaftlicher Sicht Medien mehr sind als technische Träger oder Übermittler von Signalen (→ vgl. Kap. 3).

Der US-amerikanische Politik- und Sozialwissenschaftler Harold D. Lasswell hat 1948 in Anlehnung an das Modell von Shannon / Weaver die sogenannte »Lasswell-Formel« aufgestellt – bei der es sich jedoch nicht um eine Formel im mathematischen Sinne handelt. Mit der bis heute viel zitierten und erweiterten Formulierung:

Who says what to whom in which channel with what effect?

gelang es ihm, die aus damaliger Sicht wichtigsten Fragestellungen zu systematisieren: Ähnlich wie die journalistischen W-Fragen, die Inhalt und Aufbau einer klassischen Nachricht strukturieren, war damit eine »Faustformel« für die noch junge Massenkommunikationsforschung gefunden. Die einzelnen Fragen galten dabei als forschungsleitend für verschiedene Teildisziplinen (→ vgl. Teil II):

Lasswell-Formel

W-Frage	Forschungsfeld / Teildisziplin
Who	Kommunikator- und Journalismusforschung
says what	Aussagen- und Inhaltsanalyse
in which channel	Medienforschung
to whom	Publikumsforschung
with what effect	Medienwirkungsforschung

Die heuristische Funktion der Lasswell-Formel besteht nicht darin, Erklärungen der Massenkommunikation zu liefern, sondern im Gegenteil darin, Fragestellungen zu gewinnen und eine erste Systematik zu entwickeln. Hinter der Formulierung Lasswells wie hinter dem Modell von Shannon / Weaver steht die Vorstellung, bei Massenkommunikation handle es sich um einen einseitigen Prozess, bei dem Signale, Informationen oder Aussagen von einem Sender an einen Empfänger oder eine Masse von Empfängern transportiert wird. Eine »Antwort« der Empfänger, eine Rückmeldung oder ein »Feedback« an die Sender ist nicht vorgesehen. Ebenso wird nicht thematisiert, wie die »Sender« (Kommunikatoren) denn an die Aussagen gelangen, die sie dann mittels Massenmedium verbreiten.

Wie im Falle der interpersonalen Kommunikation greifen auch bei der Massenkommunikation einfache Transportmodelle eindeutig zu kurz. Die Vorstellung von Massenkommunikation als »interaktionsfreien« einseitigen Prozess, wie wir sie auch im Alltagsverständnis vielfach antreffen, bietet zudem keine hinreichende Begründung dafür, Massenkommunikation überhaupt als Form menschlicher Kommunikation zu begreifen. In den folgenden Jahrzehnten wurden deshalb weitere Modelle entwickelt, von denen hier nur einige ausgewählte vorgestellt werden, um auf die Fortschritte der Modellbildung hinzuweisen.

einfaches Transportmodell

Bruce H. Westley und Malcolm S. McLean stellten 1957 ein erweitertes »Conceptual Model for Communication Research« vor:

Abb. 10

*Das ABX-Modell von
Westley / McLean (1957)*

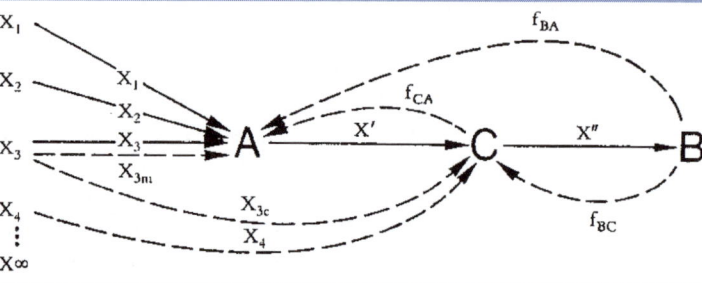

aktive und
verarbeitende Akteure

Massenkommunikation wird in diesem Modell nicht mehr als vollständig einseitiger Prozess verstanden, und die beteiligten Instanzen sind nicht mehr neutrale Speicher und Übermittler von Information, sondern aktive und verarbeitende Akteure mit spezifischen Rollen im Kommunikationsprozess. Die »Advocacy-Role« (wörtlich: Fürsprecher) sorgt dafür, dass aus bestimmten Aussagen über bestimmte Ereignisse aus einer unbegrenzten Zahl von Ereignissen (x) ausgewählt wird. Nicht mehr in jedem Fall werden die Ereignisse von den Kommunikatoren (»Channel-Role«) unmittelbar wahrgenommen, sondern nur noch in einigen Fällen (z. B. x_4 in der Abb. 4). Die Kommunikatoren spielen in diesem Modell eine Channel-Role, d. h., sie entscheiden darüber, welche Aussagen an die Rezipienten (Behavioral Systems) gelangen, aber sie bedienen sich dabei verschiedener Quellen: den Informanten (A) und der eigenen Recherche. Vor allem aber fungieren sie nicht mehr als neutrale Übermittler, sondern als selektierende (also Themen und Aussagen auswählende) und gestaltende *Vermittler*. Nicht mehr das Ereignis X selbst, sondern eine Version, ein Bild oder eine verbale Beschreibung (Aussage) gelangt in den Kommunikationsprozess. Es finden nach dem Modell von Westley / McLean mehrstufige Informationsverarbeitungsprozesse statt: So produzieren Informanten, Pressesprecher oder andere Personen von einem Ereignis X eine Version x', die als Grundlage für die Weiterverarbeitung durch die Kommunikatoren dient. Diese wiederum gestalten aus x' eine weitere Aussage x'', die zu den Rezipienten gelangt.

Mit diesem Modell ist die technizistische Sicht der Informationsübermittlung überwunden, *kognitive und soziale Prozesse* der Informationsverarbeitung sind Bestandteil des Kommunikationsprozesses. Dieselben Ereignisse können dabei auch – je nach Vermittlungsweg – zu unterschiedlichen Informationen führen (→ vgl. die verschiedenen Wege und Nachrichten über das Ereignis x_3 in der Abb. 10).

Rückmeldung (Feedback)

Auch der Prozess der Rückmeldung (Feedback) verläuft diesem Modell zufolge in komplexer Weise: Rezipienten können ihr Feedback an die

Kommunikatoren adressieren (fbBC), die aus diesen Aussagen wiederum selektieren und ihrerseits eine Rückmeldung an die Informanten senden (fbCA), das Feedback der Rezipienten kann sich aber auch direkt an die Verursacher der Aussagen (A) richten (fbBA), und schließlich sind die Kommunikatoren auch in der Lage den Informanten (A) eine Rückmeldung zu geben (fbCA).

Das sog. ABX-Modell von Westley / McLean ist weitaus komplexer als die Ausgangsmodelle und daher in der Lage, den Massenkommunikationsprozess genauer zu beschreiben. Allerdings bleibt auch bei diesem Modell die »Empfängerseite« noch weitgehend homogen. Zwar kann von Empfängern ein Feedback ausgehen, doch bleibt die Tatsache unberücksichtigt, dass Rezipienten dieselbe Medienaussage ganz unterschiedlich verstehen können und folglich auch sehr unterschiedliche Rückmeldungen formulieren. Unklar bleibt auch, welche Faktoren auf die verschiedenen Akteure in ihren Rollen einwirken, zum Beispiel, welche Auswirkungen bestimmte Organisationsweisen der Channel-Roles (oder der Medienorganisationen) haben.

ABX-Modell von Westley / McLean

Erst nach und nach entwickelte sich auch in der Kommunikationswissenschaft ein differenzierteres Bild der »Empfängerseite«: Gestützt auf psychologische und soziologische Erkenntnisse erkannte man, dass Rezipienten sich durchaus unterscheiden – nicht nur in ihrem tatsächlichen Mediennutzungsverhalten, sondern auch in ihrem Verstehen von Medienaussagen und ihren Reaktionen hierauf (→ vgl. hierzu ausführlicher Kap. 2.3 und 2.4 Mediennutzungs- und Medienwirkungsforschung). Riley und Riley bemühten sich, beispielsweise 1959 den Prozess der Massenkommunikation in das umfassendere Sozialsystem einzubetten und betonten die Einbindung der Rezipienten in unterschiedliche soziale Primärgruppen (z. B. Familien, gleichaltrige Peers). Die medial vermittelten Aussagen treffen also keineswegs auf eine homogene Masse und lösen dann bei allen »Empfängern« die gleichen Wirkungen aus. Vielmehr werden diese Aussagen unterschiedlich interpretiert, und sie sind wiederum Gegenstand weiterer Anschlusskommunikation, die meist interpersonal erfolgt. Mit der Abkehr von der soziologischen Vorstellung einer Massengesellschaft, die durch Passivität, Massenkultur und Massenproduktion und -konsum gekennzeichnet ist, veränderte sich auch das Bild der Massenkommunikation. Dieser zunächst aus der angelsächsischen Forschung (Mass communication, Mass media) übernommene Begriff erwies sich als zunehmend problematisch und den tatsächlichen Verhältnissen in Anbetracht sozialer Differenzierung (Schichten, Milieus) und Individualisierung (Lebensstile) unangemessen. Wie eingangs bereits erwähnt, ist es ohnehin schwer vorstellbar, dass die Masse als Masse, also ein kollektiv handlungsfähiger Akteur an Kommunikation beteiligt ist bzw. aktiv Themen und Meinungen zur öffentlichen Kommunikation bereitstellt.

Maletzkes Feldschema der Massen- kommunikation
Einen bis heute weithin anerkannten Versuch, alle wesentlichen Faktoren der »Massenkommunikation« in einem Modell zusammenzufassen, hat Gerhard Maletzke 1963 vorgelegt. In seinem Buch »Psychologie der Massenkommunikation« – einem »Klassiker« der Kommunikationswissenschaft – hat Maletzke den damaligen Stand der US-Kommunikationsforschung systematisch in einem »Feldschema der Massenkommunikation« zusammengefasst:

Abb. 11 | *Das Feldschema der Massenkommunikation von Maletzke (1963)*

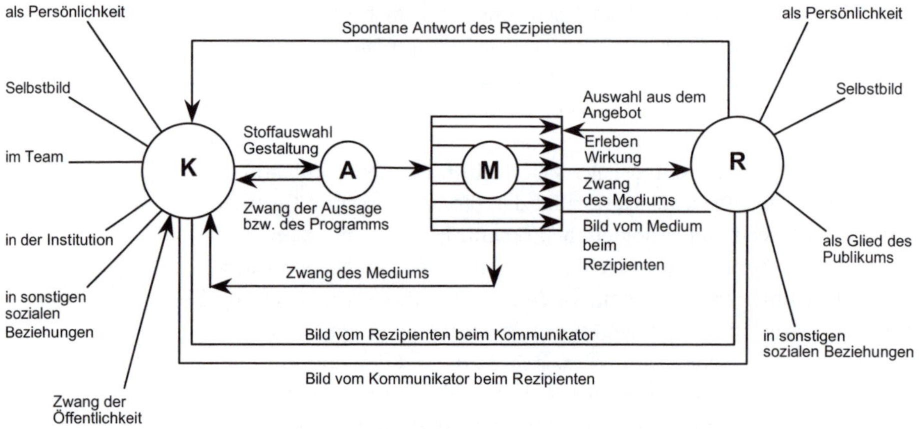

Kommunikator, Rezipient, Medium und Aussage
Das Feldschema beruht auf vier Hauptkomponenten: dem Kommunikator (K), dem Rezipienten (R), dem Medium (M) und der Aussage (A). Grundsätzlich gilt: Der Kommunikator produziert eine Aussage, die er mithilfe eines Mediums an den Rezipienten übermittelt. Allerdings wählt der Rezipient aus den angebotenen Aussagen der Medien aus, er ist also kein völlig passiver Empfänger. Außerdem sieht das Feldschema von Maletzke eine Feedback-Möglichkeit vor: Der Rezipient kann dem Kommunikator antworten, allerdings nicht im gleichen Medium. Es kommt zum Medienbruch, etwa wenn der Rezipient einen Leserbrief schreibt oder sich telefonisch bei einem Rundfunkveranstalter meldet. Kommunikator und Rezipient sind jedoch noch auf andere Weise rückgekoppelt: Kommunikatoren haben bestimmte Vorstellungen von den Rezipienten, für die sie Medienaussagen produzieren und gestalten, sie antizipieren gedanklich, was den Rezipienten interessiert, wie er es am

besten versteht etc. Umgekehrt haben die Rezipienten ein bestimmtes Bild von den Kommunikatoren: ihrer Arbeitsweise, ihren Interessen, ihrem Rollenverständnis, ihrer politischen Einstellung etc.

Öffentliche Kommunikation ist also keineswegs »rückkopplungsfrei«, sondern auch hier findet kommunikatives Handeln und »Role taking« statt, allerdings sehr viel vermittelter als bei der interpersonalen Kommunikation.

Rückkopplungen

Auf Kommunikator und Rezipient wirken nach Maletzke weitere Faktoren ein, die ihr Handeln, Wahrnehmen und ihre Konstruktion von Information beeinflussen. Das ist einer der großen Vorteile dieses Feldschemas: Der Prozess der öffentlichen Kommunikation wird nicht isoliert betrachtet, sondern unter seinen sozialen und psychischen Bedingungen. Nicht die Botschaft oder das Medium bestimmen diesen Prozess vollständig, es ist auch nicht der Kommunikator, der den Rezipienten oder gar die »Masse« einseitig manipuliert.

Allerdings begrenzt die Tatsache, dass medienvermittelt kommuniziert wird, die Freiheiten von Kommunikator und Rezipient. Die technischen und die ästhetischen Begrenzungen und Regeln wirken zurück auf die Auswahl von Aussagen durch den Kommunikator und auf die Art und Weise ihrer Gestaltung. Zugleich begrenzt das jeweilige Medium auch, welche Aussagen der Rezipient überhaupt auswählen kann. Dem Medium wird als Faktor im Prozess der öffentlichen Kommunikation also durchaus eine Rolle zugeschrieben.

Gerhard Maletzke hat nicht nur dieses Feldschema entwickelt, sondern auch eine Definition von »Massenkommunikation« geliefert:

Definition

Massenkommunikation

»Unter Massenkommunikation verstehen wir jene Form von Kommunikation, bei der Aussagen öffentlich (also ohne begrenzte und personell definierte Empfängerschaft) durch technische Verbreitungsmittel (Medien) indirekt (also bei räumlicher oder zeitlicher oder raumzeitlicher Distanz zwischen den Kommunikationspartnern) und einseitig (also ohne Rollenwechsel zwischen Aussagendem und Aufnehmenden) an ein disperses Publikum vermittelt werden.«
(Gerhard Maletzke: Psychologie der Massenkommunikation, 1963: 32.)

Allerdings weisen auch Feldschema und Definition von Maletzke Schwächen auf:

- Wenn wir unter Medium (→ vgl. Kap. 3) mehr als nur ein technisches und ästhetisches Dispositiv, ein Instrument der Übermittlung verstehen, dann ist der Journalist eigentlich Teil des Mediums (und nicht mehr Kommunikator)! Medien sind soziale Institutionen und Organisationen, d. h., hier spielen Menschen mit spezifischen Handlungsrollen und Handlungsregeln, mit Erfahrungen und Erwartungen eine vermittelnde Rolle. Im Feldschema der Massenkommunikation entsteht aber der Eindruck, Kommunikator und Medium seien immer zwei getrennte Positionen im Kommunikationsprozess, wenngleich sie in Rückkopplungsprozessen stehen.

- Das zweite Problem betrifft die Rolle des Kommunikators: Nach Maletzke sind hierunter alle Personen oder Gruppen zu verstehen, die an der Produktion und Gestaltung von Aussagen beteiligt sind. Es ist also nicht zutreffend, hierunter ausschließlich Journalisten zu verstehen, zumal sich die Frage stellt, ob der Journalist wirklich der Autor oder Urheber der Nachrichten, Berichte etc. ist, die er verfasst und redigiert? Realistischer erscheint hier das Konzept von Westley / McLean, die nicht von einheitlichen Akteuren, sondern von sozialen Rollen und gestuften Mitteilungsprozessen ausgehen. Empirisch betrachtet ist der Journalist nur im Ausnahmefall tatsächlich der alleinige oder überwiegende Urheber der medialen Aussage, zum Beispiel bei einem Kommentar, partiell auch bei einer Reportage. In den meisten Fällen und typischer Weise sind aber an der Aussage und der Aussagenentstehung ganz andere Menschen und Quellen maßgeblich beteiligt. »Hinter« bzw. »vor« dem Journalisten stehen andere Autoren, die entweder Aussagen selbst schon mediengerecht abfassen (etwa Presse- und PR-Stellen, aber auch Nachrichtenagenturen), in jedem Fall aber Anlass, Themen, Gegenstände und meist auch Tendenzen und Meinungen liefern, *über* die der Journalist berichtet.

- Das disperse Publikum, bzw. die »Masse« die namensgebender Bestandteil der »Massenkommunikation« war (und ist), wird von Maletzke zwar insgesamt zutreffend charakterisiert, aber es handelt sich dabei nur um eine »Momentaufnahme«, einen Ausschnitt aus dem gesamten Kommunikationsprozess: Im Moment der Rezeption massenmedialer Angebote mag das Publikum dispers sein, sich also aus mehr oder weniger »vereinzelten« oder allenfalls in Kleingruppen (Familien) versammelten Rezipienten zusammensetzen. Wir wissen aber auch, dass die Kommunikate der Massenmedien beim einzelnen Rezipienten nicht völlig folgenlos »versickern«, sondern dass sie mitunter auch Anschlusskommunikationen auslösen, vielleicht sogar zu politischen

Aktionen, zu Demonstrationen oder Wahlentscheidungen führen können.

• Unter den Rezipienten befinden sich auch Menschen, die selbst – gezielt oder ungezielt – Einfluss auf die Entstehung von Medienbotschaften nehmen. Wir dürfen wohl zu Recht annehmen, dass Politiker ebenso wie Verbandsfunktionäre, Gewerkschafter, Kirchenführer etc. regelmäßig und intensiv Medien nutzen bzw. diese professionell auswerten lassen. Und wir können auch beobachten, dass insbesondere Politiker sich der Medien bedienen, um nicht nur mit dem Wahlbürger zu kommunizieren, sondern mit dem politischen Gegner, aber auch mit sog. Parteifreunden. Das gilt sogar in der außenpolitischen Dimension: Denken Sie nur an Saddam Hussein, Bin Ladin und George W. Bush! Das heißt: Rezipienten und Kommunikatoren können *prinzipiell* auch bei der sog. Massenkommunikation ihre Rollen tauschen. Das geht zwar nicht so schnell und mühelos wie bei der Face-to-Face-Kommunikation oder beim Telefonat. Und das heißt auch nicht, dass alle Rezipienten als Mitglieder des dispersen Publikums die gleiche Chance hätten, selbst zum Kommunikator zu werden. Prestige und Prominenz, ökonomische und politische Macht sind durchaus bedeutsam, um als Sprecher in der Öffentlichkeit auftreten zu können.

Soziale Zeitkommunikation und vermittelte Mitteilung

Diesen Einwänden trägt ein anderer kommunikationswissenschaftlicher Ansatz weitgehend Rechnung: Die Theorie der sozialen Zeitkommunikation. Demnach stammen nicht alle Mitteilungen, die wir als Rezipienten den Medien öffentlicher Kommunikation entnehmen können, von Journalisten. Jedenfalls besteht die Aufgabe und Funktion der Journalisten in der Regel eher darin, uns die Mitteilungen Dritter zu vermitteln, also in Form von Nachrichten und Berichten mitzuteilen, was andere Akteure (Politiker, Künstler, Sportler etc.) geäußert haben. Medienaussagen sind in ganz überwiegendem Maße »vermittelte Mitteilungen«, Journalisten sind Vermittler oder »Mediatoren«. Hinter diesen Vermittlern, bzw. zeitlich betrachtet »vor« ihnen, stehen die eigentlichen »Ausgangspartner« (AP) der aktuellen öffentlichen Kommunikation: ein Politiker, ein Pressesprecher, ein Unternehmensmanager, ein Spitzensportler, ein Künstler, ein Prominenter des gesellschaftlichen Lebens, aber auch ein Demonstrant, ein Wähler, ein Verbrechensopfer, ein Unfallzeuge etc.

In der Regel ist der »Ausgangspartner« der öffentlichen Kommunikation, also der geistige Urheber der Mitteilung, selbst nicht in Personalunion auch derjenige, der die Mitteilung vermittelt. Diese Vermittlungs-

Journalisten sind Vermittler oder Mediatoren

Ausgangspartner

rolle kommt dem Journalisten zu, der die Mitteilung meist nicht nur technisch übermittelt, sondern »vermittelt«, also selektierend, formulierend und gestaltend eingreift. Dies alles geschieht arbeitteilig organisiert im Vermittlungssystem (VS).

Abb. 12

Modell der sozialen Zeitkommunikation nach Wagner (1998) u. Schönhagen (2004: 119)

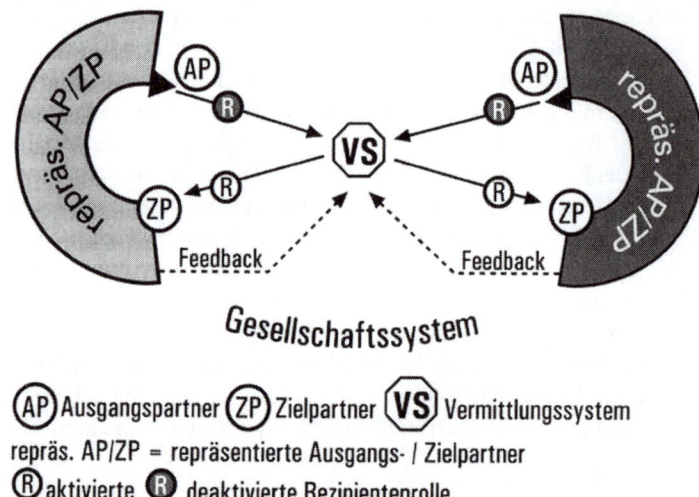

Kommunikationsrolle und Vermittlungsrolle

Zu unterscheiden sind grundsätzlich Kommunikationsrolle und Vermittlungsrolle:

Auch wer selbst keinen unmittelbaren Zugang zu den publizistischen Medien hat, kann eine Kommunikationsrolle einnehmen, also Aussagen hervorbringen, die von einem anderen Akteur (dem Vermittler) dann selektiert und mediengerecht aufbereitet Rezipienten dargeboten wird. Allerdings gibt es auch den Fall, dass beide Rollen weitgehend oder vollständig in Personalunion ausgeübt werden: der Journalist, der seine Meinung in einem Kommentar formuliert. oder: der Politiker, dessen Rede ungekürzt z. B. im Fernsehen übertragen wird. Bei näherer Betrachtung stellt sich allerdings vielfach heraus, dass auch hier die Personalunion nicht vollständig ist: Die vom Journalist im Kommentar vertretene Meinung steht vielleicht für die Meinung einer ganzen gesellschaftlichen Gruppe oder einer Partei. Der Politiker als Redner oder Interviewpartner spricht für die Regierung, die CDU, die Europäische Union, die NATO oder die UNO. Wir haben es also mit sog. »Kommunikationsrepräsentanzen« zu tun. Daraus folgt, dass über Sprecher-Rollen und über journalistische Vermittlungsrollen auch Themen und Meinungen derjenigen Menschen mitgeteilt werden, die selbst nicht am Vermittlungsprozess beteiligt sind: Sie werden in der öffentlichen Kommunikation repräsentiert – oder sollten zumindest repräsentiert werden. Als Mitglied einer Partei, als Autofahrer, als Arbeitsloser, als alleinerziehende Mutter sind wir also durchaus am Prozess der öffentlichen Kommunikation über Medien beteiligt, vorausgesetzt die »Kommunikationsrepräsentanz« funktioniert. Kommunikationsrepräsentanz kann »real« sein, wenn es sich um tatsächliche Vertreter bzw. Sprecher einer sozialen Gruppe handelt. Sie kann auch »ideal« im Sinne von fiktiv sein, wenn bestimmte Typen oder Stereotypen stellvertretend dargestellt werden (Typenrepräsentation, z. B. in der Karikatur: »Der Berliner«, »Der Wirtschaftsboss« etc.). Nur vermitteln wir unsere Aussagen und Meinungen, kurz: unsere Mitteilungen nicht selbst, denn wir können nicht alle in den Medien persönlich zu Wort kommen. Dazu ist weder genug Zeit und Raum in den Medien, noch genügend Aufmerksamkeit und Interesse beim Publikum vorhanden. Und: Solange wir durch Sprecher und Vermittler ausreichend repräsentiert sind, ist das auch gar nicht notwendig. In ausdifferenzierten Gesellschaften findet auch die öffentliche Kommunikation arbeitsteilig statt: Kommunikations- und Vermittlungsrollen sind getrennt, und folglich sind wir an öffentlicher Kommunikation beteiligt, ohne dass wir – wie im direkten Gespräch – selbst sprechen, also mitteilen müssen.

Werfen wir nun einen Blick auf das »andere Ende« des Kommunikationsprozesses:

Dort finden wir nicht mehr nur ein »disperses Publikum«, das die vermittelten Mitteilungen der Medien »wie ein Schwamm aufsaugt« und möglicherweise seine Meinungen, Einstellungen, seinen Wissensstand, seine Gefühle oder Handlungsweisen verändert. »Hinter« dem Publikum, den Rezipienten stehen vielmehr sog. »Zielpartner« (ZP) der öffentlichen Kommunikation. Diese Zielpartner sind nicht, jedenfalls nicht zwangsläufig, identisch mit den Rezipienten: Zum einen sind wir als Rezipient nicht wirklich Zielpartner aller vermittelten Mitteilungen. Vereinsnachrichten, aber auch bestimmte Themen interessieren uns nicht, bleiben uns vielleicht unverständlich. Dem Ausgangspartner sowie dem in seinem »Auftrag« handelnden Vermittlungspartner ist dies auch gleichgültig, weil sich die Mitteilung gar nicht an uns richtet, wir also nicht zur Zielgruppe zählen. Zum anderen aber erfahren wir nicht alles »unmittelbar« aus den Medien, sondern vielfach erst von anderen Menschen, die es aus den Medien erfahren haben. Und schließlich können die eigentlichen Adressaten einer vermittelten Mitteilung auch Organisationen, Parteien, ganze Staatsgebilde sein, die gar nicht individuell rezipieren

Zielpartner

können. Das heißt, die vom Vermittler (Journalist) vermittelte Mitteilung wird durch den Rezipienten nochmals an den Zielpartner vermittelt. Werden beispielsweise in einem Bericht die Ansichten eines Regierungs- und eines Oppositionspolitikers vermittelt, dann sind beide zugleich Ausgangspartner und Zielpartner des Berichtes – und zwar ohne, dass sie selbst eine Vermittlungsrolle eingenommen haben.

Zu beobachten ist aber auch, dass Meinungsverschiedenheiten innerhalb einer Partei oder innerhalb der Regierung »über die Medien« ausgetragen werden. Obwohl die Kommunikationspartner ja auch einfach hätten zum Telefon greifen können, haben sie sich möglicherweise bewusst für die Presse entschieden, also den Weg öffentlicher Vermittlung gesucht. Die mediale Mitteilung hat dann offenkundig verschiedene Zielpartner zugleich: zum einen den jeweils anderen Politiker, zum anderen aber auch die Politikerkollegen sowie die Bürger.

Was bedeutet nun die Trennung von Vermittlungs- und Kommunikationsrollen sowie die Einführung von Ausgangs- und Zielpartnern für die kommunikationswissenschaftliche Betrachtung öffentlicher Kommunikation?

Rollentausch in der öffentlichen Kommunikation

Es bedeutet, dass auch in der öffentlichen Kommunikation ein Rollentausch stattfinden kann und regelmäßig stattfindet: Getauscht bzw. aktiviert und deaktiviert werden die kommunikativen Rollen von Ausgangs- und Zielpartner, und zwar ohne dass die Vermittlungsrolle wechseln muss!

Selbst wenn der Vermittlungsprozess in der öffentlichen Kommunikation ganz überwiegend einseitig verläuft bzw. die Vermittlungsrolle nicht gewechselt wird, verläuft der Kommunikationsprozess keineswegs einseitig, ohne Feedback oder Rückkopplung, wie vielfach behauptet wird. Die Wechselseitigkeit oder Interaktivität des Prozesses öffentlicher Kommunikation ist nicht hinreichend und schon gar nicht ausschließlich darin begründet, dass Rezipienten (als Teil des Vermittlungsprozesses) zu Kommunikatoren würden, etwa durch das Schreiben von Leserbriefen oder einen Anruf beim Sender. Die Teilnahme am Prozess medialer öffentlicher Kommunikation gründet sich vielmehr auf Kommunikationsrepräsentanz und den Wechsel der Kommunikationsrollen (Ausgangs- und Zielpartner). Handlungstheoretisch betrachtet (→ vgl. Kap. 2.1) können auch in der öffentlichen Kommunikation kommunikative Handlungen beobachtet werden, nämlich kommunikative Handlungen im Sinne von Sprechakten und Äußerungen einerseits sowie Verstehenshandlungen andererseits, die »interaktiv« ineinander greifen, sich reflexiv aufeinander beziehen und aneinander anschließen. Aus dieser »impliziten Reziprozität« der Rollen und Handlungstypen kann in der öffentlichen Kommunikation unter bestimmten Voraussetzungen eine explizite Reziprozität werden, und zwar in vermittelter Form.

Entscheidend ist, dass Kommunikationsrepräsentanz auch tatsächlich stattfindet und nicht durch politische oder ökonomische Medienmacht und andere Faktoren behindert wird. Entscheidend sind hier wiederum die bereits behandelten Strukturen und Funktionen demokratischer Öffentlichkeit.

Werfen wir noch einen abschließenden Blick auf die »Vermittlungs-verhältnisse« im Prozess öffentlicher Kommunikation, die sich wie folgt systematisieren lassen:

Vermittlungsverhältnisse

Publizistische Vermittlung zielt auf Meinungsbildung, d. h. hier arti-kuliert ein Ausgangspartner direkt; Vermittlungs- und Kommunika-tionsrolle fallen – wie bei der politischen Rede, beim Interview oder beim journalistischen Kommentar – zusammen.

Journalistische Vermittlung dient hingegen der Vermittlung unter-schiedlicher Mitteilungen verschiedener Ausgangspartner. Hieraus lei-ten sich dann internes Pluralismusgebot, Objektivität etc. als journalisti-sche Normen ab.

Vermittlung kann einseitig (parteilich) erfolgen, wenn nur die eigene Sichtweise vermittelt wird, sie kann partiell erfolgen, wenn nur einige ausgewählte Mitteilungen vermittelt und andere ausgelassen werden.

Im Falle der Selbstvermittlung nimmt der Ausgangspartner zugleich die Vermittlungsrolle ein, so wie wir das aus den meisten persönlichen Gesprächen kennen. Bei der partnereigenen Vermittlung wird die Ver-mittlung von fest und exklusiv an den Ausgangspartner gebundenen Vermittlern übernommen: zum Beispiel dem Pressesprecher eines Un-ternehmens oder einer Partei, aber auch dem Journalisten einer Partei-zeitung. Bei der partnerunabhängigen oder teilautonomen Auftragsver-mittlung bedient man sich professioneller PR-Agenturen, die aber auch noch für andere Ausgangspartner Vermittlungsleistungen erbringen.

Selbstvermittlung

Auftragsvermittlung

Bei der autonomen Fremdvermittlung fungieren unabhängige Jour-nalisten als Vermittler, die nicht finanziell oder auf sonstige Weise vom Ausgangspartner abhängig sind – oder sein sollten.

Fremdvermittlung

Literatur

Noch immer viel zitiert wird das Standardwerk von: Maletzke, Gerhard: **Psychologie der Massenkommunikation**. Hamburg: Hans-Bredow-Institut 1963.

Eine kurze und gut lesbare Darstellung der Theorie der sozialen Zeit-kommunikation bietet: Schönhagen, Philomen: **Soziale Kommunikation im Internet**. Zur Theorie und Systematik computervermittelter Kommunika-tion vor dem Hintergrund der Kommunikationsgeschichte. Bern u. a.: P. Lang 2004, S. 59 – 131.

Einen Überblick der Theorien und Modelle der Massenkommunikation bieten: McQuail, Denis und Windahl, Sven: **Communication models for the study of mass communications**. 2nd ed. Harlow u. a.: Prentice Hall 2003.

1 Handelt es sich bei der öffentlichen Kommunikation mittels Massenmedien überhaupt um Kommunikation?
2 Welche Rolle spielt Interaktivität im theoretischen Konzept von Massenkommunikation nach Maletzke?
3 Was versteht man in der Theorie der sozialen Zeitkommunikation unter »vermittelter Mitteilung« und »Kommunikationsrepräsentanz«?

4.4 | Medienöffentlichkeit und öffentliche Meinung

Öffentlichkeit, öffentliche Meinung und öffentliche Kommunikation stehen in einem engen Funktionszusammenhang: Öffentlichkeit meint vor allem die vergleichsweise dauerhaften, aber historisch wandelbaren sozialen Strukturen öffentlicher Kommunikation. Hier geht es vor allem um Rollen, Akteure, Ebenen und Funktionen (Sozialdimension). Öffentliche Meinung kann als sachliche Strukturierung öffentlicher Kommunikation verstanden werden: Sie beschreibt die Karrieren von Themen, auf die sich Meinungsäußerungen und Anschlusskommunikationen insgesamt beziehen können (Sachdimension). Öffentliche Kommunikation meint vor allem den Prozesscharakter von Öffentlichkeit und öffentlicher Meinung (Zeitdimension). Erst die Verbindung aller drei Dimensionen ergibt ein umfassendes Bild.

Öffentliche Kommunikation ist in modernen ausdifferenzierten Gesellschaften in wesentlichen Teilen vermittelte Mitteilung, d. h., den Medien kommt eine entscheidende Funktion dabei zu, Themen und Meinungen für die öffentliche Kommunikation in spezifisch gestalteter Form zur Verfügung zu stellen. Medien sind dabei nicht als neutrale technische Übertragungseinrichtungen zu verstehen, sondern als komplexe soziale Organisationen und Institutionen der Vermittlung. Unterscheidet man Kommunikations- und Vermittlungsrollen voneinander, so kann man öffentliche Kommunikation – auch wenn sie medienvermittelt erfolgt – nicht als interaktionsfreien Informationstransport an eine homogene Masse von Rezipienten begreifen. Auch in den Fällen autonomer Fremdvermittlung durch professionelle Vermittler (Journalisten) können die kommunikativen Rollen gewechselt werden. Hinzu kommen auch bei der medienvermittelten öffentlichen Kommunikation Formen der Selbstvermittlung und der partnereigenen Vermittlung; zu unterscheiden sind also verschiedene Sprecherrollen in der Öffentlichkeit. In der öffentlichen Medienkommunikation vertreten Sprecher nicht nur ihr persönliche Meinung, sondern sie repräsentieren Themen und Meinungen unterschiedlicher sozialer Gruppen (Kommunikationsrepräsentanz).

Öffentliche Medienkommunikation (»Massenkommunikation«) bildet nur einen Teil gesellschaftlicher Kommunikationsprozesse in einer Öffentlichkeit, die sich aus mehreren Ebenen (Encounter-, Versammlungs-, Medienöffentlichkeit) zusammensetzt, auf denen Anschluss- und »Vorläufer«-Kommunikationen stattfinden. Öffentliche Kommunikation ist also, zumindest was die Themen und Meinungen betrifft, auch dann kein einseitiger Informationstransport, wenn die Vermittlungsrollen nicht wechseln. Allerdings erscheint es angesichts kommerzialisierter und professionalisierter Medien fraglich, ob tatsächlich alle gesellschaftlichen Gruppen und alle relevanten Themen und Meinungen angemessene Chancen besitzen, an öffentlicher Kommunikation in den Medien teilzunehmen, denn dies würde ein funktionsfähiges System von Kommunikationsrepräsentanten voraussetzen. Umstritten ist auch, ob über diese Transparenzfunktion hinaus in der Öffentlichkeit auch eine Validierung der veröffentlichten Meinungen und eine gesellschaftliche Orientierung durch öffentliche Kommunikation erfolgen kann. Das Diskursmodell der Öffentlichkeit beansprucht zwar zumindest kontrafaktische Geltung, bewertet die tatsächliche Leistungsfähigkeit der Medienöffentlichkeit aber durchaus kritisch. Nach dem Spiegelmodell der Öffentlichkeit kann man nicht mehr davon ausgehen, dass es noch eine »verbindliche« öffentliche Meinung mit Orientierungsfunktion für politische Entscheidungen geben kann; jedenfalls kann öffentliche Meinung nach dieser Auffassung nicht mehr durch rationalen Diskurs im Konsens erzeugt werden. Die öffentliche Medienkommunikation spiegelt in den sozialen Funktionssystemen nur noch die Themen wider, die anschlussfähig sind, aber sie liefert keine Meinungen mehr, die das weitere Operieren der Systeme »informieren« oder gar bestimmen könnten.

Anschluss- und Vorläufer-Kommunikation

Zusammenfassung

Öffentliche Kommunikation verläuft
- in modernen Gesellschaften als vermittelte Mitteilung
- auf den Ebenen Encounter-, Versammlungs- bzw. Themen-, Medienöffentlichkeit

- überwiegend medienvermittelt.

Medienvermittelte öffentliche Kommunikation erlaubt

- den Wechsel kommunikativer Rollen und damit symbolische Interaktion
- die Beteiligung verschiedener Sprecher
- die Kommunikation verschiedener Themen und Meinungen.

Theoretisch umstritten und empirisch weiter zu erforschen bleibt, ob und in welchem Maße Öffentlichkeit unter Bedingungen der Medienkommunikation noch öffentliche Meinung diskursiv und im Konsens herstellen kann oder lediglich den Prozess gesellschaftlicher Kommunikation thematisch strukturiert.

Formen öffentlicher Kommunikation (Publizistik) | 5

Öffentliche Kommunikation kann unterschiedliche Formen annehmen, und im Laufe der Geschichte hat sich das Feld der öffentlichen Kommunikation immer weiter ausdifferenziert. Neben den aus der Antike bekannten rhetorischen Formen der öffentlichen Kommunikation (politische Rede, Gerichtsverhandlung), aber auch Schauspiel, Tanz, Musikdarbietung etc., sind in der Moderne die medienvermittelten Formen öffentlicher Kommunikation getreten, die im Mittelpunkt des kommunikationswissenschaftlichen Interesses stehen.

Ausgehend von der Zeitungs- und dann von der Publizistikwissenschaft (→ vgl. Teil II, Kap. 1.2) nimmt die Auseinandersetzung mit Journalismus und Publizistik, also den informierenden und meinungsbildenden Teilen vor allem der politischen Kommunikation, großen Raum ein. Aber nicht alles, was Eingang in die publizistischen Medien findet, ist das Ergebnis von Journalismus: Vor allem in den populären und reichweitenstarken Medien wie dem Fernsehen und der illustrierten Presse finden sich Kommunikate, die wenig zur gezielten Meinungs- und Willensbildung, aber einiges zur Unterhaltung der Nutzer beitragen können. Hinzu kommen die – auch Unterhaltung für die Finanzierung der Medienangebote wichtigen – Anzeigen und Werbespots. Einen hohen und weiter wachsenden Anteil an der öffentlichen Kommunikation hat auch die professionelle Öffentlichkeitsarbeit oder Public Relations (PR), die entweder versucht, Rezipienten mittels eigener Medien direkt zu erreichen oder auf den Journalismus Einfluss zu nehmen und auf indirektem Wege Öffentlichkeit herzustellen. In der Kommunikationswissenschaft stehen Journalismus und (seit knapp zwei Jahrzehn-

ten auch) PR eindeutig im Vordergrund, während die Auseinandersetzung mit Unterhaltung und Werbung bislang vernachlässigt wurde.
Allerdings haben sich auch andere Disziplinen, wie die Betriebswirt-
schaftslehre und die Psychologie mit der Werbung sowie die Medienwissenschaften (Theater-, Film-, Fernsehwissenschaft, Literatur- und Kultur-
wissenschaft) mit der Unterhaltung auseinandergesetzt. Dabei stehen
aber weniger die kommunikationswissenschaftlichen als vielmehr wirtschaftliche (Effizienz und Wirksamkeit von Werbung) oder ästhetische
(Genres, Stilformen, Traditionen von unterhaltenden Erzählformen etc.)
Aspekte im Vordergrund. Im folgenden Kapitel soll – dem derzeitigen
Stand der Kommunikationswissenschaft folgend – ein Überblick über
Journalismus und Öffentlichkeitsarbeit / PR als Formen öffentlicher Kommunikation gegeben werden. Anschließend soll auch die Werbekommunikation als eine solche Form zumindest eingeordnet werden, während
Unterhaltung hier zunächst nicht berücksichtigt wird. Als Funktion,
Nutzungs- und Wirkungsmodus wird Unterhaltung Gegenstand des Kapitels zur Mediennutzungs- und Medienwirkungsforschung sein. Die Betrachtung von Journalismus und PR wird im Forschungsfeld Kommunikatorforschung (→ vgl. Teil II, Kap. 2.1) nochmals aufgegriffen.

5.1 | Journalismus

Journalismus ist ein Berufsfeld und zugleich ein Funktionsbereich öffentlicher Kommunikation, der sich historisch im Laufe von mehreren Jahr-
hunderten entwickelt hat. Die Auswahl (Selektion), Herstellung und Bereitstellung sowie die Präsentation von Themen mit Faktizitätsanspruch
(Bericht über tatsächliche Ereignisse und Sachverhalte) für die öffentliche
Kommunikation wird als Aufgabe oder Leistung des Journalismus verstanden. Die Themen und Berichte sollen also »wahr« sein, mithin auf
Tatsachen beruhen, sie sollen aktuell und öffentlich, für die Gesellschaft
relevant sein. Damit unterscheidet sich diese Form der öffentlichen
Kommunikation von anderen, wie der Unterhaltung oder der Werbung,
die beide – zumindest in weiten Teilen – statt auf Faktizität auf Fiktion
setzen. Journalismus sorgt für die Veröffentlichung (Publikation) von
Nachrichten und die Thematisierung von Phänomenen oder Problemen
und trägt damit – systemtheoretisch formuliert – zur Selbstbeobachtung
der Gesellschaft bei und synchronisiert die Weltgesellschaft. Es wird
öffentlich informiert über alle Felder des gesellschaftlichen Lebens, oder
– systemtheoretisch formuliert – über alle Funktionssysteme der Gesellschaft: Politik, Wirtschaft, Kunst, Sport, Wissenschaft etc.

Moderner Journalismus findet in einem organisierten, arbeitsteiligen Prozess statt; in weiten Teilen orientiert er sich an betriebs- und erwerbswirtschaftlichen Rahmenbedingungen und Zielsetzungen (→ vgl. Teil II, Kap. 3.2). Allerdings werden an den Journalismus auch publizistische und medienethische Qualitätsanforderungen (→ vgl. Teil II, Kap. 3.3) gestellt. Normative Journalismustheorien schreiben ihm neben einer Informationsfunktion auch die Aufgabe zu, Meinungen zu artikulieren, zur öffentlichen Meinungsbildung beizutragen, und insbesondere die politisch und wirtschaftlich Mächtigen zu kritisieren und zu kontrollieren. Journalismus soll ferner zur Bildung beitragen und auch in praktischen Alltagsbelangen als Ratgeber fungieren. In demokratisch-pluralistischen Gesellschaften muss der Journalismus deshalb staatsfern organisiert und vollständige Pressefreiheit gewährt sein.

Dieses Journalismusverständnis und die entsprechende Berufspraxis haben sich in einem langen historischen Prozess entwickelt, den Baumert schon 1928 beschreibt: In der präjournalistischen Phase wurde öffentliche Kommunikation maßgeblich von fahrenden Sängern, Sendboten, Kaufleuten oder von Buchdruckern, die ihre Druckmaschinen auslasten wollten, betrieben. Hinzu kamen Korrespondenten der Fürstenhöfe, Handelshäuser und der italienischen Stadtrepubliken. Allerdings wurden Wirtschaftsinformationen, wie in den sog. Fugger-Zeitungen, nicht öffentlich verbreitet, d. h., es handelte sich letztlich um Briefe. Zwischen dem Ende des 15. und dem beginnenden 17. Jahrhundert erschienen dann meinungsbetonte Flugblätter, längere Flugschriften sowie nachrichtenbetonte Einblattdrucke und sog. »Neue Zeitungen« (wobei hier Zeitung im ursprünglichen Sinne soviel wie Nachricht bedeutet). In dieser Phase des korrespondierenden Journalismus wird vor allem über Mord- und Gräueltaten, Katastrophen und Missgeburten berichtet. Im 17. Jahrhundert erscheinen dann die ersten periodischen Druckmedien: 1605 »Relation« (Straßburg), 1609 »Aviso« (Wolfenbüttel), 1650 in Leipzig die erste »Einkommende Tageszeitung«. Bis weit in das 18. Jahrhundert hinein wird Journalismus aber nur nebenberuflich betrieben: Es sind Buchdrucker und Verleger, Gesandte und Handelsvertreter oder andere Personen, die durch ihre Reisen und Kontakte Neuigkeiten erfahren, die sie für mitteilenswert halten. Neben militärischen und politischen Nachrichten spielen Sensationen aller Art eine große Rolle; der Wahrheitsanspruch gilt allenfalls eingeschränkt, denn auch Gerüchte werden gerne verbreitet. Erst mit der Aufklärung und dem Entstehen einer bürgerlichen Öffentlichkeit (→ vgl. Kap. 3) ändert sich dies. Es beginnt die Phase des schriftstellerischen Journalismus (Mitte des 18. bis Mitte des 19. Jahrhunderts), nebenberuflich betrieben von gelehrten Autoren mit politischem Anspruch und dem Ziel, aktiv zur Meinungsbildung beizutragen.

präjournalistische Phase

Objektivitätspostulate, erwerbswirtschaftliche Ziele, arbeitsteilige Organisation hatten sich zu diesem Zeitpunkt noch nicht durchgesetzt. Auch das Publikum für Journalismus war schon aufgrund der Lese- und Bildungsvoraussetzungen sehr begrenzt: Das Bildungsbürgertum schrieb für sich selbst, und die Kommunikationsrollen (Ausgangs- und Zielpartner) einerseits und Vermittlungsrollen (→ vgl. Kap. 4) andererseits waren noch nicht strikt getrennt.

redaktioneller Journalismus

Ab Mitte des 19. Jahrhunderts ändert sich dies im Zuge fortschreitender Professionalisierung. In der Phase des redaktionellen Journalismus bildeten sich journalistische Organisationen (Redaktionen), Rollen (Redakteur, Reporter), Programme (Recherche, Selektion, Darstellungsformen) heraus und die Berufsnormen verfestigen sich. Verlag, Druck und Redaktion wurden zunehmend organisatorisch eigenständig, die Redaktionen erhielten eine Binnenstruktur ebenso wie das Produkt Zeitung (Ressorts). Neben der Gesinnungspresse entwickelte sich die kommerzielle und anzeigenfinanzierte Massenpresse. Journalismus und seine Zielgruppen differenzierten sich weiter aus.

Begleitet wurde der Aufstieg des Journalismus vom – zumal in Deutschland – wechselvollen Kampf um die Pressefreiheit, also die Freiheit von kirchlicher und staatlicher Zensur, Lizenzen, Sondersteuern etc. (→ vgl. Teil II, Kap. 3.1).

Journalismus findet auch in liberalen und demokratischen Gesellschaften, in denen die Pressefreiheit realisiert ist, nicht im »luftleeren Raum« statt, zumal er dann auch seine gesellschaftliche Funktion kaum erfüllen könnte. Aus kommunikationswissenschaftlicher Sicht interessieren daher die Einflussfaktoren auf den Journalismus, die auch empirisch genauer untersucht werden müssen (→ vgl. Teil II, Kap. 2.1). Grundlegend können vier, miteinander in Wechselwirkung stehende Sphären unterschieden werden, die den Journalismus beeinflussen:

Subjektsphäre

(1) Auf der Individualebene ist die *Subjektsphäre* des einzelnen Journalisten zu beschreiben. Hier geht es um subjektive Einstellungen und Werthaltungen, Berufsmotive und Berufsrollenverständnis, seine soziodemografische Herkunft und Position sowie psychologische Faktoren.

Institutionensphäre

(2) Auf der Organisationsebene (*Institutionensphäre*) wirken Berufsbilder und Tätigkeitsprofile in der Redaktion, die dort herrschenden Kompetenzverteilungen, Arbeitsabläufe und -routinen, Kontroll- und Autoritätsmechanismen, die »redaktionelle Linie«, Orientierung an den Kollegen und an Meinungsführermedien (BILD, Spiegel), die eingesetzte Redaktionstechnik etc.

Medienstruktursphäre

(3) Die *Medienstruktursphäre* beinhaltet ökonomische, rechtliche und normative (z. B. ethische) Faktoren, die das Mediensystem insgesamt prägen: Presserecht, Marktkonkurrenz und -konzentration, Medien-

selbstkontrolle (z. B. Presserat), Journalistenaus- und -weiterbildung. Abhängigkeiten von Werbung und Public Relations.

(4) Die *Gesellschaftssphäre* schließlich verweist auf die historische und soziale Bedingtheit und die Rahmenvorgaben für Journalismus. Hier geht es um Presse- und Kommunikationsfreiheiten, das Verhältnis zum politischen System, politische und journalistische Traditionen und Kulturen (vgl. Esser 1998 sowie Weischenberg 1998 und Donsbach 1987). Gesellschaftssphäre

Die Fülle der Einflussfaktoren und deren wechselseitige Interdependenz zeigt, dass viele ältere Forschungsansätze, die von der überragenden Bedeutung des einzelnen Journalisten und seiner »publizistischen Persönlichkeit« ausgehen, zu kurz greifen. Wie genau die Stärke der einzelnen Faktoren theoretisch und empirisch zu bestimmen ist, darüber wird seit langem eine wissenschaftliche Kontroverse ausgetragen; derzeit scheinen unterschiedliche systemtheoretische Konzepte die Journalismusforschung zu dominieren.

Literatur

Journalismus

Journalismus gehört traditionell zu den Kerngebieten der Publizistik- und Kommunikationswissenschaft sowie zur wissenschaftlichen Disziplin Journalistik. Als Forschungsfeld weist die Kommunikator- und Journalismusforschung eine Vielfalt von Theorien und reichhaltige empirische Befunde auf (→ vgl. Teil II, Kap. 2.1 auch für weitere Literaturhinweise).

Aus systemtheoretischer Sicht wird Journalismus analysiert in:

Blöbaum, Bernd: **Journalismus als soziales System**. Geschichte, Ausdifferenzierung und Verselbständigung. Opladen: Westdeutscher Verlag 1994.

Als Lehrbuch der Journalistik hat sich bewährt:

Weischenberg, Siegfried: **Journalistik**. Theorie und Praxis aktueller Medienkommunikation. Bd. 1 u. 2. Opladen: Westdeutscher Verlag 1995, 1998.

Eine kompakte Einführung bietet:

Meier, Klaus: **Journalistik**. Konstanz: UVK/UTB 2007.

Public Relations | 5.2

Während Journalismus im öffentlichen Interesse betrieben wird (oder zumindest betrieben werden sollte), wird Öffentlichkeitsarbeit oder Public Relations (PR) von Organisationen wie Unternehmen, Verbänden, Behör-

den, Parteien, Kirchen, Gewerkschaften, Nichtregierungsorganisationen
etc. eingesetzt, um Partialinteressen durchzusetzen. PR ist also erkennbar parteiisch – auch wenn neuere Ansätze stärker die Verständigung mit der Gesamtgesellschaft betonen, liegt diese ebenso im Interesse der jeweiligen Organisation.

In ausdifferenzierten Gesellschaften ist öffentliche Kommunikation ohne Öffentlichkeitsarbeit nicht mehr denkbar, denn auch der Journalismus greift – mehr oder weniger kritisch und selektiv – auf die Angebote professioneller PR zurück.

Sieht man einmal von der antiken Rhetorik und von religiöser Propaganda ab, die zuweilen Züge von PR trug, dann lässt sich der Beginn der Public Relations in den USA des späten 19. Jahrhunderts ausmachen. Große Industrie-Trusts gerieten damals aufgrund ihrer Ausbeutungspraktiken in die öffentliche Kritik und versuchten deshalb in organisierter Weise, Einfluss auf die Medienberichterstattung zu nehmen. Public Relations sollte sich mit dem Ziel des »engineering consent« an organisationsinterne wie an externe, breite Öffentlichkeiten richten. Von besonderer Bedeutung für Öffentlichkeitsarbeit ist die Herstellung und Pflege eines positiven Images der Organisation, zentral hierfür ist die Sicherung von Glaubwürdigkeit und Vertrauen auch seitens der Journalisten. PR versucht nicht nur die negative Berichterstattung im Falle von Krisen (Betriebsunfälle, Produktmängel etc.) zu verhindern oder zu mildern, ihr Ziel ist auch das mittel- bis langfristige, strategische Kommunikationsmanagement, mit den Worten der amerikanischen PR-Forscher Grunig und Hunt das »management of communication between an organization and its publics«. Dabei geht es im Gegensatz zur Werbekommunikation nicht um ein bestimmtes Produkt oder eine Dienstleistung, sondern um die Organisation selbst. Professionelle und systematische PR versucht, Themen zu setzen und Tendenzen der Berichterstattung im Sinne ihrer Auftraggeber zu beeinflussen. Nach Zielgruppen wird unterschieden zwischen der »klassischen« Presse- und Medienarbeit, die sich an Journalisten richtet, den Investor Relations (Aktionäre etc.), Community Relations (»Nachbarschaft«), den Internal Relations (Beschäftigte) und Public Affairs (direkte Ansprache ohne den »Umweg« des Journalismus).

Es lassen sich grob drei PR-Ansätze unterscheiden:

(1) Der *marketingorientierte Ansatz* betrachtet PR als ein Instrument des Marketings neben Werbung, Preis- und Produktpolitik. Es geht primär und vergleichsweise unmittelbar um die Förderung des Absatzes und andere Geschäftsinteressen.

(2) *Managementansätze* der PR begreifen Öffentlichkeitsarbeit vor allem als strategische Steuerung der Kommunikation einer Organisation mit ihren internen und externen (Teil-)Öffentlichkeiten. Das Interesse

---

Marginalia:

Partialinteressen

Images

Glaubwürdigkeit und Vertrauen

strategisches Kommunikationsmanagement

marktorientierter Ansatz

Managementansätze

der Organisation steht dabei klar im Vordergrund, aber nicht unbedingt das kurzfristige, finanziell direkt messbare Ziel. Mit Grunig und
Hunt lassen sich idealtypisch vier historische Phasen und Modelle
unterscheiden: Als »Publicity« begreifen sie die einseitige Verbreitung
von Aussagen, das bloße »Bekanntmachen« und Erzielen von Aufmerksamkeit. Auch die »Informationstätigkeit« unterscheidet sich
hiervon noch recht wenig; allerdings erheben die PR-Botschaften
Wahrheitsanspruch und sollen von den Rezipienten überprüfbar
sein. »Asymmetrische Kommunikation« geht über die bloße Informa-
tionsverbreitung hinaus; nunmehr sollen durch zielgerichtete Informationen die Überzeugungen der Rezipienten beeinflusst werden.
»Symmetrische Kommunikation« schließlich zielt auf einen Dialog
zwischen Organisation und PR-Rezipienten ab, es sollen gemeinsam
Argumente diskutiert werden, und auf diese Weise letztlich den
Interessen der Organisation und der Gesprächspartner dienen. Aus
konstruktivistischer Perspektive versteht Klaus Merten Pubilc Relations als kommunikatives Subsystem, in dem intentional positive
Images der Organisation für bestimmte Zielgruppen konstruiert und
verbreitet werden. »Public Relations sind ein Prozeß intentionaler
und kontingenter Konstruktion wünschenswerter Wirklichkeiten
durch Erzeugung und Befestigung von Images in der Öffentlichkeit.«
(Merten / Westerbarkey 1994: 210)

In seiner Theorie der Unternehmenskommunikation stellt Ansgar
Zerfaß die Gesellschaft mit ihren verschiedenen Handlungsfeldern
gleichrangig neben den Markt als Ziel organisatorischer Kommunikation. Er unterscheidet die interne Organisationskommunikation, die
externe Marktkommunikation (Marketing, Werbung) und die Public
Relations, die sich nicht auf den Markt, sondern auf das gesellschafts-
politische Umfeld ausrichtet.

(3) *Verständigungs- oder gesellschaftsorientierte PR-Ansätze* zielen auf einen
kommunikativen Ausgleich zwischen privaten (kommerziellen oder
sonstigen) Partialinteressen der Organisation und dem öffentlichen
Interesse anderer »Anspruchsgruppen«, etwa der Eigenheimbesitzer
in Nachbarschaft zur Chemiefabrik oder der Beschäftigten in einem
von der Schließung bedrohten Werk. Ronneberger und Rühl (1992)
begreifen PR als ein autopoietisches Teilsystem des Funktionssystems
öffentliche Kommunikation, dessen spezifische Funktion die »Herstellung und Bereitstellung durchsetzungsfähiger Themen« in der öffentlichen Kommunikation ist, was allerdings die Grenze zum Journalismus verschwimmen lässt. PR will durch Anschlusskommunikation
und -handlungen öffentliche Interessen und das soziale Vertrauen
stärken und so letztlich einen Beitrag zum Interessenausgleich und

verständigungs- oder
gesellschaftsorientierte
PR-Ansätze

zur sozialen Integration leisten. Roland Burkart hat ausgehend von der Theorie des kommunikativen Handelns (→ vgl. Teil I, Kap. 2) ein Konzept der verständigungsorientierten Öffentlichkeitsarbeit entwickelt. Nach der Information soll es zu einer öffentlichen Diskussion und zu einem kritischen Diskurs der Argumente kommen. Die Kommunikanten entwickeln eine gemeinsame Situationsdefinition und schaffen damit die Voraussetzungen für eine Konfliktlösung.

Die empirische PR-Forschung ist auch international erst vergleichsweise schwach entwickelt. Lange Zeit standen Fragen der PR-Entwicklung und Professionalisierung der PR-Berufe im Vordergrund, also klassische Fragen der Kommunikatorforschung (→ vgl. Teil II, Kap. 2.1).

Beziehung zwischen PR und Journalismus Besondere Aufmerksamkeit wurde und wird der Frage nach der Beziehung zwischen PR und Journalismus geschenkt. Auch wenn sich PR nicht ausschließlich an Journalisten und Medien richtet, gehört der Einfluss der an privaten Interessen orientierten PR auf den am öffentlich Interesse orientierten Journalismus sicherlich zu den kommunikationspolitisch und normativ besonders relevanten Fragen. Der Einfluss der staatlichen PR (Preßpolitik, Prebbüros) und der großen Verbände hat bereits die ersten Zeitungskundler und -wissenschaftler beschäftigt, vor allem aus normativer Perspektive.

Determinationshypothese Barbara Baerns hat dann erstmals seit Ende der 1970er Jahre auf der Grundlage empirischer Studien die Determinationshypothese entwickelt, nach der PR die Berichterstattung des Journalismus weitgehend bestimmt und kontrolliert. So fand sie heraus, dass rund zwei Drittel der landespolitischen Berichterstattung in Nordrhein-Westfalen auf Pressemitteilungen der Landesregierung beruhten. Durch weitere Studien konnten die Befunde differenziert werden: Zwar werden im journalistischen Routinebetrieb viele PR-Meldungen von gut reputierten Quellen durch die Journalisten aufgegriffen, aber die PR-Meldungen werden bearbeitet, und im Krisen- und Konfliktfall erfolgt durchaus auch eine eigenständige journalistische Recherche. Eine alternative Beschreibung für den Zusammenhang von Journalismus und PR bietet das von Bentele u. a. (1997) entwickelte **Intereffikationsmodell** Intereffikationsmodell, das von wechselseitigen Einflüssen und Abhängigkeiten ausgeht. Journalismus und PR ermöglichen sich (efficare) gegenseitig: Public Relations können den Journalismus zu bestimmten Themen (Issue- und Agenda-Building) und Publikationszeitpunkten anregen (Induktion), allerdings nur dann (oder umso erfolgreicher), wenn sich die PR auch dem Journalismus anpasst, also die redaktionellen Strukturen (Ressorts), zeitlichen Zwänge (Redaktionsschluss) und sachlichen Regeln akzeptiert (Adaption). Journalismus kann umgekehrt durch seine Selektions- und Präsentationsentscheidungen die weitere Tätigkeit der PR anregen (Induktion), und er kann die PR-Strukturen adaptieren.

Literatur

Public Relations
Öffentlichkeitsarbeit (Public Relations) gehört zu den jüngeren Forschungsgebieten der Kommunikationswissenschaft. Als Standardwerk gilt: Grunig, James E. / Hunt, Todd: **Managing Public Relations**. New York u. a.: Holt, Rinehart & Winston 1984.

Das Konzept der verständigungsorientierten Öffentlichkeitsarbeit findet sich in: Burkart, Roland: **PR als Konfliktmanagement**. Wien: Braumüller 1993.

Eine systemtheoretische Sicht auf Public Relations entwickeln: Ronneberger, Franz / Rühl, Manfred: **Theorie der Public Relations**. Ein Entwurf. Opladen: Westdeutscher Verlag 1992.

Das Verhältnis von Journalismus und PR thematisieren:

Baerns, Barbara: **Öffentlichkeitsarbeit oder Journalismus?** Zum Einfluss im Mediensystem. Köln: Verlag Wissenschaft und Politik 1985.

Bentele, Günter / Liebert, Tobias / Seling, Stefan: **Von der Determination zur Intereffikation**. Ein integriertes Modell zum Verhältnis von Public Relations und Journalismus. In: Bentele, Günter / Haller, Michael (Hrsg.): Aktuelle Entstehung von Öffentlichkeit. Konstanz: UVK 1997, S. 225 – 250.

Werbung | 5.3

Werbung gehört wie Unterhaltung sicherlich zu den ältesten Formen öffentlicher Kommunikation, wenn man z. B. an die Marktschreier der Antike und des Mittelalters denkt. Auch in der interpersonalen Kommunikation und sogar im Verhalten der Tiere lässt sich das »Werben« um den Geschlechtspartner beobachten. Als professionalisierte Kommunikationsform ist Werbung seit dem 18. Jahrhundert verbreitet. Aber erst mit der Überproduktion und dem Entstehen von Käufermärkten wird professionelle und organisierte Werbekommunikation wirklich notwendig. Es geht um den Absatz von Waren oder Dienstleistungen (Wirtschaftswerbung) oder die Einstellungs- und Verhaltensänderung in ideellen Fragen (politische und religiöse Werbung, Wahlkampf), in jedem Fall also wie bei der Public Relations um Partialinteressen. Neben der lange Zeit als »Reklame« kritisierten und verachteten Wirtschaftswerbung wird öffentliche Kommunikation auch für politische und weltanschauliche Ziele betrieben. Werbung für Wahlen bzw. bestimmte Parteien und Kandidaten, für den Besuch einer Veranstaltung (Versammlung, Demonstration, Boykott), aber auch Propaganda für Kriege zählen zur politischen Werbung.

Wirtschaftswerbung

politische und religiöse Werbung

Folgt man Guido Zurstiege und Siegfried J. Schmidt (2003: 494), die zu den wenigen Kommunikationswissenschaftlern zählen, die sich intensiver mit Werbung beschäftigt haben, so gehorcht Werbekommunikation einer »doppelten Ausblendungsregel«: »Die Werbung verspricht erstens nur denen die Erfüllung ihrer Wünsche, die sich Wunscherfüller finanziell leisten können (soziale Ausblendungsregel). Sie stellt dabei zweitens all das in den Hintergrund, was die Attraktivität der beworbenen Leistung und die Integrität des Werbenden in irgendeiner Weise mindern könnte (sachliche Ausblendungsregel).«

doppelte Ausblendungsregel

Werbung ist normativ nicht wie Journalismus (und partiell auch noch: PR) an Wahrheitsansprüche gebunden. Die Wahrheit der Werbung liegt allenfalls im zutreffenden Thematisieren von Wünschen und Bedürfnissen. Werbekommunikation ist immer parteilich und verbirgt das auch nicht. Fast alle Rezipienten sind mühelos in der Lage, Werbung als solche zu erkennen, solange sie nicht gezielt versucht, über ihren Charakter zu täuschen (»Schleichwerbung«, »Product Placement«). Solche verdeckten Formen der Werbung sind eher untypisch, erfreuen sich aber offenkundig wachsender Beliebtheit bei Werbetreibenden wie bei Medienunternehmen. Man versucht, die Abwehrhaltung vieler Rezipienten gegen Werbung zu unterlaufen und die mangelnde Aufmerksamkeit gegenüber der Werbung zu erhöhen. Selbst bei verdeckter oder »verschleierter« Werbung muss aber die Botschaft klar erkennbar sein, denn sonst kann das Kommunikationsziel nicht erreicht werden. Grundsätzlich setzen die Kommunikatoren der Werbung daher auf die Erzeugung wünschenswerter und positiver, affektiv wirksamer Bilder und Beschreibungen und auf das Wecken der Aufmerksamkeit. Werbung ist auf Anschlusshandlungen (z. B. Kaufakte) hin angelegt, nicht auf Kritik, Analyse, Kontrolle oder die sachliche Information im Sinne eines aufklärenden oder gar »objektiven Journalismus.«

Zielgruppen

Werbung richtet sich immer an bestimmte Zielgruppen und soll zu Anschlusshandlungen (Kauf, Wahl, Glaube, Rezeption, Besuch etc.) überreden oder überzeugen. Werbung wird nach Effizienzgesichtspunkten betrieben, d. h., aus betriebswirtschaftlicher Sicht wird nach der größtmöglichen Wirkung – letztlich in Umsatz etc. zu bemessen – mit dem geringst möglichen Aufwand (Kosten) gezielt. Um Entscheidungen über die eingesetzten Werbemittel (Anzeige, Spot etc.) und die geeigneten Werbeträger (Medien) treffen zu können, werden Daten über die Zielgruppen erhoben und die Werbekampagne wird professionell geplant. Meist geht man bei Planung und Erfolgskontrolle von stark vereinfachten, aus kommunikationswissenschaftlicher Sicht veralteten und eher sozio- bzw. psychotechnisch geprägten Wirkungsmodellen aus. Um eine möglichst hohe »Kontaktzahl« zu erreichen und die angenommene, für

Werbemittel Werbeträger Werbekampagne

die Verhaltensänderung notwendige »Kontaktdosis« zu erzielen, errechnen Full-Service-Agenturen im Auftrag der Werbetreibenden detaillierte Media- oder Streupläne. Hierin ist festgelegt, welche Art der Werbung zu welchem Zeitpunkt und mit welcher Häufigkeit geschaltet wird. Bei Werbekommunikation handelt es sich also um in hohem Maße geplante und zielgerichtete Kommunikation, auch wenn »Streuverluste« – also das Erreichen von Personen, die nicht zur Zielgruppe gehören – mitunter beträchtlich sind. Aus wirtschaftlicher Sicht erweist sich bei der Werbekommunikation das Auseinanderfallen von Rezipient und Zielpartner als ernsthaftes Problem. Aber auch die Werbekommunikation, die ihre eigentliche Zielgruppe verfehlt, besitzt gesellschaftliche Funktionen: Zum ersten trägt sie wesentlich zur Finanzierung von journalistischen Medienangeboten bei. Die Werbefinanzierung der meisten Medien führt zu einer Abhängigkeit von und einer Konkurrenz um Werbung. Medien müssen daher Zielgruppen für die Werbung konstruieren und deren Aufmerksamkeit »einsammeln«, sodass sich viele Medienformate und ganze Mediengenres nicht aus journalistischen Überlegungen ergeben, sondern der Logik der Werbekommunikation entstammen. Das »werbefreundliche« und zielgruppen-adäquate redaktionelle Umfeld ist aus medienökonomischer Sicht dann das »Abfallprodukt« (→ vgl. Teil II, Kap. 3.2).

Zum zweiten aber ist Werbung Ausdruck von Zeitgeist und Lebensstil, d. h., sie informiert auch viele Rezipienten, die selbst nicht daran teilhaben, über Alltagsästhetik, Lebenswelten und Milieus.

Streuverluste

Gesellschaftliche Funktionen

Literatur

Werbung
Eine knappe Einführung in die Werbekommunikations- und -wirkungsforschung geben:

Zurstiege, Guido/Schmidt, Siegried J.: **Werbekommunikation.** In: Bentele, Günter/Brosius, Hans-Bernd/Jarren, Otfried (Hrsg.): Öffentliche Kommunikation. Handbuch Kommunikations- und Medienwissenschaft. Wiesbaden: Westdeutscher Verlag 2003, S. 492–503.

Ausführlichere Einstiege bieten:

Siegert, Gabriele/Brecheis, Dieter: **Werbung in der Medien- und Informationsgesellschaft.** Eine kommunikationswissenschaftliche Einführung. 2. Aufl., Wiesbaden: VS 2010.

Schönbach, Klaus: **Verkaufen, Flirten, Führen.** Persuasive Kommunikation – ein Überblick. Wiesbaden: VS 2009.

Zurstiege, Guido: **Werbeforschung.** Konstanz: UVK/UTB 2007.

Formen öffentlicher Kommunikation

Öffentliche Kommunikation kann verschiedene Formen annehmen, die sich in ihrer gesellschaftlichen Funktion, ihren normativen Grundlagen und ihrer Wirkungsweise unterscheiden: Journalismus dient der an Wahrheitsansprüchen orientierten Information über gesellschaftlich relevante Tatsachen und Ereignisse. Journalisten genießen in besonderem Maße die Pressefreiheit und sollen unabhängig berichten, um auf diese Weise einen Beitrag zur öffentlichen Meinungsbildung zu leisten.

Im Gegensatz zum Journalismus verfolgt die Öffentlichkeitsarbeit (PR) das private Interesse einer Organisation; sie versucht bestimmte Themen und positive Images in der öffentlichen Wahrnehmung durchzusetzen. Öffentlichkeitsarbeit kann dabei auch gesellschaftliche Funktionen wahrnehmen: Zum einen ist sie eine wichtige Quelle des Journalismus, zum anderen wendet sie sich auch direkt an Teilöffentlichkeiten. Als dialog- und verständigungsorientierte Öffentlichkeitsarbeit kann sie einen Beitrag zur Aushandlung von Problem- und Konfliktlösungen und zur Vermittlung unterschiedlicher Interessen in der Gesellschaft leisten.

Während sich Public Relations als strategisches Kommunikationsmanagement auf das gesamte Interessenspektrum der Organisation richtet, geht es bei Werbung um einzelne Produkte, Dienstleistungen oder bestimmte Formen des Anschlusshandelns (z. B. Wahl). Die kurzfristigen, kommerziellen oder anlassbezogenen politischen Interessen der Organisation stehen erkennbar im Vordergrund. Für die Publikation von Werbung verlangen die Medienunternehmen – im Gegensatz zur Publikation von PR-Meldungen (Pressemeldungen) – Entgelte; Werbeeinnahmen stellen die wichtigste Finanzierungsquelle der meisten publizistischen Medien dar. Über den intendierten Nutzen hinaus kann Werbung einen Beitrag zur Medienunterhaltung und zur Alltagskultur in ausdifferenzierten Gesellschaften mit unterschiedlichen Lebensstilen und sozialen Milieus leisten.

Die kommunikationswissenschaftliche Forschung ist bislang sehr stark journalismuszentriert; am umfangreichsten sind die Erkenntnisse über den Journalismus, während die systematische und empirische Auseinandersetzung mit Public Relations erst seit zwei bis drei Jahrzehnten stattfindet und hinsichtlich Werbung und Unterhaltung erst am Beginn steht.

1 Wodurch unterscheiden sich Journalismus, PR und Werbung als Formen öffentlicher Kommunikation?

2 Skizzieren Sie die historische Entwicklung des Journalismus in seinen wesentlichen Schritten!

3 Wie kann der Zusammenhang zwischen Journalismus und Öffentlichkeitsarbeit beschrieben werden? Erläutern und bewerten Sie die zwei gängigen Hypothesen!

4 Was versteht man unter »verständigungsorientierter Öffentlichkeitsarbeit«?

Teil II

Forschungsfelder und Teildisziplinen der Kommunikationswissenschaft

Kommunikationswissenschaft als Wissenschaft von der Kommunikation | 1

Im ersten Teil dieses Buches wurden zunächst die Grundbegriffe der Kommunikationswissenschaft definiert und erläutert. Damit wurde zugleich eine Eingrenzung des Gegenstandsbereiches (Humankommunikation) und eine erste Systematik (interpersonale Kommunikation, medialisierte Kommunikation, öffentliche Kommunikation) entworfen. Der Gegenstandsbereich der Kommunikationswissenschaft ist, wie die Definitionsprobleme zeigen, nicht leicht und – je nach wissenschaftlichem Fachverständnis – auch nicht einheitlich zu umreißen. Menschliche Kommunikation ist, wie wir gesehen haben, ein universelles Phänomen, das Kommunikationswissenschaftler in vielerlei Hinsicht interessiert. Menschliche Kommunikation, insbesondere ihre medialisierten Formen, unterliegen darüber hinaus einem dynamischen Wandel, den es ebenfalls zu berücksichtigen gilt.

Berücksichtigt man die überragende Bedeutung von Kommunikation für Mensch und Gesellschaft und die Fülle der Fragestellungen, so ist es nicht verwunderlich, dass sich parallel zur Kommunikationswissenschaft andere Wissenschaftsdisziplinen mit Kommunikation und Medien auseinandergesetzt haben bzw. auseinandersetzen.

Das folgende Kapitel zeigt die spezifische Perspektive der Kommunikationswissenschaft sowie ihrer engsten »Verwandten« und informiert im Überblick über Geschichte und Selbstverständnis des Faches.

In den folgenden Kapiteln dieses zweiten Teils des Buches werden dann die Umrisse der wichtigsten Forschungsfelder sowie exemplarische Fragestellungen und methodische Zugriffe der wichtigsten Teildisziplinen der Kommunikationswissenschaft vorgestellt. Dabei kann es hier nur um einen ersten Überblick gehen, denn zu nahezu allen Teildisziplinen liegen mittlerweile auch einführende Texte oder Lehrbücher vor, auf die an entsprechender Stelle verwiesen wird.

1.1 | Forschungsfragen der Kommunikationswissenschaft

Wie ist Kommunikation möglich?

»Wie ist Kommunikation möglich?« Auf diese Formulierung könnte man die grundlegende und zentrale Frage der Kommunikationswissenschaft verkürzen. Erkenntnisinteresse oder Formalobjekt ist die Kommunikation zwischen Menschen, genauer: die Erforschung des Prozesses menschlicher Kommunikation, seiner Voraussetzungen, Rahmenbedingungen, Mittel, Formen, Störungen und Folgen.

Wurde der Forschungsgegenstand bei der Zeitungskunde und der Zeitungswissenschaft (→ vgl. Teil II, Kap. 1.2) noch auf bestimmte, mediale Formen der öffentlichen Kommunikation begrenzt, so kam es mit der Ausdifferenzierung des materiellen Gegenstandsbereichs (Entwicklung von Film, Hörfunk, Fernsehen) auch zu einer Ausweitung des Forschungsgebietes: Die Publizistik oder Publizistikwissenschaft (sowie die theoretisch anders ausgerichtete Zeitungswissenschaft in München; → vgl. Teil I, Kap. 4.3) nahmen nach und nach alle Formen der öffentlichen Kommunikation in den Blick, allerdings nur insofern sie für die öffentliche Meinungsbildung relevant erschienen. Damit blieben weite Teile der medialen Unterhaltung, aber auch Werbung und Öffentlichkeitsarbeit ganz oder teilweise ausgeschlossen. Insbesondere die fiktionalen, nichtjournalistischen Formen medial vermittelter Kommunikation standen und stehen im Mittelpunkt der Medienwissenschaft, die sich aus der germanistischen Literaturwissenschaft entwickelt hat. Gleichzeitig etablierte sich mit der Journalistik eine Disziplin, die sich auf den Journalismus konzentrierte und vor allem der Journalistenausbildung ein praxisbezogenes aber wissenschaftliches Fundament geben möchte.

Die Kommunikationswissenschaft erweitert schließlich die Erkenntnisinteressen um die – bislang vor allem von Linguistik, (Sozial-)Psychologie und Soziologie bearbeiteten – Gebiete der interpersonalen Kommunikation, auch wenn diese nicht mithilfe technischer Medien stattfinden (→ vgl. Teil I, Kap. 2). Für die Kommunikationswissenschaft gilt in besonderem Maße, das die Humankommunikation mit ihren Vorrausetzungen, Rahmenbedingungen, Mitteln, Formen, Störungen und Folgen das Erkenntnisinteresse (Formalobjekt) ausmacht. Dabei spielen die Medien die durchaus wichtige Rolle von »Materialobjekten«, weil sie ja Kommunikationsprozesse ganz entscheidend modulieren. Kommunikationswissenschaft greift daher immer wieder auf Erkenntnisse und Befunde aus den »Schwesterdisziplinen« Publizistik- und Medienwissenschaft zurück. Interdisziplinarität kennzeichnet die Kommunikationswissenschaft ebenso wie die Publizistik- und die Medienwissenschaft.

Allerdings ist die Verwendung der Bezeichnungen für die Disziplinen in Deutschland noch immer nicht einheitlich und an einigen Orten spielen lokale Fach- und Institutionstraditionen eine wichtige Rolle. So kommt es zu kombinierten Bezeichnungen wie beispielsweise »Publizistik- und Kommunikationswissenschaft« oder »Kommunikations- und Medienwissenschaft«, womit entweder spezifische Schwerpunktsetzungen oder integrative Herangehensweisen gekennzeichnet werden. Andererseits kann man feststellen, dass die Bezeichnungen von Instituten, Departments und Studiengängen zwar derzeit zur »Kommunikationswissenschaft« tendieren, aber an einigen Orten de facto ganz überwiegend Publizistik oder Medienwissenschaft betrieben wird. Auch ist die Ausweitung des Erkenntnisinteresses auf interpersonale und Telekommunikation, aber auch auf Werbung und Unterhaltung mitunter umstritten, weil eine solche Entgrenzung die vergleichsweise junge und ressourcenschwache Kommunikationswissenschaft überfordere. In der internationalen Kommunikationswissenschaft, die weitestgehend ohne publizistikwissenschaftliche Tradition ist, gehören hingegen sprachliche und Telekommunikationsformen ebenso wie Unterhaltung, Werbung und Organisationskommunikation selbstverständlich zum Forschungsbereich des Faches.

Um der Vielfalt der Formen und der Komplexität des Universalphänomens Humankommunikation Rechnung zu tragen, müssen unterschiedliche Perspektiven und Aspekte berücksichtigt werden. Die Kommunikationswissenschaft versteht sich daher als Integrationswissenschaft und pflegt einen – insbesondere für Studienanfänger nicht immer leicht zu ordnenden – Theorienpluralismus. Es gibt also nicht die eine, große Kommunikationstheorie, sondern eine Reihe von Theorien mittlerer Reichweite mit begrenztem Aussagewert. Das Ziel der Integrationswissenschaft Kommunikationswissenschaft besteht unter anderem darin, solche empirisch überprüften Theorien oder Ansätze (»Approaches«) systematisch zu ordnen und schrittweise in einen widerspruchsfreien Gesamtzusammenhang einzuordnen. Die Publizistik- und die Kommunikationswissenschaft haben nicht nur eigene (normative, funktionale, systematische, zeitungswissenschaftliche) Denkansätze hervorgebracht (→ vgl. Teil II, Kap. 1.2), es

Integrationswissenschaft

Theorienpluralismus

gibt auch zahlreiche Bezüge zu meist umfassenderen sozialwissenschaftlichen Theorien: zu soziologischen Theorien (Handlungstheorie, Symbolischer Interaktionismus, Systemtheorie, Strukturierungstheorie), aber
auch zur Kritischen Theorie, zur marxistischen Gesellschaftstheorie
oder zum Radikalen Konstruktivismus (→ vgl. hierzu auch Teil I).

Ziel der Kommunikationswissenschaft ist die systematische, theorie-
und hypothesengeleitete Produktion von Wissen (Erkenntnis) über
Kommunikation sowie die Formulierung und Lösung von Kommunika-
tionsproblemen. Dabei geht sie methodisch vor, d. h., sie verwendet zwar
unterschiedliche, dem konkreten Fall jeweils angemessene, aber inter-

Methodenpluralismus subjektiv nachvollziehbare Methoden: Als interdisziplinäre Geistes- und
Sozialwissenschaft verfügt sie nicht über völlig eigenständige, genuine
Methoden, sondern kombiniert historisch-hermeneutische sowie inter-
pretative Verfahren mit dem gesamten Methodenarsenal der quantifizie-
renden und qualitativen empirischen Sozialforschung. Zu nennen sind
insbesondere quantifizierende und qualitativ-interpretierende Inhaltsanalysen, verschiedene Formen der Befragung, Labor- und Feldexperi-
mente sowie technische Messungen.

Definitionen

Als Formalobjekt einer Wissenschaft bezeichnet man das Erkenntnisinteresse oder -ziel, über das man etwas erfahren und wissen möchte.
Um dieses Ziel zu erreichen, muss man sich in der Regel mit mehreren
Materialobjekten (konkreten Untersuchungsgegenständen) beschäftigen: Wenn wir den flüchtigen Prozess der menschlichen Kommunikation als Formalobjekt begreifen, dann werden wir uns mit materiell
greifbaren Gegenständen wie Kommunikaten, Symbolen, Medien etc.
analytisch auseinandersetzen.

Eine Theorie ist ein plausibles und in sich widerspruchsfreies System
von (noch) als wahr geltenden Aussagesätzen bzw. nicht falsifizierten
Hypothesen mit dem Ziel der Beschreibung (Deskription) und Erklärung
sowie der didaktischen Darstellung und mitunter auch der Prognose.

Eine Hypothese ist eine Aussage über einen vermuteten Zusammenhang zwischen Ursachen und Wirkungen (Ereignissen) oder die Beschaffenheit eines Gegenstandes oder Prozesses, die empirisch (durch Erfah-
rungstatsachen) noch nicht belegt oder widerlegt worden ist. Es handelt
sich also um Vermutungen, die aber so formuliert sein müssen, dass sie
mit wissenschaftlichen Methoden überprüft, also falsifiziert (widerlegt)
werden können.

Empirie bezeichnet die äußere Beobachtung und Erfahrung von tatsächlich Gegebenem. Mithilfe wissenschaftlicher Methoden soll die Er-

fahrung auch von anderen Forschern nachvollziehbar dokumentiert werden (intersubjektive Überprüfbarkeit), damit die Ergebnisse reproduzierbar und die Messungen reliabel sind. Methodisch erzeugte Aussagen sind also keine individuellen oder durch höhere Eingebungen (Erleuchtung, Offenbarung etc.) hervorgerufene Gewissheiten, sondern überprüfbare und gültige (valide) Aussagen über eine Wirklichkeit. Empirie und Theorie ergänzen sich wechselseitig: Theorien bedürfen empirischer Prüfung, empirische Ereignisse bedürfen theoretischer Erklärung und Einordnung.

Entwicklung und Ausdifferenzierung der Kommunikationswissenschaft | 1.2

Mit Fragen der menschlichen Kommunikation hat sich schon die antike Rhetorik (Aristoteles) beschäftigt und die ersten Reflexionen über das aufkommende und immer bedeutsamer werdende Zeitungs- und Pressewesen reichen bis in das 17. Jahrhundert zurück. Erst mit dem 19. Jahrhundert beginnt jedoch die akademische Auseinandersetzung mit Öffentlichkeit und Presse, wobei es vor allem Historiker, Philologen und andere Geisteswissenschaftler (Theologen, Pädagogen) sind, die sich mit der Zeitung als Quelle und Kulturerscheinung – meist aus stark normativer Sicht – beschäftigen. An deutschen Universitäten finden die ersten zeitungskundlichen Kolloquien und Vorlesungen statt, ohne dass es ein entsprechendes Fach, einen Lehrstuhl oder gar einen Studiengang geben würde. Dies änderte sich erst im 20. Jahrhundert: Soziologen (wie Albert Schäffle, Max Weber) und Nationalökonomen (wie Karl Knies, Karl Bücher) forderten eine systematisch-wissenschaftliche bzw. empirische Erforschung des Zeitungswesens und des Journalismus. Und seitens der Verleger entstand ein Bedarf an akademisch qualifizierten Journalisten. Als Beginn der akademischen Disziplin gilt mit Recht die Gründung des ersten Lehrstuhls für Zeitungswissenschaft durch Karl Bücher 1916 an der Universität Leipzig, denn erst danach kommt es zur Einrichtung weiterer Lehrstühle, der ersten Institute und regelmäßigen Studienangeboten. Bis 1935 gab es insgesamt zehn zeitungskundliche oder -wissenschaftliche Institute in Deutschland. Bereits seit dem ersten Journalistischen Seminar an der Heidelberger Universität (1897 – 1912) spielten immer wieder Fragen der Journalistenausbildung eine wichtige Rolle im Fach. Karl Bücher, der bereits vor der Jahrhundertwende in der Schweiz die ersten zeitungswissenschaftlichen Lehrveranstaltungen durchgeführt hatte, verfügte selbst auch über journalistische Erfahrungen. Die

Rhetorik

Zeitungswissenschaft

Forschungen, wie sie auch in Gestalt von Dissertationsschriften dokumentiert sind, zielten vor allem auf juristische, ökonomische und historische Probleme ab. Erst in der Weimarer Republik wurden Öffentlichkeit, öffentliche Meinung und Kommunikation zunehmend aus soziologischer Perspektive als Prozess verstanden und zum Formalobjekt. Aus der Zeitungswissenschaft entwickelte sich – auch vor dem Hintergrund der »neuen Medien« und Materialobjekte Rundfunk und Film – eine Publizistikwissenschaft.

soziologische Perspektive

Publizistikwissenschaft

Die Machtübernahme der Nationalsozialisten erwies sich auch für die Zeitungs- und Publizistikwissenschaft als folgenreich: Während Opportunisten und überzeugte Nazis in Amt und Würden blieben, mussten viele Kollegen Lehre und Forschung einstellen oder gar das Land verlassen. Dabei gingen auch die sozialwissenschaftlichen Theorieansätze in Deutschland verloren; Publizistik wurde als »Führungsmittel« im Dienste des neuen Regimes betrieben, und hierfür wurde ausgebildet und geforscht.

Nach dem Zweiten Weltkrieg und der Befreiung vom Nationalsozialismus wurden Institute in München, Münster, Berlin, Nürnberg, Leipzig und Heidelberg wieder eröffnet und firmierten – mit Ausnahme von München und Leipzig – ab 1948 als Institute für Publizistik. In München wurde Zeitungswissenschaft (allerdings nicht als Beschränkung auf das Materialobjekt Zeitung, sondern Zeitung im Sinne von Nachricht) betrieben; in Leipzig entwickelte sich ein Institut bzw. eine Sektion für Journalistik im marxistisch-leninistischen Sinne.

In Westdeutschland und Berlin war das Fach bis in die 1960er Jahre hinein von personeller und zum Teil auch wissenschaftlicher Kontinuität geprägt. Neue Impulse sind vor allem mit vier Namen verbunden:

Gerhard Maletzke

Gerhard Maletzke vom Hans-Bredow-Institut in Hamburg fasste 1963 den Stand der angelsächsischen Kommunikationsforschung zusammen (»Psychologie der Massenkommunikation«) und machte ihn damit den deutschsprachigen Kollegen zum Teil erstmalig zugänglich;

Elisabeth Noelle-Neumann

Elisabeth Noelle-Neumann, eine Schülerin des Berliner Publizistikwissenschaftlers Emil Dovifat und Journalistin, hatte nach 1945 in den USA u. a. die Methoden der empirischen Sozialforschung studiert, dann das kommerzielle Institut für Demoskopie (Allensbach) gegründet und wurde 1965 an die Universität Mainz als erste Professorin für das Fach Publizistik berufen;

Fritz Eberhard

Fritz Eberhard, während des Nationalsozialismus im Widerstand und später Intendant des Süddeutschen Rundfunks, plädierte für eine empirische Nutzungs- und Wirkungsforschung (»Der Rundfunkhörer und sein Programm«);

Henk Prakke

Henk Prakke, ein niederländischer Soziologe und Buchverleger, entwickelte in Münster seine »funktionale Publizistik«, die sich stärker am

Kommunikationsprozess orientierte und die normative Ausrichtung überwand.

Aus der – mehr oder weniger stark – normativ ausgerichteten Publizistik entwickelte sich dann Zug um Zug eine stärker am Kommunikationsprozess ausgerichtete, empirisch arbeitende, sozialwissenschaftliche Kommunikationswissenschaft, die sich auch für neue Fragestellungen und hin zu anderen Disziplinen öffnete.

empirisch ausgerichtet

Nach 1968 entstanden – vor dem Hintergrund der Studentenbewegung und der Pressekonzentration (Springer) sowie marxistischer Diskurse und der »Kritischen Theorie« – Ansätze einer materialistischen oder kritischen Kommunikationswissenschaft. Sehr viel pragmatischer hingegen verlief die Etablierung der Journalistik mit praxisorientierten Diplomstudiengängen (Dortmund, München, Eichstätt) seit Mitte der 1970er Jahre.

Die Erweiterung von Formal- und Materialobjekten des Fachs steht in engem Zusammenhang mit der Ausdifferenzierung der Ausgangsfrage. Denn ausgehend von den Grundfragen, wie, unter welchen Bedingungen und mit welchen Folgen menschliche Kommunikation funktioniert, hat sich ein Kanon von typischen, auch im Alltag und für andere Wissenschaften immer wieder relevanten Forschungsfragen entwickelt. Um nur einige Beispiele zu nennen:

Ausdifferenzierung

- Was unterscheidet direkte von medial vermittelter Kommunikation?
- Verdrängt die Medienkommunikation das direkte Gespräch; und: Verdrängen neue Medien die alten?
- Wie haben sich Kommunikation, Medien und Öffentlichkeit im Laufe der Geschichte entwickelt?
- Liefern uns Medien und Journalismus ein »objektives« oder realistisches Bild der Wirklichkeit?
- Manipulieren Medien und Werbung die Menschen?
- Wie wirkt die mediale Gewaltdarstellung auf Jugendliche?
- Wieso sehen manche Menschen viel fern und manche nur sehr wenig?
- Wie verändert sich öffentliche Kommunikation durch die Kommerzialisierung der Medien?
- Wie können die Kommunikationsfreiheiten auch vor dem Hintergrund wachsender Sicherheitsprobleme gesichert werden?
- Wie beeinflussen sich Medien und Politik?

Vor allem seit den 1970er und 1980er Jahren hat sich das Fach nun intern sehr stark ausdifferenziert, um Antworten auf diese und andere Fragen geben zu können.

Bevor die Forschungsfelder und Teildisziplinen der Kommunikationswissenschaft im Einzelnen skizziert werden, soll hier zunächst die Systematik erläutert werden.

Teildisziplinen

Die Universalität des Phänomens Kommunikation und die Vielfalt der Voraussetzungen, Rahmenbedingungen und Folgen und der sich hieraus ergebenden Forschungsfragen machen ein differenziertes Vorgehen erforderlich. Eine »Einheitswissenschaft« wäre kaum in der Lage, ein so basales Phänomen zu erfassen, was übrigens auch für andere Erkenntnisziele gilt: So gibt es ja auch nicht nur *eine* »Humanwissenschaft«, die alles erforschen und erkennen kann, was mit dem Menschen zu tun hat. Vielmehr ergänzen sich hier Biologie, Medizin, Philosophie und Sozialwissenschaften durch ihre jeweils andere, disziplinspezifische Perspektive.

Auch Kommunikation kann nur interdisziplinär erforscht werden, und so haben sich innerhalb der Kommunikationswissenschaft, aber auch zwischen der Kommunikations- und den anderen Geistes- und Sozialwissenschaften, also im besten Sinne interdisziplinär, Teildisziplinen herausgebildet. Ein Anliegen der Kommunikationswissenschaft besteht darin, die Erkenntnisse über Kommunikation aus unterschiedlichen Disziplinen zu integrieren.

Die folgende Darstellung versucht einen systematischen Überblick der Teildisziplinen und der interdisziplinären Bezüge zu geben. Dabei wird auch deutlich, dass sowohl Geisteswissenschaften als auch Sozialwissenschaften zur Kommunikationswissenschaft beitragen, und umgekehrt die Kommunikationswissenschaft auch diese befruchten kann. Während die Geisteswissenschaften am menschlichen Geist ansetzen, ohne den Kommunikation nicht vorstellbar ist, fragen die Sozialwissenschaften nach den gesellschaftlichen Aspekten und Bedingungen von Kommunikation, die – wie wir gesehen haben – ein sozialer Prozess ist.

Forschungsfelder

Von den Teildisziplinen zu unterscheiden sind die Forschungsfelder der Kommunikationswissenschaft. Während sich die Teildisziplinen aufgrund der theoretischen und methodischen Ausrichtung einteilen lassen, kann man die Forschungsfelder an den Fragestellungen festmachen. Eine »klassische« Methode hierfür stellt die sog. Lasswell-Formel dar, die tatsächlich keine logische oder mathematische Formel, sondern eher eine »Faustformel« ist. Der amerikanische Politologe und Sozialwissenschaftler Harold D. Lasswell hat 1948 die wichtigsten Fragestellungen der damaligen Massenkommunikationsforschung in einem Fragesatz zusammengefasst, der sich übrigens an den journalistischen »W-Fragen« orientiert und sich auch auf interpersonale Kommunikationsprozesse erweitern lässt:

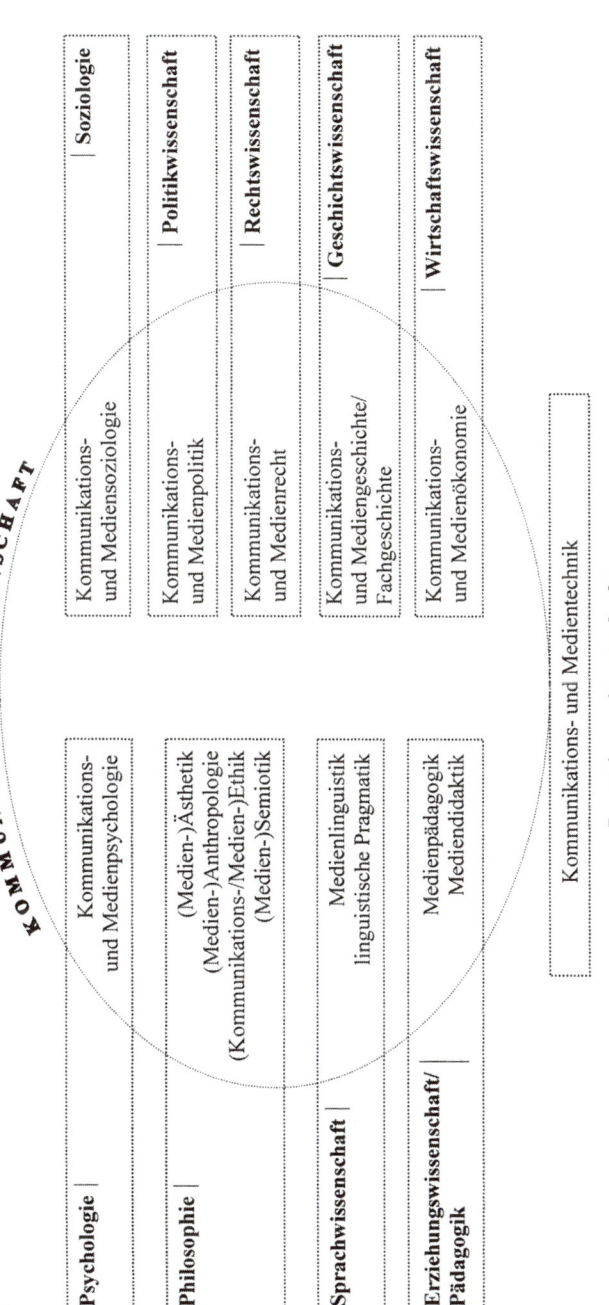

Abb. 13 *Teildisziplinen der Kommunikationswissenschaft und ihre interdisziplinären Bezüge*

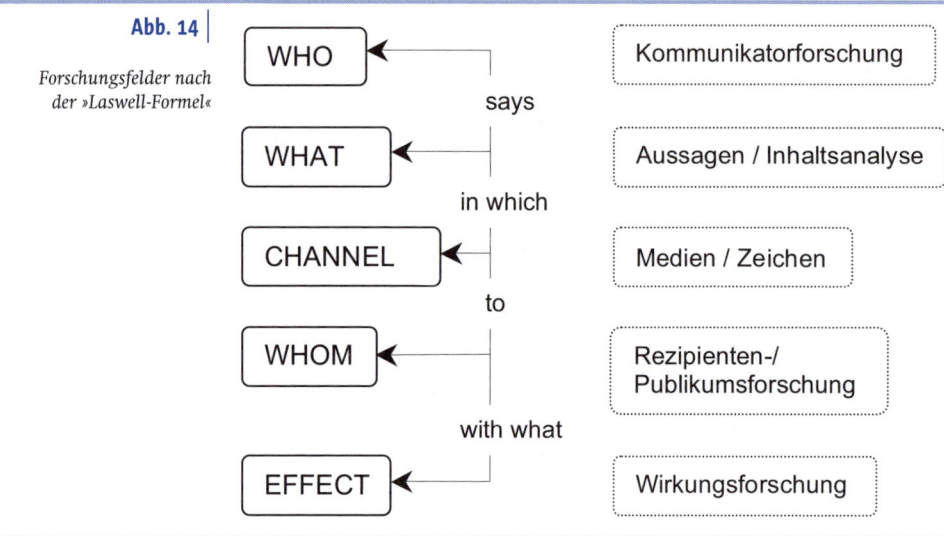

Hieraus lassen sich einige der wichtigsten Forschungsfelder ableiten:

- Das »Wer« bezieht sich auf die Kommunikatorforschung (bzw. auf Kommunikant A);
- das »Was« bezieht sich auf die Aussagen- oder Inhaltsanalyse;
- die Frage nach dem »Kanal« bezieht sich auf das Medium und die verwendeten Zeichen;
- das »zu Wem« bezieht sich auf die Rezipienten- und Publikumsforschung bzw. auf die Kommunikationspartner (Kommunikant B);
- und die Frage nach dem »Effekt« umschreibt die Wirkungsforschung.

Weitere Forschungsfelder müssen ergänzt werden, insbesondere die Frage nach der Mediennutzung, denn in der Lasswell-Formel wird Kommunikation letztlich nach dem Transportmodell als einseitiger Übermittlungsprozess verstanden. Als Forschungsfelder können auch die Materialobjekte betrachtet werden, d. h., mit dem Fortgang der Medienentwicklung kommen ständig neue Forschungsfelder hinzu (beispielsweise die Online-Medien), ohne dass sich zwangsweise die Teildisziplinen vermehren müssen.

Die einzelnen Forschungsfelder sind nicht deckungsgleich mit den Teildisziplinen: Vielmehr benötigt man für die Erforschung der Mediennutzung, aber auch von Medienwirkungen sowohl kommunikationspsychologisches als auch kommunikationssoziologisches Wissen. Die Erforschung der Kommunikatorseite und des Mediensystems erfordert, medienökonomische, -politische, -rechtliche, -soziologische, -technische, -ethische und -psychologische Aspekte miteinander zu verbinden.

Im Rahmen dieser Einführung werden lediglich die vier »klassischen«, bereits von Lasswell konzipierten Forschungsfelder der Publizistik- und Kommunikationswissenschaft in knapper Form vorgestellt (→ vgl. Teil II, Kap. 3).

Komparatistik

Für beide Systematiken, Forschungsfelder wie Teildisziplinen gilt, dass in den meisten Fällen auch noch eine historisch und eine international vergleichende Perspektive eingenommen werden kann: So können wir die Fernsehnutzung oder die Rundfunksysteme in Deutschland und den USA vergleichen. Oder wir versuchen, die Zeitungsnutzung und -wirkung im 19. Jahrhundert zu rekonstruieren. Wir können aber auch historische Perspektive und internationalen Vergleich kombinieren, also beispielsweise die Geschichte des Journalismus in England, Frankreich und Deutschland vergleichen.

historisch und international vergleichend

Literatur

Kommunikationswissenschaft

Über die Geschichte des Fachs informieren: Averbeck, Stefanie/ Kutsch, Arnulf: **Thesen zur Geschichte der Zeitungs- und Publizistikwissenschaft 1900 – 1960**. In: Medien & Zeit, 17. Jg., Nr. 2 – 3, S. 57 – 66 und Glotz, Peter: **Von der Zeitungs- über die Publizistik- zur Kommunikationswissenschaft**. In: Publizistik, 35. Jg., Nr. 3, S. 249 – 256 und (mit zahlreichen weiteren Quellenangaben): Pürer, Heinz: **Publizistik- und Kommunikationswissenschaft**. Ein Handbuch. Konstanz: UVK / UTB 2003, Kap. 2, S. 31 – 56.

Einen einführenden Überblick kommunikationswissenschaftlicher Methoden liefern: Brosius, Hans-Bernd/Haas, Alexander/Koschel, Friederike: **Methoden der empirischen Kommunikationsforschung**. Eine Einführung. 5. Aufl., Wiesbaden: VS/GWV 2009 sowie Wagner, Hans et al.: **Qualitative Methoden in der Kommunikationswissenschaft**. Ein Lehr- und Studienbuch. Baden-Baden: Nomos 2009. Für Studienanfänger ist besonders zu empfehlen: Dahinden, Urs/Sturzenegger, Sabina/Neuroni, Alessia C.: **Wissenschaftliches Arbeiten in der Kommunikationswissenschaft**. Bern: Haupt/UTB 2006.

Als Nachschlagewerke sind zu empfehlen: Bentele, Günter / Brosius, Hans-Bernd / Jarren, Otfried (Hrsg.): **Öffentliche Kommunikation**. Handbuch Kommunikations- und Medienwissenschaft. Wiesbaden: Westdeutscher Verlag 2003; Bentele, Günter / Brosius, Hans-Bernd / Jarren, Otfried (Hrsg.): **Lexikon Kommunikations- und Medienwissenschaft**. Wiesbaden: Verlag für Sozialwissenschaften 2006.

Die beiden wichtigsten deutschsprachigen Fachzeitschriften sind: **Publizistik**. Vierteljahreshefte für Kommunikationsforschung. (Verlag für Sozialwissenschaften) und **Medien & Kommunikationswissenschaft**, herausgegeben vom Hans-Bredow-Institut Hamburg (Nomos-Verlag).

Die meisten KommunikationswissenschaftlerInnen sind in wissenschaftlichen Gesellschaften organisiert, deren Websites hilfreiche Informationen anbieten: Deutsche Gesellschaft für Publizistik- und Kommunikationswissenschaft (DGPuK e. V.): www.dgpuk.de; Schweizerische Gesellschaft für Kommunikations- und Medienwissenschaft (SGKM): www.sgkm.ch; International Communication Organization (ICA): www.icahdq.org und International Association for Media and Communication Research (IAMCR): www.iamcr.org.

Zusammenfassung

Kommunikationswissenschaft

Die Kommunikationswissenschaft hat sich als interdisziplinäre Geistes- und Sozialwissenschaft im Laufe der letzten 90 Jahre aus der Zeitungs- und Publizistikwissenschaft entwickelt und im akademischen Fächerspektrum an den Universitäten etabliert. Das Erkenntnisziel (Formalobjekt) der Kommunikationswissenschaft ist die Erforschung von Kommunikationsprozessen zwischen Menschen sowie den Voraussetzungen, Rahmenbedingungen, Störungen und Folgen von Kommunikation auf der Mikro- (Dialog), Meso- (Organisation) oder Makroebene (Öffentlichkeit, Publizistik). Dabei geht sie systematisch, theorie- und hypothesengeleitet vor und verwendet unterschiedliche Methoden der empirischen Sozialforschung sowie hermeneutisch-verstehende Verfahren.

Eine allgemein akzeptierte, einheitliche Theorie der Kommunikationswissenschaft gibt es nicht, aber eine Reihe von empirisch geprüften Theorien mittlerer Reichweite sowie zahlreiche Forschungs- und Theorieansätze (Approaches), die aus einer bestimmten Perspektive (z. B. soziologisch, psychologisch etc.) Forschungsfragen formulieren und aufklären.

Die Ausdifferenzierung des Gegenstandsbereiches (Materialobjekte) und der Forschungsfragen haben zu einer Ausdifferenzierung des Fachs in Teildisziplinen geführt, die interdisziplinäre Bezüge zu verschiedenen Sozial- und Geisteswissenschaften aufweisen.

1 Wodurch unterscheiden sich Zeitungs-, Publizistik-, Medien- und Kommunikationswissenschaft?

2 Aus welchen Teildisziplinen besteht die Kommunikationswissenschaft und warum?

3 In welchem Verhältnis stehen Teildisziplinen und Forschungsfelder der Kommunikationswissenschaft?

Forschungsfelder der Kommunikationswissenschaft | 2

In diesem Kapitel werden die vier »klassischen« Forschungsfelder der Publizistikwissenschaft vorgestellt, wie sie sich aus der Modellierung des Kommunikationsprozesses und der sog. Lasswell-Formel eröffnen. Dabei kann an einigen Stellen auf mögliche Weiterungen verwiesen werden, die sich für eine Kommunikationswissenschaft ergeben, die auch nicht medial vermittelte oder nicht öffentliche Kommunikationsprozesse erforscht.

Auf neue Forschungsfelder, die durch die Veränderungen in der Medien- und Kommunikationswelt entstehen, kann im Rahmen dieser Einführung

vier klassische Forschungsfelder

neue Forschungsfelder

nur hingewiesen werden. Die Dynamik der Kommunikationswissenschaft wird dabei nicht nur durch die Entwicklung »neuer Medien« angestoßen, sondern auch durch allgemeine sozialwissenschaftliche und gesellschaftliche Tendenzen. Die folgenden, zum Teil »quer« zur tradierten Fachsystematik liegenden und Teildisziplinen übergreifenden Forschungsfelder haben sich in den letzten zwei Jahrzehnten auch in der deutschsprachigen Kommunikationswissenschaft etabliert: Kommunikationswissenschaftliche Geschlechterforschung (Gender Studies), Computervermittelte Kommunikation, Mobilkommunikation, Visuelle Kommunikation, Internationale und transkulturelle Kommunikation.

Literatur

Neue Forschungsfelder

Einen ersten Überblick zur kommunikationswissenschaftlichen Genderforschung bieten Klaus, Elisabeth / Röser, Jutta / Wischermann, Ulla (Hrsg.): **Kommunikationswissenschaft und Gender Studies**. Wiesbaden: Westdeutscher Verlag 2001.

Über die Online-Kommunikation informieren aus kommunikationswissenschaftlicher Sicht: Beck, Klaus: **Computervermittelte Kommunikation im Internet**. München: Oldenbourg 2006 sowie Schweiger, Wolfgang / Beck, Klaus (Hrsg.): **Handbuch Online-Kommunikation**. Wiesbaden: VS 2010.

Das Schwerpunktheft **Emotionalisierung durch Bilder** der Fachzeitschrift Publizistik, 51. Jg. (2006), Nr. 1 gibt einen aktuellen Einblick in das Forschungsfeld Visuelle Kommunikation.

Hepp, Andreas: **Transkulturelle Kommunikation**. Konstanz: UVK / UTB 2006.

Zu einigen neuen Forschungsfeldern haben sich bereits innerhalb der Fachgesellschaft Deutsche Gesellschaft für Publizistik- und Kommunikationswissenschaft (DGPuK) eigene **Fachgruppen** gebildet, über deren Onlineangebote weitere Literaturhinweise etc. zu recherchieren sind. Informationen der DGPuK-Fachgruppe Medien, Öffentlichkeit und Geschlecht findet man unter: www.dgpuk.de/index.cfm?id=3757; die Fachgruppe Computervermittelte Kommunikation informiert unter: www.dgpuk.de/fg_cvk/; und die Fachgruppe Visuelle Kommunikation unter: www.fg-viskomm.de/.

2.1 | Kommunikatorforschung

In der öffentlichen Kommunikation wird die Ausgangsseite einer Nachricht als Kommunikator bezeichnet, wobei hiermit nicht unbedingt die eigentlichen Urheber der Aussage oder die Quellen bezeichnet werden, sondern die sozialen Akteure, die eine Aussage dann für die öffentliche Kommunikation auswählen, gestalten und präsentieren. Trennt man, wie in diesem Buch vorgeschlagen, zwischen Ausgangs- und Zielpartner der Kommunikation einerseits und Vermittlungspartner andererseits, dann nehmen Kommunikatoren die Rolle des Vermittlungspartners ein, sie können aber darüber hinaus in Personalunion, etwa wenn sie nicht nur journalistisch, sondern publizistisch tätig sind, auch gleichzeitig Ausgangspartner sein. Kommunikatoren lassen sich für alle Formen der öffentlichen Kommunikation bestimmen, für den Journalismus ebenso wie für die Öffentlichkeitsarbeit und die Werbung. Ursprünglich hat man in der Kommunikatorforschung den individuellen Journalisten als Kommunikator (Akteur) verstanden. Mittlerweile haben die empirischen Befunde der Kommunikatorforschung zu einer Abkehr von solch individualistischen Vorstellungen geführt, denn tatsächlich sind Journalisten nur im Ausnahmefall so autonom, dass sie als individuelle Kommunikatoren fungieren – und Kommunikate alleine verantworten. Vielmehr sind Journalisten ebenso wie PR-Manager oder Werbe-Kommunikatoren Akteure in sozialen Organisationen, in denen Kommunikate arbeitsteilig hergestellt (und verantwortet) werden. Der eigentliche Handlungsträger ist also ein Kollektiv (kollektiver Akteur) oder ein korporativer Akteur, wie oftmals im Falle der Public Relations. Die Fragen, ob, wann und wie z. B. der Regierungssprecher zu welchem Thema vor der Bundespressekonferenz Stellung nimmt, ist nicht (allein) in sein individuelles Ermessen gestellt, sondern ist eine Organisationsentscheidung (hier des Bundespresseamtes als Organisation der Bundesregierung) in Abstimmung mit den in einem Verein (Bundespressekonferenz e. V.) organisierten und akkreditierten Journalisten. Es interessieren nicht die persönlichen Meinungen und Lieblingsthemen von Herrn Wilhelm oder Herrn Steg, sondern die Positionen der Bundesregierung; und nur diese sollen mitgeteilt werden.

Definition

Kommunikator

Kommunikatoren sind direkt oder indirekt schöpferisch, gestaltend, be- und verarbeitend, selektiv oder steuernd im Prozess öffentlicher Kommunikation tätig und nehmen damit eine Schlüsselrolle in der Publizistik ein.

unterschiedliche Berufe

Zu den Kommunikatoren können recht unterschiedliche Berufe und Tätigkeitsbereiche zählen: Redakteure, Reporter, Fotoreporter, Autoren, Rechercheure und Archivare ebenso wie Pressesprecher, Kommunikationsmanager, aber auch Layouter, Grafiker, Cutter, Werbegestalter, Webdesigner und -programmierer, Ton- und Bildingenieure, Drucker, Kameraleute und Verleger, Herausgeber, Programmdirektoren, Intendanten oder andere dispositiv Tätige. Ohne Kommunikatoren käme der öffentliche Kommunikationsprozess gar nicht in Gang, und wir könnten allenfalls von Kommunikanten sprechen, wenn diese Akteure ihre Aussagen interpersonal kommunizieren müssten. Im Gegensatz zu den Kommunikanten in der interpersonalen Kommunikation ist die Kommunikatorrolle in der öffentlichen Kommunikation relativ stabil. Zwar sind Kommunikatoren zuvor und anschließend immer auch Rezipienten, aber die Rezipienten der öffentlichen Kommunikation können eben nicht ohne weiteres Kommunikatoren werden. Sie können zwar zu Ausgangspartnern von Kommunikation werden, aber die Vermittlungsrolle ist in Journalismus, Public Relations und Werbung sowie (allerdings mit abnehmender Tendenz) in unterhaltender Medienkommunikation professionalisiert.

funktionale Schlüsselrolle im Kommunikationsprozess

Kommunikatoren kommt damit nicht nur eine funktionale Schlüsselrolle im Kommunikationsprozess zu, sondern auch eine einflussreiche oder gar mächtige Position. Wenn Kommunikatoren maßgeblich darüber entscheiden, welche Nachrichten, Themen und Meinungen Eingang in die öffentliche Kommunikation finden, dann interessiert aus kommunikationswissenschaftlicher Sicht ganz besonders, wer als Kommunikator fungiert und wie er diese Funktion ausführt.

Im Fokus: journalistische Kommunikatoren

Die publizistik- und kommunikationswissenschaftliche Kommunikatorforschung hat sich bislang in sehr hohem Maße auf die Erforschung journalistischer Kommunikatoren konzentriert und erst nach und nach auch PR-Manager und »Öffentlichkeitsarbeiter« als Kommunikatoren untersucht; für die Werbung sind vergleichbare empirische und systematische Anstrengungen bislang nicht zu beobachten. Wir beschränken uns daher hier auch auf die journalistischen Kommunikatoren.

historische und biografische Studien

Ausgangspunkt der Kommunikatorforschung waren historische und biografische Studien über die Geschichte des deutschen Journalismus (Robert E. Prutz 1845) oder über bedeutende Publizisten. Erst im Laufe der »Versozialwissenschaftlichung« richtete sich das Augenmerk stärker auf soziale und (sozial-)psychologische Variablen, um die Tätigkeit der Kommunikatoren besser erklären zu können. Berufs- und Rollenverständnis, Ausbildung, soziale Herkunft, individuelle Überzeugungen, Arbeitsorganisation und -routinen, Standesnormen, situative Faktoren (Zeitdruck etc.) wurden als relevante Einflussgrößen erkannt.

Am Anfang der Journalismus- und Kommunikatorforschung standen individualistische und normative Ansätze, bei denen die »publizistische Persönlichkeit« (Emil Dovifat) die entscheidende Rolle spielte: Es waren vor allem persönliche Merkmale, Begabung oder auch ein geistiger Führungsanspruch, die für den Beruf qualifizierten. Der organisatorische und gesellschaftliche Kontext des Journalismus fand hingegen kaum Beachtung, sodass auch der empirische Ertrag und die Erklärungskraft dieser Theorien vergleichsweise gering blieb. Ähnliches gilt auch für marxistische und materialistische Ansätze: Die in der DDR herrschende Spielart des »sozialistischen Journalismus« (Hermann Budzislawski) folgte der leninistischen Funktionalisierung des Journalismus (Agitation, Propaganda, Beitrag zum Klassenkampf etc.). In Westdeutschland (Wulf D. Hund, Horst Holzer) wurde Journalismus vulgärmarxistisch auf die kapitalistische Produktion der »Ware Nachricht« reduziert. Mit den kapitalistischen Rahmenbedingungen wurde zwar sicherlich ein wichtiger und tiefgreifender Faktor benannt, allerdings greift eine solch ökonomistische Sichtweise theoretisch und empirisch zu kurz, weil alle anderen Faktoren als irrelevant oder weniger bedeutsam angesehen werden – und zwar bevor die empirische Forschung beginnt.

Der »analytische Empirismus« ist nach Löffelholz das zentrale Paradigma der journalistischen Kommunikatorforschung, denn hier werden Theorien mittlerer Reichweite (z. B. Gatekeeper, Nachrichtenwerttheorie) empirisch getestet und dabei werden zahlreiche Faktoren berücksichtigt. Allerdings werden die Ergebnisse kaum in einen gesellschaftlichen Zusammenhang gebracht.

Aus der Sozialpsychologie stammt das Konzept des Gatekeepers, des Torwächters oder Schleusenwärters, der entscheidet, was aus dem Strom von Nachrichten ausgewählt wird und was nicht. 1949 übertrug David Manning White die Gatekeeper-Idee Kurt Lewins auf die Tätigkeit journalistischer Kommunikatoren und beobachtete, welche Nachrichten ein Redakteur (»Mr. Gates«) für die Zeitung auswählte und welche er weggeworfen hat. Der Vergleich des Inputs (eingehende Nachrichten) mit dem Output (was erscheint im Medium) kann durch schriftliche und mündliche Befragungen ergänzt werden, in denen der Kommunikator Auskunft über seine Entscheidungskriterien und -gründe gibt. Tatsächlich wurden rund 90 % des Input-Materials nicht verwendet, es findet also ein Gatekeeping in erheblichem Umfang und zum Teil in mehreren Stufen (Reporter, Agentur, Redakteur etc.) statt. Als ausschlaggebend wurden ursprünglich die persönlichen Ansichten und Einstellungen des

Marginalien:
publizistische Persönlichkeit

marxistische und materialistische Ansätze

analytischer Empirismus

Gatekeeper

selektierenden Kommunikators angenommen, doch stellte sich bald heraus, dass soziale Faktoren wie die Berufssozialisation und -rolle, die redaktionellen und organisatorischen Kontexte und Vorgaben weitaus bedeutsamer waren. Auch wurde die Struktur des Input-Materials relativ genau im Output abgebildet; die individuellen Gatekeeper handeln also keineswegs beliebig, sondern reagieren aufgabenorientiert und routiniert nach professionellen Kriterien auf den Input. Die redaktionelle Linie des Mediums, die Orientierung an Vorgesetzten (Chefredaktion) und Kollegen sind bedeutsamer als subjektive Einstellungen und Werthaltungen.

Ausgehend von theoretischen Überlegungen Walter Lippmanns (1922) versuchte man ab Ende der 1960er Jahre empirisch die Frage zu klären, **Selektion** was die Selektion, also die Auswahl von Nachrichten durch die Journalisten bestimmt. Lippmann, der bereits den Begriff »News Value« prägte, ging – ähnlich wie heute Konstruktivisten – davon aus, dass wir in der Wahrnehmung die Komplexität der Umweltreize notwendigerweise reduzieren müssen und deshalb mit vereinfachenden Stereotypen (und Schemata) arbeiten. Schon in den 1920er Jahren konnten erste Nachrichtenfaktoren empirisch bestimmt werden (Konflikt, Prominenz, Personalisierung, Spannung), aber man nahm zunächst an, dass bestimmte objektive Eigenschaften von Ereignissen dafür sorgen, dass diese Ereig- **Nachrichtenfaktoren** nisse zur Nachricht werden. Östgaard nannte 1965 die drei Faktoren Vereinfachung, Identifikation und Sensationalismus; Galtung und Ruge (1965) formulierten zwölf Nachrichtenfaktoren, anhand derer sie bestimmte Verzerrungen in der norwegischen Zeitungsberichterstattung über Krisen im Ausland erklären konnten, zum Beispiel: kulturelle Nähe, Relevanz, Konsonanz (Erwartbarkeit), Überraschung, Bezug zu Elite-Nationen oder -Personen etc. Je stärker ausgeprägt diese Faktoren sind und je mehr von ihnen erfüllt werden, umso wahrscheinlicher ist es, dass über das Ereignis in den Medien berichtet wird. Mit der Abkehr von der naiven Erkenntnistheorie des Realismus wurde jedoch deutlich, dass uns immer nur Konstruktionen, Sichtweisen von Wirklichkeit zur Verfügung stehen, d. h., auch als Kommunikationswissenschaftler können wir nicht einfach Realität und Medienrealität miteinander abgleichen, um selektive Wahrnehmungen oder Verzerrungen nachzuweisen. Wir können nur verschiedene Realitätskonstruktionen miteinander vergleichen (z. B. systematisch wissenschaftliche mit künstlerischen oder eben journalistischen). Nachrichtenfaktoren werden besser als Regeln für die **Konstruktion der** »Konstruktion der Realität in den Nachrichtenmedien« (Winfried Schulz **Realität in den** 1976) verstanden und beschreiben somit das Handeln von Kommunika- **Nachrichtenmedien** toren. Die Liste der Nachrichtenfaktoren ist mittlerweile um Faktoren wie Konflikt / Kontroverse, Aggression, Gewalt, Personalisierung, Emotion, Erotik / Sex, Negativismus etc. auf über 20 erweitert worden, die empirisch valide und skaliert (also die Stärke messend) den Nachrichtenwert und damit auch die Selektionswahrscheinlichkeit erklären. Joachim Friedrich Staab fand Ende der 1980er Jahre heraus, dass die Nachrichtenfaktoren relativ stark den Umfang, aber weitaus weniger die Platzierung einer Nachricht bestimmen. Nachrichtenfaktoren sind zu einem großen Teil kulturabhängig und historisch wandelbar sowie zum Teil medienspezifisch. Sie unterliegen auch einem kurzfristigen Wandel, der durch kurz zuvor berichtete Ereignisse ausgelöst werden kann: Ähnlich wie bei der Medienwirkung (→ vgl. Teil II, Kap. 2.4) kann es auch bei der Nachrichtenselektion durch die Kommunikatoren zu »Framing« kommen, d. h., die aktuellen Nachrichten (Input) werden in einem zeitlich relativ stabilen und sozial geteilten Interpretationsrahmen gedeutet, der durch vorherige Ereignisse geprägt ist. So kann man erklären, dass im Anschluss an spektakuläre Unfälle oder Verbrechen wiederholt ähnliche Meldungen den Weg in die Medien (Output) finden. Offenbar lassen sich Kommunikatoren für bestimmte Themen »sensibilisieren« und ihre Wahrnehmung wird präformiert.

Framing

Methodisch dominieren in der Gatekeeper-Forschung die (vergleichende) Inhaltsanalyse, oftmals ergänzt durch Befragungen, sowie Experimente.

Einen etwas anderen Ansatzpunkt wählen die Vertreter des »legitimistischen Empirismus« (Wolfgang Donsbach, Hans Mathias Kepplinger, Renate Köcher), denn sie konstatieren zunächst, dass den Journalisten eine rechtliche und publizistische Sonderstellung (Privileg) zukommt, mit der sie besonders verantwortungsvoll und im Auftrage des Publikums agieren sollen. Der vor allem seit dem Ende der 1970er Jahre aufkommende Verdacht, dass Journalisten sich vor allem durch ihre persönliche politische Einstellung leiten ließen und eigene politisch-pädagogische Interessen verfolgten, sollte empirisch überprüft werden. Eingebunden war diese legitimistische Kommunikatorforschung in eine kommunikationspolitische Kontroverse um den angeblich »links« dominierten öffentlich-rechtlichen Rundfunk. Der valide Nachweis eines Kausalzusammenhangs zwischen Ursache (vermeintlich oder tatsächlich zur politischen Linken tendierende Positionen der Journalisten) und Wirkung (nach links verzerrte Berichterstattung) gelang allerdings nicht. Ausgeblendet wurden hier die organisatorischen und ökonomischen Rahmenbedingungen, die den Journalisten nur begrenzte Handlungsspielräume ließen. An diese Konzepte schließt letztlich auch die These von der »instrumentellen Aktualisierung« (Kepplinger) an: Demnach wählen Journalisten Ereignisse mit Blick auf die vermutete Wirkung der Berichte aus, d. h., sie reagieren nicht auf Nachrichtenfaktoren (Kausalmodell), sondern berichten vorzugsweise über Ereignisse, die ihre eigenen persönlichen

legitimistischer Empirismus

instrumentelle Aktualisierung

und politischen Ansichten stützen (Finalmodell). Dies gilt vor allem bei Konflikten und kontroversen Themen: Journalisten, die selbst Atomkraftgegner sind, würden demnach also bevorzugt über Störfälle in AKW berichten, weil sich damit belegen lässt, dass Atomkraft gemeingefährlich ist. Der Störfall hat zweifelsohne stattgefunden, aber der ihm journalistisch eingeräumte Stellenwert (Umfang, Platzierung, Kommentierung etc.) bemisst sich weder anhand objektiver Faktoren noch aufgrund professioneller Kriterien, sondern anhand der vermuteten Wirkungsrichtung und -stärke im Sinne der Überzeugung des Journalisten. Auch die Kommunikatoren der Public Relations verfahren vorzugsweise nach diesem Finalmodell der Selektion, denn sie versuchen gezielt Themen und Sichtweisen auf die öffentliche Agenda zu setzen, die ihren bzw. den Interessen ihrer Auftraggeber dienen.

News Bias

Im Journalismus kann auch ein weiterer »News Bias«, also eine Art »Schlagseite«, verzeichnet werden: Nachrichten und Berichte werden mitunter an die Kommentare angepasst – und nicht umgekehrt. Klaus Schönbach hat diese Synchronisation auch empirisch nachweisen können.

handlungs- und systemtheoretische Konzepte

Handlungstheoretische Ansätze der Kommunikatorforschung begreifen Journalismus als kommunikatives Handeln im Sinne von Jürgen Habermas, wobei journalistisches Handeln nicht nur individuellen Intentionen folgt, sondern als institutionalisiertes Handeln in Organisationen und Handlungsnetzen verstanden wird.

Systemtheoretische Konzepte dominieren heute noch die Journalismusforschung, die Redaktionen als Organisationssysteme (Manfred Rühl) und den Journalismus als Leistungssystem der Öffentlichkeit oder gar als eigenes Funktionssystem (neben Politik, Wirtschaft, Wissenschaft etc.) verstehen (Berd Blöbaum, Alexander Görke, Matthias Kohring). Damit werden individualistische Verkürzungen zwar überwunden, doch ergibt sich das Problem, wie man solche Systeme empirisch erforschen kann. Letztlich werden in den betreffenden Studien dann doch wieder die einzelnen Akteure (Journalisten) befragt. Deshalb werden gegenwärtig Konzepte diskutiert, die Akteurs- und Handlungsebene einerseits und Organisations- bzw. Systemebene andererseits plausibel miteinander verbinden (vgl. ausführlicher Löffelholz 2003 sowie Löffelholz 2004).

Journalisten: empirische Befunde

Die für die Bundesrepublik Deutschland wohl wichtigste empirische Kommunikatorstudie ist die von Weischenberg, Scholl u. a. zuerst 1998

Journalisten in Deutschland

durchgeführte Studie »Journalismus in Deutschland«, die 2005 wiederholt wurde. Demnach sind in Deutschland insgesamt rund 48.000 Journalisten hauptberuflich tätig, davon rund 17.000 bei den Zeitungen und weitere 12.000 bei Zeitschriften und Anzeigenblättern. Für den Hörfunk arbeiten 8.000 und für das Fernsehen 7.000 Journalisten, ein knappes Drittel davon für private Veranstalter. Rund 37 % der Journalisten sind weiblich; ungefähr ein Viertel der Journalisten ist nicht festangestellt; viele dieser »Freien Journalisten« arbeiten für verschiedene Medien. Ihr Einkommen beträgt wie das der »Festen« im Durchschnitt rund 2.300 Euro / Monat – Fernsehjournalisten verdienen mehr, Frauen für die gleiche Arbeit weniger. Knapp 40 % der Journalisten sind zwischen 36 und 45 Jahre alt, ein gutes Viertel ist älter. Über 60 % der Journalisten haben zuvor ein Volontariat absolviert und knapp 70 % verfügen über ein abgeschlossenes Hochschulstudium; 27 % haben ein kommunikationswissenschaftliches Studium zumindest im Nebenfach absolviert. Politisch ordnen sich die 1.536 telefonisch und repräsentativ Befragten links von der Mitte und links von ihren Medien ein: 35,5 % sympathisieren mit Bündnis90 / Die Grünen, nur 8,7 % mit CDU / CSU. Allerdings spiegelt sich dies nicht zwangsweise in den Medieninhalten wider, da nur wenige Journalisten sich als »Politiker mit anderen Mitteln« begreifen und zudem redaktionelle und professionelle Normen regulierend wirken.

Für das Verfassen eigener Texte werden im Durchschnitt zwei Stunden täglich aufgewendet, für die Recherche etwas weniger, aber jeweils etwa 80 Minuten für Organisation und Technik; und: erstaunliche 30 Minuten für den Kontakt mit dem Publikum. Auch das Rollenselbstverständnis wurde auf der Basis der Selbstauskunft erfasst: Es dominiert mit nahezu 90 % das Bild des Informationsjournalismus (sachliche und neutrale Berichte); die Kritikfunktion hält ungefähr die Hälfte der Befragten für wichtig. Nur etwa ein Drittel sieht sich als politischer Journalist mit starker Kritik- und Kontrollfunktion oder als Anwalt für Benachteiligte. Die aktive Mitbestimmung der Themen der politischen Tagesordnung (Agenda) sehen – entgegen dem Konzept der legitimistischen Analytiker (→ vgl. oben) – nur 13,8 % der Journalisten als ihre Aufgabe an. Rund 40 % der Befragten sehen sich vor allem als Ratgeber und Dienstleister der Rezipienten (vgl. ausführlicher Weischenberg / Malik, Scholl 2006).

Rollenselbstverständnis

Aktuelle Forschungsfragen

Insbesondere seit der Etablierung des privaten Rundfunks und der zunehmenden Kommerzialisierung aller Medien wird verstärkt über Qualität von Journalismus debattiert. Dabei spielen normative Vorgaben aus dem Medienrecht (Rundfunkstaatsvertrag, Bundesverfassungsgerichtsurteile zum Rundfunk) und aus der Kommunikationspolitik (Legitima-

Kommerzialisierung

Konvergenz privater
und öffentlich-rechtlicher
Medien

tion des gebührenfinanzierten öffentlich-rechtlichen Rundfunks) sowie die Debatte über die Konvergenz, das Sich-Angleichen privater und öffentlich-rechtlicher Programme, eine große Rolle. Für die sozialwissenschaftlich und empirisch vorgehende Kommunikatorforschung ergeben sich hieraus neue Herausforderungen: Anhand welcher Kriterien und Maßstäbe (Skalen) kann man die Qualität des Kommunikatorhandels (bzw. von Journalismus) messen? Welche Maßnahmen zur Qualitätssicherung zeigen Erfolge? Professionalisiert sich der Beruf des Journalisten oder stehen der verfassungsrechtlich notwendige offene Berufszugang (Pressefreiheit als Jedermannsrecht) und die Vervielfältigung der Publikations-Chancen im Internet dem dauerhaft entgegen? Ist Qualitätssicherung unter Bedingungen des Kostenwettbewerbs überhaupt möglich?

redaktionelles
Marketing, Outsourcing,
Product Placement

Weitere Fragestellungen kommen hinzu: Bislang galt die Norm, dass Journalismus und Werbung für die Rezipienten erkennbar voneinander getrennt werden sollten. Aus ökonomischer Sicht ist es für die Kommunikatoren aber zumindest kurzfristig rentabler, Praktiken wie redaktionelles Marketing, Outsourcing von Lokalredaktionen oder Product Placement zu betreiben. Journalistische Produkte werden dabei den Bedürfnissen des Werbemarktes angepasst, Themenselektion und Präsentationsformen orientieren sich an den Bedürfnissen der zahlenden Werbekunden, und der öffentliche Auftrag wird im Zweifel vernachlässigt. Lokalredaktionen müssen sich selbst am lokalen Werbemarkt refinanzieren und sogar der öffentlich-rechtliche Rundfunk hat Sendezeiten systematisch für Schleichwerbung vermarktet. Neben medienökonomischen, -politischen und -rechtlichen Fragen sind dabei meist auch medienethische Probleme angesprochen (→ vgl. Teil II, Kap. 3).

Zusammenfassung

Kommunikatorforschung

Kommunikatoren sind individuelle oder kollektive bzw. korporative Akteure (Handlungs- und Rollenträger), die professionell Aussagen für die öffentliche Kommunikation in Journalismus, PR, Werbung oder Unterhaltung bereitstellen. Insbesondere die Journalisten stehen im Mittelpunkt verschiedener Konzepte und Forschungsansätze, weil ihnen seit langem eine Schlüsselposition für die öffentliche Kommunikation eingeräumt wird. Als »Gatekeeper« entscheiden sie, was letztlich in die Medien gelangt. Dabei hängt ihre Selektion weniger von individuellen Einstellungen und subjektiven Vorlieben ab als von professionellen Normen und Standards sowie organisatorischen Vorgaben. Verschiedene Nachrichtenfaktoren bestimmen den Nachrichtenwert eines Ereignisses, allerdings werden diese Nachrichtenfaktoren den Ereignissen zugeschrieben: In den Nachrichtenmedien wird die Wirklichkeit nicht einfach widergespiegelt sondern konstruiert.

Literatur

Kommunikatorforschung

Löffelholz, Martin (Hrsg.): **Theorien des Journalismus.** Ein diskursives Handbuch. 2. vollst. überarb. u. erw. Auflage, Wiesbaden: VS 2004.

Löffelholz, Martin: Kommunikatorforschung Journalistik. In: Bentele, Günte/Brosius, Hans-Bernd/Jarren, Otfried (Hrsg.): **Öffentliche Kommunikation.** Handbuch Kommunikations- und Medienwissenschaft. Wiesbaden: Westdeutscher Verlag 2003, S. 528–553. Einen sehr guten Überblick der Ansätze und Ergebnisse der Kommunikator- und Journalismusforschung geben: Kunczik, Michael/Zipfel, Astrid: **Publizistik.** Ein Studienhandbuch, Köln u.a.: Böhlau/UTB 2005, S. 129–384.

Empirische Befunde über Journalisten in Deutschland liefern: Weischenberg, Siegfried / Malik, Maja / Scholl, Armin: **Die Souffleure der Mediengesellschaft.** Report über Journalisten in Deutschland. Konstanz: UVK 2006.

Übungsfragen

1 Was versteht man unter einem Kommunikator?
2 Warum greifen individualistische Ansätze in der Journalismus- und Kommunikatorforschung zu kurz?
3 Worin bestehen die Schwächen der systemtheoretischen Konzepte in der Kommunikatorforschung?
4 Was versteht man unter »instrumenteller Aktualisierung«?

Medieninhaltsforschung | 2.2

Medinsystemforschung

Der Begriff »Medienforschung« ist mehrdeutig und wird nicht einheitlich verwendet. Geht man von der Lasswell-Formel aus, dann geht es um die Fragen »Was wird kommuniziert?« und »Welcher Kanal wird verwendet?« Damit sind zwei Dimensionen angesprochen, nämlich die »Medieninhalte« (Aussagen, Botschaften, Kommunikate) und deren sinnliche bzw. semiotische Erscheinungs- und Gestaltungsform. Letztere hängt von den Medien ab, und zwar nicht allein von deren technischen Kapazitäten, sondern auch von der Art und Weise ihrer Organisation. Die Erforschung dieser medialen Rahmenbedingungen ist vor allem Gegenstand der Teildisziplinen Medienökonomie, -politik und -recht (Mediensystemforschung) sowie einer umfassenderen Medientheorie, wie sie auch in der geisteswissenschaftlichen Medienwissenschaft gepflegt wird. Bei diesem Typus von Medientheorie geht es meist um Medienwirkungen bzw. gesellschaftliche und kulturelle Folgen von Medien. Es stehen nicht die kognitiven oder affektiven Medienwirkungen auf der Individualebene, die Wirkung einzelner Medieninhalte im Vordergrund, sondern die Gesamtwirkung einer medialen Form wie z. B. des Fernsehens. Es geht also um – empirisch nur schwierig nachweisbare – Makrowirkungen, die allerdings in der Publizistikwissenschaft sehr stark vernachlässigt werden. Insofern ergänzen sich medien- und publizistikwissenschaftliche Medientheorien, allerdings herrscht noch immer eine weitgehende wechselseitige Ignoranz.

medienethische Grundpositionen

In Anlehnung an Bonfadelli (2002: 43 – 45) können grob vier medientheoretische Grundpositionen unterschieden werden:

idealistische Konzepte
- Idealistische Konzepte sehen die Medien als unabhängige Variable, d. h., die Medien beeinflussen zwar Gesellschaft und Kultur, werden selbst aber von diesen kaum beeinflusst.

materialistische Konzepte
- Materialistische Konzepte erkennen in den Medien einen Spiegel (Überbauphänomen) der Gesellschaft (Basis); sie sind abhängig von der Gesellschaft, den Produktions- und Machverhältnissen (Kapitalismus etc.).

Interdependenz-Konzepte
- Interdependenz-Konzepte konstatieren eine wechselseitige Beeinflussung und Abhängigkeit von Medien einerseits und Gesellschaft bzw. Kultur andererseits; d. h., Medien sind Spiegel gesellschaftlicher Verhältnisse, können sie aber auch beeinflussen und zum Wandel beitragen.

Autonomie-Konzepte
- Autonomie-Konzepte sehen die Medien als relativ eigenständige Sphären oder gar (autopoietische) Systeme, die sich der gesellschaftlichen Steuerung weitgehend entziehen, umgekehrt aber auch nur begrenzte Steuerungsmacht auf andere gesellschaftliche Bereiche oder Systeme ausüben können.

Die aus kommunikationswissenschaftlicher Sicht besonders relevanten medientheoretischen Aspekte werden in diesem Buch daher bei den Grundbegriffen (→ vgl. Teil I, Kap. 3) sowie den betreffenden Teildisziplinen behandelt, während es hier vor allem um semiotische und inhaltliche Aspekte gehen soll, also um den Kernbereich der Medieninhaltsforschung.

Medieninhaltsforschung

Seit Lasswell seine Formel vor sechs Jahrzehnten formulierte, ist aber nicht nur der »Kanal«-Begriff fragwürdig geworden, problematisch ist auch, von objektiven »Medieninhalten« zu sprechen. Aus erkenntnis- und kognitionstheoretischen Gründen müssen wir heute davon ausgehen, dass wir Aussagen über einen Inhalt immer erst dann treffen können, wenn wir ihn wahrgenommen haben. Dies gilt für Kommunikationswissenschaftler ebenso wie für jeden anderen Rezipienten. Insofern handelt es sich bei den Medieninhalten immer um eine mehrfache Konstruktionsleistung, die nicht nur von den Kommunikatoren, sondern auch von den Rezipienten (und Forschern) abhängt. Wenn man das Transport- und Container-Modell von Kommunikation (wie in dieser Einführung) aus guten Gründen verwirft, dann ist auch bei den »Medieninhalten« und deren Analyse Vorsicht geboten. Auch als Kommunikations- und Medienforscher werden wir niemals an die »objektiven« Inhalte herankommen, aber wir können – im Gegensatz zur spontanen Rezeption im Medienalltag – auf systematische und methodisch kontrollierte, also intersubjektiv nachvollziehbare Weise zumindest die sog. »manifesten Inhalte« rekonstruieren und untersuchen. Als »manifest« bezeichnet man jene Inhalte oder besser: materielle Zeichen und Zeicheninterpretationen, auf die wir uns gemeinsam verständigen können. Weitaus schwieriger ist es, auf intersubjektiv nachvollziehbare Weise »latente Inhalte« zu analysieren, also (weitere, nicht denontative) Bedeutungen, die möglicherweise »mitschwingen« oder konnotiert werden; hierüber können wir mithilfe semiotischer Verfahren Hypothesen formulieren. Bonfadelli hat den Unterschied durch Rückgriff auf die angelsächsischen Wörter verdeutlicht: Media Content (Medieninhalt) bezieht sich demnach sowohl auf die »Messages« (physischen Botschaften) als auch auf die »Meanings« (die symbolischen Bedeutungen).

manifeste und latente Inhalte

Die verschiedenen Verfahren der Medieninhaltsanalyse (→ vgl. unten) weisen spezifische Stärken und Schwächen auf, daher sollten sie sich ergänzen: Die quantifizierende Analyse manifester Inhalte erlaubt repräsentative Befunde und verallgemeinernde Aussagen. Aber eine vertiefende Analyse des konkreten Falls und ein detailliertes Verstehen der Bedeutungen sind kaum möglich. Dies erlauben eher qualitativ-hermeneutische Verfahren sowie Untersuchungen aus dem Spektrum der Cultural Studies und der Diskursanalyse. Allerdings sagen solche Untersuchungen zunächst nur etwas über einen sehr speziellen Einzelfall aus und können Hypothesen eher generieren als überprüfen.

Verfahren der Medieninhaltsanalyse

Das Forschungsfeld der Medien- und speziell der Medieninhaltsforschung ist keineswegs hermetisch gegenüber anderen Forschungsfeldern der Kommunikationswissenschaft abgeschirmt. Die Fragen nach den Medieninhalten schließt »nahtlos« an die Frage nach dem Kommunikatorhandeln an, und die Frage der Medienwirkungen wird meist auch mit Blick auf die Nutzung und vor allem Wirkung von Medien gestellt. Zudem wird in den seltensten Fällen versucht, den gesamten Medieninhalt vollständig zu beschreiben. Vielmehr geht es um konkrete Fragestellungen, die wiederum spezifischen anderen Forschungsfeldern entstammen können. Zu nennen wäre hier beispielsweise die Genderforschung.

Heinz Bonfadelli nennt vier Perspektiven zur Analyse von Medieninhalten, die unterschiedliche Beziehungen akzentuieren und bestimmte Analysemethoden nahelegen:

Informations-Transfer-Modell

(1) Nach dem Informations-Transfer-Modell sind Medieninhalte Abbilder oder Widerspiegelungen der Wirklichkeit. Wir haben bereits begründet, dass diese Sichtweise aus kognitions- und aus kommunikationstheoretischen Gründen relativiert werden muss. Allerdings kann man durchaus versuchen, mit verschiedenen Formen der Inhaltsanalyse die Medienrealität intersubjektiv und systematisch zu rekonstruieren und sie dann mit anderen (z. B. wissenschaftlichen, politischen etc.) Wirklichkeitskonstruktionen vergleichen. Die Fragestellung verschiebt sich dann: Es wird nicht mehr gefragt, ob die Medienrealität »wahr« oder »realistisch« ist, sondern ob sie »angemessen« oder »viabel« ist. Die Rekonstruktion des Medieninhaltes ist eine Voraussetzung zur Erforschung möglicher Medienwirkungen, und sie kann ebenso der Erforschung von Kommunikatorhandeln (Gatekeeping etc.) dienen. Quantifizierende und in letzter Zeit verstärkt auch qualitative Inhaltsanalysen werden meist durchgeführt, um die Tätigkeit von Journalisten (insbesondere empirisch-legitimistischer und analytisch-empirischer Ansatz der Journalismusforschung) oder die Funktionen von Medien kritisch zu überprüfen.

Ideologiekritik und Genderperspektive

(2) Eine kritische Zielsetzung ist auch das Anliegen von Ideologiekritik und Genderperspektive. Aus dieser Sichtweise geht es vor allem darum, anhand der Medieninhalte nachzuweisen, dass die Medien bestimmten gesellschaftlichen und ökonomischen Interessen dienen, überspitzt ausgedrückt: entweder dem Patriarchat oder dem Kapital. Konkret sind hiermit gesellschaftliche Machtpositionen gemeint, nämlich die wirtschaftliche Macht von Unternehmen, Arbeitgebern und Kapitaleignern sowie die gesellschaftliche Macht von Männern über Frauen. Die Macht- und Klassenanalysen gehen dabei den Medienanalysen meist voraus; gesucht wird – mehr oder weniger methodisch – nach Indizien und Nachweisen, wie durch Medieninhalte, Genres, Präsentationsformen, Unterhaltungsorientierung, Geschlechterstereotypen etc. diese Macht kommunikativ oder gar manipulativ realisiert und perpetuiert, also fortgeschrieben wird.

Cultural Studies

(3) Auch die Cultural Studies, die aus der angelsächsischen (Wissenschafts-)Kultur stammen, und ebenso wie die kulturkritischen Ansätze zunächst einen marxistischen Hintergrund hatten, eröffnen eine kritische Perspektive. Allerdings sind aus der Sicht der Cultural Studies die Rezipienten keine den Medieninhalten gegenüber wehrlosen Opfer von Manipulation. An die meist qualitativen, hermeneutischen Inhaltsanalysen schließen sich andere Wirkungsvermutungen an, denn

die aktiven Rezipienten können verschiedene, auch oppositionelle Lesarten der Medieninhalte entwickeln. Statt des Stimulus-Response-Konzeptes herrscht hier eine sozialkonstruktivistische Sichtweise vor; gleichwohl werden die Inhalte analytisch rekonstruiert. Dabei sind Medieninhalte nur ein Untersuchungsgegenstand unter vielen anderen Hervorbringungen der Populärkultur (Mode, Design, Alltagsgegenstände etc.); für Vertreter der Cultural Studies ist die ganze Welt ein Text, den es zu analysieren gilt.

(4) Linguistisch-semiotische Ansätze der Medieninhaltsanalyse spielen in der Kommunikationswissenschaft eine eher untergeordnete Rolle. Im Kern geht es um die Rekonstruktion der Beziehung zwischen Zeichen und Bezeichnetem und die Erfassung der Konnotationen. Ihre Stärke liegt vor allem in der Analyse von visuellen Zeichen in den Medien (Infografiken, Layout, Anzeigen- und Plakatwerbung) und bewegten Bildern (Fernsehen, Film) sowie der linguistischen Analyse von Mediensprache, Werbesprache, Nachrichtensprache etc. Aus den Geistes- und Kulturwissenschaften stammen die diskursanalytischen Verfahren, die auch in der Medien- und partiell in der Kommunikationswissenschaft verwendet werden, um Medieninhalte (Kommunikate) und deren Struktur zu analysieren. In kritischer Absicht geht es meist darum, eine (herrschende) Ideologie in den Medientexten nachzuweisen (Ideologiekritik). Mit linguistischen Verfahren werden Argumentationsmuster, stereotype, rhetorische Figuren, Narrationsverfahren, Zitationen und Stil untersucht, um an die Bedeutung hinter der Bedeutung zu gelangen. Die Übergänge insbesondere zwischen den drei letztgenannten Ansätzen sind durchaus fließend, d. h., es können auch Genderfragestellungen Gegenstand von Cultural Studies sein und dabei kann auch mit semiotischen Begriffen argumentiert und analysiert werden. Wie bereits erwähnt, stehen hinter den meisten Medieninhaltsanalysen – gleich welcher Provenienz – zumindest implizite Wirkungsannahmen. Typische Untersuchungsfragen beziehen sich dabei auf die

linguistisch-semiotische Ansätze

diskursanalytische Verfahren

typische Untersuchungsfragen

- Darstellung von Gewalt und Kriminalität,
- Geschlechterstereotypen und Sexualität sowie
- ethnische, religiöse oder sonstige gesellschaftliche Minderheiten in den Medien.
- Ein eigenes Forschungsfeld hat sich mit der Wissenschafts- und Risikokommunikation entwickelt. Hier geht es um die Darstellung von wissenschaftlichen Erkenntnissen, modernen Technologien und den damit verbundenen Chancen und Risiken (Atomkraft, Gentechnik, Klimawandel).
- Seit langem erforscht werden politische Propaganda und die Berichterstattung über Krieg, Terrorismus und Staatsterrorismus.

- Auch die Qualität von Medienberichterstattung und Journalismus ist ein wichtiger Forschungsbereich: Inhaltsanalytisch untersucht man anhand bestimmter Kriterien und Skalen die Ausgewogenheit und Vielfalt (Quellen, Darstellungsformen, Inhalte, Meinungen), Verständlichkeit (Satzlänge, Textumfänge, Wortwahl, Redundanzen), Informationsgehalt (Umfang), Text-Bild-Verhältnisse etc.
- Von großer Bedeutung ist die Analyse des Einflusses der Public Relations auf den Journalismus bis hin zu eigens für die Berichterstattung inszenierten, politisch aber unproduktiven Medienereignissen (Partei-, Kirchen- und Verbandstage, Gipfeltreffen, Staatsbesuche). Hier kann man mittels Medienresonanzanalysen feststellen, welches PR-Material wie von den Journalisten verarbeitet wurde.
- Vor dem Hintergrund der kommunikationspolitischen Kontroverse um die Konvergenz von Programmen, also die inhaltliche, formale und strukturelle Angleichung von öffentlich-rechtlichen und privaten Fernseh- und Hörfunkprogrammen, ist die vergleichende Beobachtung von Rundfunkprogrammen Ziel von Programmstrukturanalysen. Je nach Verfahren (und Auftraggeber) kommen konkurrierende Studien hier übrigens zu unterschiedlichen Ergebnissen.
- Nicht nur im Zusammenhang mit der Konvergenzforschung, auch zur Beschreibung des medialen Wandels und für den interkulturellen Vergleich sind Genre- und Formatanalysen bedeutsam: Wie werden typischerweise Daily Soaps und Talks oder Reality-TV-Formate gestaltet? Welche dramaturgische und narrative Strategien kennzeichnen einzelne Sendeformate? Hier ist eine interdisziplinäre Zusammenarbeit mit der Literatur- und der geisteswissenschaftlichen Medienwissenschaft besonders fruchtbar.
- Medieninhaltsanalysen können auch durchgeführt werden, um etwas über den gesellschaftlichen und kulturellen Wandel (auch Sprachwandel) sowie Wertewandel (Familie, Geschlechterrollen, Religion etc.) oder über internationale Unterschiede herauszufinden. Hier richtet sich die Frage weniger auf die Wirkungen der Medien, vielmehr werden die Medien als Spiegel oder Seismograf außermedialer Veränderungen interpretiert, ohne dass man dafür unbedingt auf naive Abbildtheorien zurückgreifen muss.

Literatur

Medieninhaltsforschung
Einen systematischen und umfassenden Überblick der Methoden und theoretischen Grundlagen der Medieninhaltsforschung sowie zahlreiche

weitere Literaturempfehlungen gibt: Bonfadelli, Heinz: **Medieninhaltsforschung**. Konstanz: UVK / UTB 2002.

Die Methode der Inhaltsanalyse vermitteln: Früh, Werner: **Inhaltsanalyse**. Theorie und Praxis. 6. überarb. Aufl. Konstanz: UVK/UTB 2007 sowie Rössler, Patrick: **Inhaltsanalyse**. 2., überarb. Aufl., Konstanz: UVK/UTB 2010. Speziell mit der qualitativen Inhaltsanalyse beschäftigt sich: Mayring, Philipp: **Qualitative Inhaltsanalyse**. Grundlagen und Techniken. 11. vollst. überarb. Aufl., Weinheim und Basel: Beltz 2010.

Über Verfahren der Medienresonanzanalyse informieren: Raupp, Juliana / Vogelgesang, Jens: **Medienresonanzanalyse**. Eine Einführung in Theorie und Praxis. Wiesbaden: VS 2009.

In die Cultural Studies führt ein: Hepp, Andreas: **Cultural Studies und Medienanalyse**. Eine Einführung. 3. überarb. u. erw. Aufl., Wiesbaden: VS 2010.

Über verschiedene Fragestellungen und Befunde der Medieninhaltsforschung informieren beispielsweise: Kunczik, Michael/Zipfel, Astrid: **Gewalt und Medien**. Ein Studienhandbuch. Köln u.a.: Böhlau 2006; Spiess, Brigitte: **Weiblichkeitsklischees in der Fernsehwerbung**. In: Merten, Klaus / Schmidt, Siegfried J. / Weischenberg, Siegfried (Hrsg.): Die Wirklichkeit der Medien. Eine Einführung in die Kommunikationswissenschaft. Opladen: Westdeutscher Verlag 1994, S. 408 – 426 oder Velte, Jutta: **Die Darstellung von Frauen in den Medien**. In: Fröhlich, Romy / Holtz-Bacha, Christina (Hrsg.): Frauen und Medien. Eine Synopse der deutschen Forschung. Opladen: Westdeutscher Verlag 1995, S. 181 – 241.

In die medienwissenschaftlichen Medientheorien führt ein: Kloock, Daniela / Spahr, Angela: **Medientheorien**. Eine Einführung. 3., akt. Aufl. München: Fink / UTB 2007.

Zusammenfassung

Medieninhaltsforschung

Der uneinheitlich verwendete Begriff »Medienforschung« dient als Sammelbegriff für Medientheorien unterschiedlicher Provenienz, die Erforschung von Mediensystemen (Medienpolitik, -recht, -ökonomie und -technik) sowie die Analyse von Medieninhalten. Man unterscheidet verschiedene Verfahren der Medieninhaltsanalyse: zum einen quantifizierende Inhaltsanalysen mit dem Ziel repräsentativer Befunde und der Hypothesenüberprüfung; zum anderen eher qualitativ-interpretierende Verfahren, die zu neuen Hypothesen und einem vertieften Verstehen von (latenten) Bedeutungen führen. Obwohl sehr unterschiedliche theoretische Hintergründe erkennbar sind, ist das gemeinsame Anliegen der meisten Medieninhaltsanalysen, die Medienberichterstattung kritisch zu vergleichen – entweder mit der extramedialen Wirklichkeit, den Informationsinputs, den normativen Qualitätsansprüchen und Funktionsbeschreibungen oder mit anderen Medien, historischen Zeiten oder Gesellschaften. Medieninhaltsanalysen nehmen eine zentrale Stellung ein, weil sie notwendig sind, um die Ergebnisse des Kommunikatorhandelns zu beschreiben. Die Voraussetzung dafür ist, sinnvoll Medienwirkungs- und Mediennutzungsforschung zu betreiben.

Übungsfragen

1 Worin besteht das grundlegende erkenntnistheoretische Problem von Inhaltsanalysen?

2 In welcher Beziehung steht das Forschungsfeld Medienanalyse zu den drei weiteren Feldern Kommunikator-, Nutzungs- und Wirkungsforschung?

3 Beschreiben Sie die vier grundlegenden Analyseperspektiven der Medieninhaltsforschung?

4 Nennen Sie mindestens sechs typische Untersuchungsfragen bzw. -bereiche der Medieninhaltsforschung!

2.3 | Mediennutzungsforschung

Die Erforschung der Mediennutzung gehört aus unterschiedlichen Gründen zu den Grundfragen der Kommunikationsforschung.

kommunikations-wissenschaftliche Sicht

(1) Aus kommunikationswissenschaftlicher Sicht ist die Nutzung von Medien in nahezu allen Fällen die logische und zeitliche Voraussetzung für jegliche Medienwirkung (Ausnahmen können langfristige gesellschaftliche und kulturelle Wirkungen sein). Die Wirkung von medialen wie non-medialen Aussagen setzt die Wahrnehmung bzw. Rezeption, also einen komplexen Zeichenprozess und Kognition, voraus. Erkenntnisse über die Nutzung von Medienangeboten benötigen wir aber auch, wenn wir zum Beispiel die Frage nach den Funktionen bestimmter Medien für die Öffentlichkeit einer demokratischen Gesellschaft oder für die Sozialisation von Kindern und Jugendlichen beantworten wollen. Auch hier gilt: Ohne Nutzung können bestimmte Funktionen (aber auch: Dysfunktionen) nicht auftreten.

Begreift man Kommunikation als symbolische Interaktion und nicht als linearen Übermittlungsprozess, dann kommt den Nutzern oder Rezipienten von publizistischen Medien die Rolle handelnder Akteure zu. Welche Rolle Rezipienten und Publikum im Kommunikationsprozess genau zukommt, und wie man die »Publikums-« oder »Rezipientenseite« am besten beschreibt, ist theoretisch durchaus umstritten. Bevor entsprechende Ansätze der akademischen Forschung im Überblick vorgestellt werden, sei an dieser Stelle darauf hingewiesen, dass der Großteil der tatsächlichen empirischen Mediennutzungsforschung sehr viel pragmatischer vorgeht.

(2) Erkenntnisse über die Mediennutzung sind von unmittelbarem ökonomischem Interesse, und zwar letztlich für vier Akteursgruppen: (a) Da sich Medienunternehmen in kapitalistischen Gesellschaften überwiegend aus Werbeeinnahmen finanzieren, müssen sie der werbetreibenden Wirtschaft auch verdeutlichen, welche Werbewirkungen durch Anzeigen, Beilagen, Spots etc. erzielt werden können. Mithilfe der Mediennutzungsforschung soll daher bestimmt werden, wer wie oft und wie lange welche Medienangebote nutzt, also mit hoher Wahrscheinlichkeit auch in Kontakt mit den Werbebotschaften kommt. Ein ähnliches Interesse wie die werbetreibende Wirtschaft, wenngleich nicht immer im gleichen Maße unmittelbar erwerbswirtschaftlich motiviert, haben Unternehmen und politische Akteure, die ihre Aussagen mithilfe von Public Relations und Journalismus weiter verbreiten. (b) Auch die Medienunternehmen selbst haben natürlich ein Interesse daran, möglichst viele und kaufkräftige Leser, Hörer, Zuschauer und User zu gewinnen. Sie sind daher auch daran interessiert, zu erfahren, wer schon zu den Nutzern zählt, aber auch, wie bestimmte Angebote bewertet werden und betreiben wie die meisten Unternehmen aller Branchen Marktforschung. Zumindest die Interessen der Medienunternehmen und der werbetreibenden Wirtschaft ergänzen sich hierbei. In vielen Fällen gewinnen aber auch (c) die Mediennutzer einen Vorteil aus der Nutzungsforschung, nämlich immer dann, wenn aufgrund der Forschungsergebnisse die redaktionellen oder sonstigen Leistungen der Medien ihren Wünschen angepasst werden. Solche Anpassungen an die Konsumentennachfrage werden allerdings aus gesamtgesellschaftlicher, normativer Sicht mitunter als kritisch und dysfunktional bewertet. So fördere eine »wohlfeile Anpassung an den Massengeschmack« beispielsweise Sensationalismus und Sexismus, jedoch auf Kosten einer differenzierten Information und unter Berücksichtigung der Interessen weniger kaufkräftiger Minderheiten. Im Gegensatz zur akademischen Mediennutzungsforschung bedient die (d) kommerzielle Mediennutzungs-

ökonomische Sicht

kommerzielle Mediennutzungsforschung

forschung auf pragmatische Weise die Nachfrage nach (vermeintlich) gesicherten Informationen, die für die rasche Entscheidungsfindung über Werbeschaltungen oder medieninterne Veränderungen benötigt werden. Mediennutzung wird dabei tendenziell auf die statistisch relativ gut beschreibbaren Medienkontakte reduziert: Es interessiert, wer wann wie oft oder wie lange welche Medienangebote nutzt, aber weniger warum dies geschieht. Es geht also nicht um Verstehen und Erklären, sondern primär um Beschreiben bzw. Berechnen von Zielgruppen und Kontaktwahrscheinlichkeiten. Aus dieser pragmatischen Sicht erscheint es zunächst auch ausreichend, zu wissen, wer eine bestimmte Werbeanzeige gelesen hat (und nicht warum er oder sie dies getan hat). Allerdings werden durchaus detaillierte Daten für **Werbeplanung und Medienmarketing** benötigt, d. h., es werden auch soziodemografische Faktoren (Alter, Geschlecht, formale Bildung, Wohnort, Einkommen etc.) erfasst und zum Teil auch konkrete Umstände der Mediennutzung (Tageszeiten, Nutzungssituationen etc.). Seitens der kommerziellen Mediennutzungsforschung werden umfangreiche Untersuchungen durchgeführt, deren Daten also auch unentbehrlich für die Kommunikationswissenschaft sind und die der akademischen Forschung zumindest teilweise und oftmals mit zeitlicher Verzögerung auch zugänglich sind.

Bevor wir uns näher mit den Erklärungsmodellen der kommunikationswissenschaftlichen Mediennutzungsforschung beschäftigen, werden deshalb hier die grundlegenden Verfahren der kommerziellen Forschung im Überblick vorgestellt.

Mediennutzungsforschung als Marktforschung

Kommerzielle Mediennutzungsforschung wird in den USA seit den 1930er Jahren betrieben und ist mittlerweile auch in Deutschland ein umsatzstarkes Gewerbe. Medien werden dabei letztlich als Werbeträger verstanden und es gilt vor allem, den Kontakt bzw. die Kontaktwahrscheinlichkeit von Rezipient und Werbebotschaft zu quantifizieren. Offen bleiben dabei die Ursachen der Mediennutzung ebenso wie die möglichen Wirkungen, denn nach dem vereinfachten Kontaktmodell geht man davon aus, dass Medien wirken – auch wenn man nicht genau weiß, wie das vonstatten geht. Um zu entscheiden, wo und wann Werbung geschaltet wird, reicht es aber aus, vergleichbare Daten (also eine »Währung«) zu besitzen, und genau dies liefert die Werbeträgerforschung mithilfe der Methoden empirischer Sozialforschung, insbesondere durch Befragungen und technische Messungen, manchmal aber auch durch Tagebuchverfahren und Experimente. Ökonomisch bedeutsam ist es, die »richtigen« Mediennutzer zu erreichen. »Richtig« bedeutet dabei aus Sicht der werbetreibenden Wirtschaft, dass die Medien den Kontakt zu genau der soziodemografisch und aufgrund von Lebensstilen und Milieuzugehörigkeit beschreibbaren Zielgruppe herstellen, die auch als Konsumenten für die beworbene Dienstleistung oder Ware infrage kommen. So hilft es wenig, wenn eine Werbeanzeige für den neusten Porsche vor allem von Frauen gelesen wird, die über 80 Jahre alt sind, die eine sechsköpfige Familie transportieren müssen oder die schlichtweg nicht willens oder in der Lage sind, das Dreifache ihres Haushaltsnettoeinkommens in ein Auto zu investieren. Aus Sicht der werbetreibenden Industrie handelt es sich bei den erreichten Menschen, die nicht zur angezielten Konsumentengruppe gehören, um »Streuverluste« – der militärische Jargon belegt das instrumentelle Medienverständnis. Hilfreicher ist es, wenn man mit derselben Anzeige ein überwiegend männliches, kinderloses Publikum mit einem hohen Einkommen zwischen 40 und 65 Jahren erreicht. Auch die am Marketing orientierte, pragmatische Forschung geht also längst nicht mehr von einem homogenen Massenpublikum aus, zumal sich auch der klassische Massenmarkt längst differenziert hat. | **Streuverluste**

Ein großer Teil der auftragsgebundenen Mediennutzungsforschung bezieht sich auf Einzelmedien wie das Fernsehen oder sogar auf ein ganz bestimmtes Medium, z. B. die Leserschaft einer bestimmten Lokalzeitung oder Publikumszeitschrift. Erhoben werden auf der Individualebene mit repräsentativen Befragungen (telefonisch, schriftlich, persönlich, online) Nutzungshäufigkeit (Frequenz) und ggf. -dauer sowie die soziodemografischen Daten. Hieraus lassen sich dann die Zusammensetzung der Nutzerschaft (Zielgruppe) und die Reichweite (hochgerechnet in absoluten Zahlen oder in Prozent aller Nutzer) sowie der Marktanteil (in Prozent, gemessen zum Beispiel an der Gesamtfernseh- oder Hörfunknutzungsdauer in einem bestimmten Zeitraum) berechnen. Mit diesen vergleichsweise einfachen statistischen Kennwerten ist eine gemeinsame »Währung« gegeben, die den Vergleich der Werbeleistung (auch relativ zum Preis) ermöglicht und die in der Branche allgemein akzeptiert wird. | **Werbeleistung**

Neben solchen bevölkerungs- oder teilrepräsentativen Befragungen dienen technische Messungen zur Erfassung der Mediennutzung; in Deutschland betrifft dies vor allem das Fernsehen sowie das WorldWideWeb, in der Schweiz wird beispielsweise auch die Hörfunknutzung technisch gemessen. Für die Marktforschung der Medienunternehmen werden ferner experimentelle Methoden genutzt, etwa um Versuchspersonen unterschiedliche Zeitungs- und Zeitschriftenlayouts, Anzeigengestaltungen und Webdesigns zu demonstrieren (Copytest). Die Probanden wer- | **Methoden**

den dann beobachtet und befragt, oder es wird mithilfe einer technischen Apparatur ihr Blick-, Lese- und Selektionsverhalten aufgezeichnet.

syndikalisierte Form

Mediennutzungsforschung kann von einzelnen Medienunternehmen in Auftrag gegeben werden, vielfach erfolgt sie aber auch in syndikalisierter Form, d. h., sie wird gemeinsam von konkurrierenden Medienunternehmen finanziert. So gibt es beispielsweise spezialisierte »Leseranalysen für Entscheidungsträger (LAE)« (www.lae.de) oder für die Leser medizinischer Fachzeitschriften (LAMed) sowie von den großen Verlagen periodisch wiederholte Mediennutzungs- und Konsumentenstudien wie die seit 1974 erscheinende »Typologie der Wünsche« (www.tdwi.com) des Burda-Verlags oder die von den Verlagen Bauer und Springer gemeinsam finanzierte Verbraucher-Analyse (VA) (www.bauermedia.com / studien.0.html). Zu den Anbietern großer und aktueller Datenbestände gehören auch große Umfrageunternehmen wie das Institut für Demoskopie Allensbach (Allensbacher Markt- und Werbeträger-Analyse, AWA; www.awa-online.de/).

Wie für alle Befragungen so gilt auch für die Befunde der Mediennutzungsforschung, dass sie auf Selbstauskünften der Betroffenen beruhen. Mitunter wird aber in Befragungssituationen die eigene Mediennutzung nicht richtig erinnert oder falsch eingeschätzt; in manchen Fällen können Antworten auch eher der sozialen Erwünschtheit als den Tatsachen entsprechen, etwa wenn eine geringere Medien- oder Unterhaltungsnutzung angegeben wird. Auch bei technischen Messungen können Fehler auftreten, wenn das Messgerät nicht vorschriftsmäßig bedient wird oder das Wissen um die Protokollierung das eigene Sehverhalten beeinflusst.

Zu den besonderen Nachteilen der »werbegetriebenen« Mediennutzungsforschung zählt, dass Bevölkerungsteile, die als wenig oder gar nicht werberelevant gelten, stark vernachlässig wurden. Hierzu zählen z. B. Menschen über 50 Jahre oder Migranten, die nicht gesondert oder nur sehr undifferenziert erfasst werden.

Info & Literatur

Mediennutzungsforschung in Deutschland

Beispiele für syndikalisierte Forschung sind die Media Analyse (MA) der Arbeitsgemeinschaft ag.ma e. V., ein Zusammenschluss von Verlagen, Media- und Werbeagenturen, sowie die Fernsehnutzungsforschung der Arbeitsgemeinschaft Fernsehforschung (AGF; www.agf.de), in der öffentlich-rechtliche und private Veranstalter kooperieren.

Für die **MA Print** werden zur Erhebung der Pressenutzung (Tageszeitungen und Zeitschriften) jährlich rund 39.000 Fragebogen-Interviews geführt (zunehmend online-gestützt); für die **MA Hörfunk** sogar über

65.000 Telefoninterviews. Für die Printmedien (ca. 180 Zeitschriften und Wochenzeitungen sowie 700 Tageszeitungsausgaben) wird gefragt, welche Titel wie oft und wie intensiv genutzt wurden; bei der MA Hörfunk wird u. a. die Radionutzung (rund 300 Programme) des vorangegangenen Tages in einem Viertelstundenraster abgefragt (Tagesablauf). Hinweise zur Erhebung und zu einigen Ergebnissen findet man unter: www.agma-mmc.de.

Die Informationsgemeinschaft zur Feststellung der Verbreitung von Werbeträgern (IVW) sammelt die vierteljährlichen Auflagenmeldungen von Tageszeitungs- und Zeitschriftenverlagen und überprüft diese stichprobenartig. Dabei wird zwischen Druckauflage, verbreiteter (einschließlich Freiexemplare) und verkaufter Auflage unterschieden. Aus diesen Zahlen kann auf die Leserschaft zumindest geschlussfolgert werden (www.ivw.de).

Die Nutzung des Fernsehens wird technisch durch GfK-Meter-Geräte erfasst, die in 5.640 repräsentativ ausgewählten Haushalten (hierauf bezieht sich die »Einschaltquote«) mit rund 13.000 Personen automatisch die eingeschalteten Programme (statistische »Sehdauer« als Durchschnittswert, »Verweildauer« der tatsächlichen Nutzer, »Sehbeteiligung« als Anteil der Personen, die ein bestimmtes Programm nutzen) und alle Umschaltvorgänge in 30-Sekunden-Intervallen speichern und jede Nacht an einen Zentralrechner übermitteln. Erfasst werden durch die Geräte der Gesellschaft für Konsum-, Markt- und Absatzforschung AG (GfK; www.gfk.de) dabei auch, welche Personen zuschauen (vorausgesetzt diese melden sich korrekt an und ab) sowie die Nutzung von Videotext, Videokassetten bzw. DVD und Videospielen (Spielekonsolen). Gemessen werden aber nur die Gerätelaufzeiten und nicht der Grad der Aufmerksamkeit der Rezeption (Nebenbeschäftigungen, Einschlafen vor dem Fernseher etc.).

Erstmals 1964 wurde durch die öffentlich-rechtlichen Rundfunkanstalten eine umfangreiche Studie zur Nutzung und Bewertung von Printmedien, Rundfunk und Kino durchgeführt. Diese alle fünf bis sechs Jahre wiederholte Langzeitstudie Massenkommunikation wird von ARD und ZDF publiziert und steht damit auch der akademischen Kommunikationswissenschaft als wichtige Datengrundlage zur Verfügung. Die letzte Erhebungswelle ist dokumentiert in: Reitze, Helmut / Ridder, Christa-Maria (Hrsg.): **Massenkommunikation VII.** Eine Langzeitstudie zur Mediennutzung und Medienbewertung 1964 – 2005. Baden-Baden: Nomos 2006.

Aktuelle Daten aus der Medienforschung der öffentlich-rechtlichen Anstalten enthalten auch die online verfügbaren Beiträge in Media Perspektiven (www.ard-werbung.de/mp) sowie die Media Perspektiven Basisdaten (Informationen und Bezugsnachweis unter: www.ard-werbung.de/mp/publikationen/basisdaten).

Seit 1997 liegt jährlich die ARD/ZDF-Online-Studie zumindest in Auszügen auch öffentlich zugänglich vor: www.ard-zdf-onlinestudie.de. Die IVW veröffentlicht Nutzungsdaten von über 1.000 Websites.

Info

Mediennutzung in Deutschland: einige Befunde

Nach der ARD-Medienforschung nutzten die Deutschen (ab 14 Jahre) das Fernsehen im Jahr 2009 durchschnittlich 228 Minuten (laut Langzeitstudie Massenkommunikation waren es 2005 noch 220); nur noch 182 Minuten verbrachten sie mit dem Radio (2005: 221 Minuten). Die Tageszeitungen, auf die nur 28 Minuten täglich entfallen, wurden inzwischen vom Internet überholt, das im Bevölkerungsdurchschnitt 44 Minuten täglich genutzt wurde, wobei die tatsächlichen Online-User 2009 rund 70 Minuten mit Online-Medien verbrachten. Frauen und Ostdeutsche (255 Minuten) sehen – im Durchschnitt – länger fern; die Fernsehnutzung nimmt mit dem Lebensalter zu: Während 14- bis 19-Jährige 2009 laut ARD-Medienforschung 100 Minuten (2005 noch 152 Minuten) pro Tag vor dem Fernseher verbringen, kommen 40- bis 49-Jährige bereits auf 217 (2005: nur 183) und die über 70-Jährigen auf jetzt 295 Minuten täglich.

Fernsehen und Hörfunk erzielen dabei (sinkende) Tagesreichweiten von 80 bzw. 66 %, Online-Medien nutzen laut Selbsteinschätzung 45 % (2005: 28 %) täglich; Tageszeitungen folgen mit 55 % (2005).

Laut der ARD / ZDF-Online-Studie (1.806 befragte On- und »Offliner« über 14 Jahre) nutzten 67,1 % der Bevölkerung das Internet im Jahr 2009 zumindest gelegentlich. Dabei ist noch immer ein klarer Rückgang der Nutzung im Lebenslauf zu erkennen: Nutzen 97,5 % der 14- bis 19-Jährigen Online-Dienste, so sind es bei den 40- bis 49-Jährigen nur noch 80,2 %, bei den 50- bis 59-Jährigen 67,4 % und bei den über 60-Jährigen nur ein gutes Viertel (27,1 %). Beliebtester Dienst ist dabei E-Mail: 82 % der Nutzer versenden oder empfangen mindestens einmal wöchentlich Mails. Auch Suchmaschinen verwenden 82 % der Nutzer, 47 % der Anwender suchen zielgerichtet bestimmte Angebote und 49 % »surfen einfach so« im WWW. Homebanking betreiben ein Drittel der Nutzer; Chats nutzen ein Viertel der Onliner. Seltener werden Online-Auktionen (9 %) und Online-Shopping (8 %) genutzt.

Kommunikationswissenschaftliche Ansätze

Während man in der Werbe- und der Propagandapraxis sowie in der angewandten Forschung lange Zeit (und zum Teil bis heute) von einem passiven und relativ homogenen Publikum ausging, werden in der sozial- und kommunikationswissenschaftlichen Forschung Publikum, Rezipienten und deren Verhalten bereits seit langem differenzierter betrachtet. Zunächst einmal muss festgestellt werden, dass es »das Publikum« als feste und homogene Größe gar nicht gibt, denn erst die Medien »produzieren« ihr Publikum, weil sie das Einzige sind, was die Menschen an unterschiedlichen Orten »vereint.«

passives Publikum

Das Publikum setzt sich immer wieder neu und anders zusammen; die einzelnen Rezipienten sind nicht in einer Organisation zusammengeschlossen und nur wenige interagieren untereinander (etwa in der Familie oder Kleingruppe). Mediennutzung findet also unter recht unterschiedlichen situativen, sozialen und psychischen Bedingungen statt. Man spricht heute daher von Publika (im Plural), Teilpublika, Publikumssegmenten, von Zielgruppen oder in der individualistischen Medienpsychologie und Wirkungsforschung von individuellen Rezipienten. In der kommunikationssoziologischen Forschung begreift man den Rezipienten als handelnden Akteur und beschreibt Teilpublika aufgrund soziodemografischer und kultureller Merkmale, zum Beispiel wenn man die Mediennutzung von Fans bestimmter Fernsehserien etc. untersucht.

Entgegen der heute nur noch unter Laien (zu denen leider auch die meisten Politiker zählen) weit verbreiteten Annahme, dass die Medien bestimmen, was die Menschen glauben, wissen oder wie sie handeln, ergibt eine wissenschaftliche Betrachtung eher das Bild eines differenzierten Publikums und aktiv handelnder Rezipienten. In den Sozialwissenschaften ist man insgesamt immer stärker vom Bild der Massengesellschaft und von einfachen Reiz-Reaktions-Modellen (Stimulus-Response) abgekommen. Ebenso hat sich auch das gesellschaftliche Menschenbild gewandelt, denn heute gehen wir von einem aktiven und autonomen, reflektiert und kritisch handelnden Menschen als Idealbild aus. Bereits die frühe Propagandatheorie vermutete, dass es zu differenzierten Medienwirkungen kommen könne, weil die Rezipienten durchaus Handlungs-, Selektions- und Interpretationsspielräume besitzen. Allerdings wurde dies empirisch lange Zeit nicht weiter erforscht und theoretisch auch nicht stärker ausgearbeitet.

aktiv handelnde Rezipienten

Die US-amerikanische Kommunikationsforscherin Herta Herzog analysierte in den frühen 1940er Jahren erstmals, welche Belohnungen (Gratifikationen) die Hörerinnen von Radio Soaps und Quizprogrammen durch ihre Hörfunknutzung erhielten. Sie stellte also die Rezipienten und deren Mediennutzung in den Vordergrund der Betrachtung und nicht mehr die Frage nach den Medienwirkungen. Damit war ein wesentlicher Grundgedanke für einen neuen kommunikationswissenschaftlichen Forschungsansatz gelegt, der vor allem seit den 1970er Jahren theoretisch ausgearbeitet wurde und seitdem Grundlage kontinuierlicher empirischer Forschung ist. Mittlerweile existieren verschiedene »motivationale Ansätze«, die Mediennutzung aus den Motiven (Beweggründen) der Rezipienten heraus erklären; auf den Uses-and-Gratifications-Approach (Katz / Blumler / Gurevitch 1974; Palmgreen 1984) und den theoretisch anders fundierten Nutzenansatz soll hier etwas näher eingegangen werden.

motivationale Ansätze

Der Uses-and-Gratifications-Ansatz geht von einem aktiven Rezipienten aus, der durch bestimmte psychologische Grundbedürfnisse in seinem gesamten Handeln motiviert ist. Die psychisch und sozial verursachten Bedürfnisse motivieren also, ob überhaupt Medien genutzt werden oder nicht, und sie entscheiden ggf. auch darüber, welche Medien bzw. Medienangebote genutzt werden.

Uses-and-Gratification-Ansatz

Diese Motive werden meist aus empirischen Befragungsbefunden abgeleitet, aber es gibt keinen theoretischen Rahmen, keine Bedürfnis- oder Gratifikationstheorie, die Begründungen für die genannten Motive liefern. Unklar bleibt auch, wie bewusst die Bedürfnisse den Menschen tatsächlich werden, wenn sie eine Entscheidung für oder gegen eine bestimmte Medienzuwendung treffen. Grob lassen sich vier Typen von Bedürfnissen klassifizieren:

Motive

Bedürfnisse

- kognitive Bedürfnisse wie Neugier, Kontrolle der Umwelt, Orientierung, Lernen, Information, Wissenserwerb;
- affektive Bedürfnisse wie Entspannung, Ablenkung, Entlastung, Eskapismus (Flucht aus alltäglichen Zwängen und Belastungen), Bekämpfung von Langeweile;
- sozial-interaktive Bedürfnisse, insbesondere Geselligkeit, Gemeinschaft, sozialer Kontakt, Suche nach Gesprächsthemen, Identifikation mit Medienakteuren bis hin zur »parasozialen Interaktion«, bei der Figuren des Fernsehens wie persönliche Bekannte empfunden werden; und
- integrativ-habituelle Bedürfnisse, also der Wunsch nach Vertrauen, Geborgenheit, Sicherheit, gemeinsamen Werten etc.

Die Rezipienten hegen also bestimmte Erwartungen und sie schätzen ein, mit welcher Wahrscheinlichkeit das ausgewählte Medienangebot den erwarteten Nutzen bzw. eine Belohnung (Gratifikation) erbringen wird. Bedeutsam ist außer der Wahrscheinlichkeit, mit der die Belohnung erfolgt und das Ausgangsbedürfnis befriedigt wird, auch, wie wichtig oder drängend dieses Bedürfnis ist. Man kann zwischen den gesuchten (Gratifications sought) und den tatsächlich erhaltenen Gratifikationen (Gratifications obtained) unterscheiden. Der aktive Rezipient, so die Mo-

Gratifications sought
Gratifications obtained

Uses-and-Gratifications-Modell nach Palmgreen (1984)
(Quelle: Kunczik / Zipfel 2005: 349)

Abb. 15

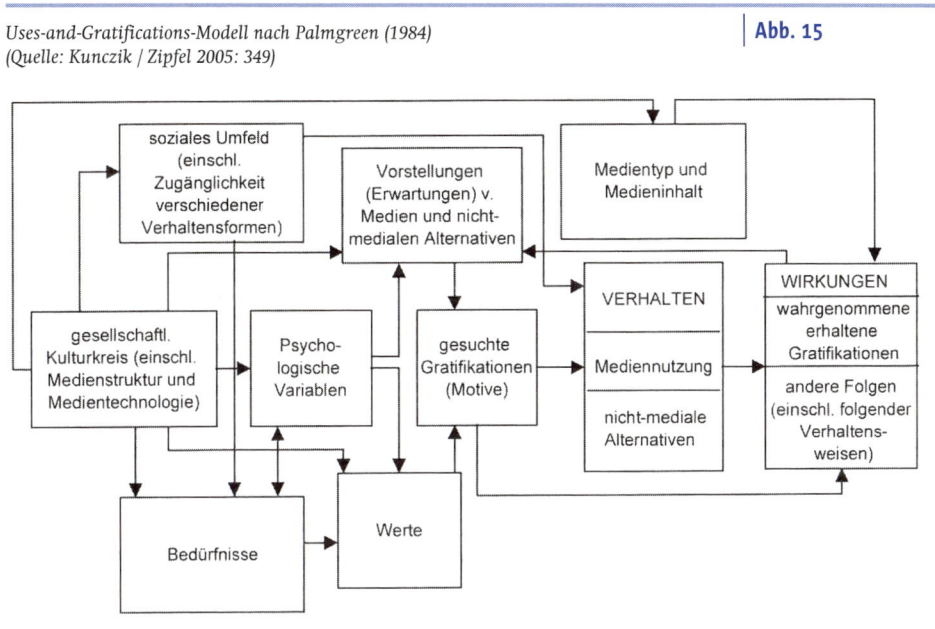

dellvorstellung, ist zum einen in der Lage, seine Bedürfnisse und Motive zu erkennen und zu benennen, und zum anderen trifft er eine rationale Auswahlentscheidung. Und schließlich ist er auch in der Lage, die gesuchten und die erhaltenen Gratifikationen zu vergleichen und sich über den tatsächlichen Nutzen der Mediennutzung klar zu werden. Ist der erhaltene Nutzen groß, so wird der Nutzer bei ähnlichen Bedürfnislagen künftig wahrscheinlich zur gleichen Option, also zum gleichen Medium, dem gleichen Programm oder der neuen Folge einer bekannten Serie tendieren. Es findet also ein erfahrungsbasiertes Feedback statt, durch das sich die Mediennutzung individuell verstärken und stabilisieren kann. Hierdurch kann es auch zu gewohnheitsmäßiger, habitualisierter Mediennutzung kommen. Das hinter diesem Modell stehende aufklärerische Menschenbild erscheint zwar auf Anhieb sympathisch, es stellt sich allerdings die Frage, wie realistisch es ist.

In jedem Fall wird deutlich, dass es sich bei den Motiven, ebenso wie bei dem erwarteten und dem erhaltenen Nutzen immer um subjektive Zuschreibungen (Attributionen) und Bewertungen des Nutzers handelt, d. h., dieselbe Mediennutzung kann in verschiedenen Situationen und für verschiedene Individuen etwas ganz anderes bedeuten und dadurch andersartige Gratifikationen schaffen. Zudem gilt, dass wir in der Entscheidungssituation nie vollständig über alle Handlungsoptionen (Medienangebote und Alternativen) informiert sind. Selbst wenn bzw. gerade wenn wir rational entscheiden, müssen wir uns gewisser Heuristiken bedienen: Es würde viel zu lange dauern, alle Varianten durchzuspielen, zumal wir beim Fernsehen unsere Entscheidung auch rasch und ohne

Niedrigkosten-Situation größere Kosten wieder korrigieren können (Niedrigkosten-Situation).

Auch während der Rezeption können Medienangebote spontan ausgewählt oder »abgewählt« werden, um die eigene Stimmung zu regulieren.
Mood Management Der psychologische Forschungsansatz des »Mood Management« (Zillmann 2000) besagt, dass Rezipienten bei Langeweile tendenziell Anregung und bei Stress tendenziell beruhigende Medienangebote bevorzugen und daran auch ihre Programmwahl sowie ihr spontanes Umschaltverhalten orientieren. Wie rational eine solche spontane Entscheidung zwischen einer relativ begrenzten Zahl von Optionen, die man nur durch »Zapping« kennt, tatsächlich ist, erscheint fraglich.

Die motivationalen Ansätze bedürfen ergänzender Erklärung, denn ein großer Teil von Selektions- und Rezeptionshandlungen ist nicht allein auf bewusste oder zumindest implizit rationale Entscheidungen zurückzuführen. So ist bekannt, dass beispielsweise das Fernsehverhalten auch durch banale Umstände wie das Wetter, durch das unmittelbare soziale Umfeld in der Situation, vor allem aber durch Gewohnheiten
Gewohnheiten geprägt ist. Gerade die Fernseh- und Hörfunknutzung verläuft vielfach unreflektiert und teilweise erkennbar ohne Gratifikation. Die meisten Nutzer wählen nicht wirklich zwischen allen Fernsehprogrammen, son-
Kanalrepertoire dern orientieren sich an einem begrenzten »Kanalrepertoire« von sieben bis zehn Programmen, auch wenn ihre Bedürfnisse objektiv durch eines der anderen dreißig Programme (oder ein ganz anderes Medium) besser befriedigt werden würde. Viele Nutzer können sich nicht vom Programm
Vererbungseffekte lösen, »rutschen« in die nächste Sendung (»Vererbungseffekte«) und fühlen sich nach dem Ende der Rezeption schlechter als zuvor.

Der von Karsten Renckstorf und Will Teichert in den 1970er Jahren
Nutzenansatz formulierte »Nutzenansatz« argumentiert weniger aus psychologischer Perspektive (Bedürfnis, Motiv) als soziologisch: Er betont den sozialen Charakter des Mediennutzungshandelns im Sinne des Symbolischen Interaktionismus, d. h., Mediennutzung wird als soziale bzw. kommunikative Handlung mit subjektiv gemeintem Sinn (Intention) verstanden und nicht (allein) als individuelle Nutzenmaximierung im Sinne einer rational choice oder als Resultat psychischer Dispositionen. Die Aktivität des Rezipienten ist in diesem Ansatz nicht auf die Selektionsentscheidung begrenzt, sondern die Nutzung selbst wird als aktives (Medien-)Handeln verstanden: Menschen handeln den Medien gegenüber auf der Grundla-

ge der Bedeutungen, die sie ihnen zumessen. Mediennutzer wählen nicht nur aus (Selektion), sondern interpretieren auch selbst aktiv: Nicht die Kommunikatoren oder »die Medien« entscheiden über Botschaft und Wirkung, sondern letztlich der Rezipient. Der Nutzenansatz berücksichtigt auch einige der oben benannten Schwächen: routinierte Mediennutzung (Habitualisierung, Ritualisierung) und spontane Verhaltensänderungen aufgrund situativer Veränderungen und Re-Interpretationen finden explizite Berücksichtigung.

Die motivationalen Ansätze sind nicht nur wegen mangelhaften theoretischen Grundlagen (Bedürfnistheorie), sondern auch aus methodologischer Sicht kritisiert worden: Empirisch wurden meist Befragungsstudien durchgeführt, bei denen vorgegebene Listen von Nutzungsmotiven und Gratifikationen verwendet wurden. Insofern wundert es nicht, wenn die Befragten sich anhand solcher Listen dann für die jeweils rationalsten oder die sozial erwünschten Motive entscheiden, auch wenn diese Motive entweder gar keine Rolle spielten oder den befragten Mediennutzern in der Entscheidungssituation gar nicht bewusst waren. Die Befragung selbst, auch wenn sie ohne vorgegebene Listen auskommt, sorgt möglicherweise für eine nachträgliche Rationalisierung des Medienhandelns.

Kritik

Zusammenfassung

Mediennutzungsforschung

Empirische Mediennutzungsforschung wird überwiegend aus pragmatischen Gründen und aufgrund wirtschaftlicher Interessen der Werbe- und Medienindustrie betrieben. Dabei geht es um die quantitative Erfassung von Kontaktchancen und die soziodemografische Beschreibung von Zielgruppen bzw. die Minimierung von Streuverlusten.

Die kommunikationswissenschaftliche Mediennutzungsforschung fragt hingegen nach den Gründen und Motiven von Mediennutzung. Motivationale Ansätze gehen von individuellen Bedürfnissen und Motivlagen der Mediennutzer aus, die Medien nutzen, um bestimmte Gratifikationen zu erhalten. Bislang fehlt jedoch eine ausgearbeitete Theorie der Bedürfnisse und eine Methodologie, die eine nachträgliche Rationalisierung der Mediennutzung durch die Befragten vermeidet. Offen bleibt auch, wie rational die Selektion von Medienangeboten tatsächlich erfolgt. Mediennutzung kann darüber hinaus aus soziologischer Perspektive als soziales und kommunikatives Handeln mit subjektiv gemeintem Sinn verstanden werden. Eine nicht zu unterschätzende Rolle bei der Mediennutzung und ihrer Erklärung spielen auch Gewohnheiten, situative und andere Umweltfaktoren.

Literatur

Mediennutzungsforschung
Einen guten Überblick bietet: Meyen, Michael: **Mediennutzung**. Mediaforschung, Medienfunktionen, Nutzungsforschung. 2., überarb. Aufl. Konstanz. UVK/UTB 2004; eine theoretische Einführung: Schweiger, Wolfgang: **Theorien der Mediennutzung**. Eine Einführung. Wiesbaden: VS 2007.

Übungsfragen

1 Welche Bedürfnisarten werden im Uses-and-Gratifications-Approach unterschieden?
2 Worin unterscheiden sich Uses-and-Gratifications-Approach und Nutzenansatz?
3 Welche Stärken und Schwächen weisen die verschiedenen motivationalen Ansätze auf?

2.4 | Medienwirkungsforschung

Die Wirkungen der Medien sind ein Thema mit Daueraktualität, und zwar keineswegs nur für Kommunikationswissenschaftler, sondern auch für die Öffentlichkeit. Denken Sie an Debatten über Fernsehgewalt, Pornografie im Internet oder über die vielleicht wahlentscheidende Bedeutung des Fernsehens. Die Frage der Medienwirkungen ist normativ stark aufgeladen; es geht um Horrorszenarien (von Neil Postmans »Wir amüsieren und zu Tode« bis zu Orwells und Huxleys Dystopien) und um gleichermaßen überzogene positive Utopien (Informations- und Wissensgesellschaft). Aus kommunikationswissenschaftlicher Sicht erstaunlich und zuweilen auch ärgerlich ist, dass in der politischen Debatte oftmals unhinterfragt von starken Medienwirkungen ausgegangen wird und die Medien zum Sündenbock gemacht werden, ohne dass dies durch Befunde der Medienwirkungsforschung gedeckt wäre. Entgegen eines weit verbreiteten Mythos spielten vereinfachende behavioristische Sichtweisen wie das »Stimulus-Response-Modell« schon in der frühen kommunikationswissenschaftlichen Forschung nur eine begrenzte Rolle. So wurde in den theoretischen Ansätzen schon früh auf eine ganze Reihe von intervenierenden Variablen, zum Beispiel auf Eigenschaften und Verhaltensweisen der Rezipienten hingewiesen, auch wenn diese empirisch nicht ohne Weiteres zu erforschen waren.

normativ stark aufgeladene Frage

Bevor einige prominente Konzepte und Modelle der Medienwirkungsforschung im Überblick dargestellt werden, ist zu klären, was überhaupt unter Medienwirkungen verstanden wird: Was ist eine Wirkung, was wirkt eigentlich und: auf wen oder was?

Allgemein gesagt stellen Wirkungen Veränderungen eines Zustandes aufgrund einer Ursache dar; wenn wir von Medienwirkungen sprechen, dann können also entweder die Medien insgesamt (also das Mediensystem), ein bestimmtes Medium (das Fernsehen), eine bestimmte Form des Medienangebotes (Daily Talks, Krimiserien etc.) oder eine bestimmte Medienaussage (»Medieninhalt«), etwa eine bestimmte politische Meldung, Ursachen sein. Auf der Seite der Ursachen können also mindestens vier verschiedene Ebenen unterschieden werden.

Vergleichbares gilt auch für die Wirkungsseite selbst: Veränderungen können auf der Ebene der Individuen, der Gruppen oder Teilöffentlichkeiten und auf der Ebene der Gesellschaft bzw. Öffentlichkeit eintreten (Mikro-, Meso-, Makroebene). — *Wirkungsebenen*

Am besten erforscht sind die Medienwirkungen auf der Mikroebene, auf der wiederum kognitive, affektive und konative Wirkungen unterschieden werden: Kognitive Wirkungen bezeichnen Veränderungen des Wissens, affektive die Veränderungen unserer Emotionen und konative Effekte beziehen sich auf Motive und Verhaltensdispositionen. Die Veränderungen von Einstellungen als kurzfristige Medienwirkung lässt sich zwar im Laborexperiment nachweisen, in der alltäglichen Kommunikation finden sich aber eher schwache Effekte: Die Meinungsmacht der Medien scheint begrenzt zu sein. Auch Veränderungen des individuellen Wissens lassen sich auf Medien zurückführen; allerdings vergessen Rezipienten auch relativ rasch, was sie gelernt haben. Am unwahrscheinlichsten dürften Veränderungen des Sozial-, Kauf- oder Wahlverhaltens aufgrund von Medien sein. — *kognitive, affektive und konative Wirkungen*

Wie die empirische Forschung rasch verdeutlicht hat, spielen auf allen drei sozialen Ebenen (Mikro-, Meso- und Makroebene) und hinsichtlich aller drei Wirkungsarten (Einstellung, Wissen, Verhalten) die Medien zwar durchaus eine Rolle, aber sie sind nie die alleinige Ursache für Veränderungen; zudem hängen Art und Stärke der Wirkungen von einer ganzen Reihe weiterer Faktoren und Bedingungen ab. Die Medienwirkungsforschung fragt deshalb nicht einfach, ob Medien etwas Bestimmtes bewirken, sondern wann und unter welchen Bedingungen Medien im Zusammenspiel mit anderen Ursachen zu Veränderungen führen. Daher sind auch nur Ergebnisse zu erwarten, die der Formel »Manche Medienbotschaften führen bei manchen Rezipienten unter bestimmten Umständen und zu gewissen Zeiten zu einer Wirkung« (Brosius 2003: 133) folgen. Für viele Politiker, Journalisten, Pädagogen und Eltern, die — *drei Wirkungsarten: Einstellung, Wissen, Verhalten* rasch nach klaren und handlungsleitenden Antworten suchen, müssen solche Antworten zwar enttäuschend klingen, doch führt aus kommunikationswissenschaftlicher Sicht kein Weg an solch differenzierten und empirisch belegten Befunden vorbei.

Zudem muss unterschieden werden, ob Medienwirkungen kurz- oder langfristig auftreten, also während oder kurz nach der Rezeption oder erst sehr viel später, und ob sich lang- und kurzfristige Wirkungen möglicherweise widersprechen oder aufheben. Medienwirkungen können aber auch vor der Rezeption, gesellschaftliche und indirekte Medienwirkungen sogar gänzlich ohne individuelle Nutzung und Rezeption auftreten (Zeitpunkt). Medien können direkt, zum Beispiel auf den individuellen Nutzer, oder indirekt wirken, etwa wenn man selbst gar kein Fernsehen nutzt, aber der gesellschaftliche Diskurs durch das Fernsehen geprägt wird. Und schließlich können Medien stark oder schwach wirken, wobei dann noch geklärt werden muss, was das genau bedeutet: Heißt »stark«, dass sehr viele Menschen beeinflusst werden (Extensität, Reichweite), dass wenige Menschen sehr nachhaltig und tiefgreifend beeinflusst werden (Intensität), oder müssen beide Voraussetzungen erfüllt sein.

kurz- oder langfristige Wirkungen

direkte oder indirekte Wirkungen

starke oder schwache Wirkungen

Medienwirkungen auf Individuen

Bevor wir zwei Forschungsansätze für Medienwirkungen auf der gesellschaftlichen Makroebene kennenlernen, soll hier zunächst die psychologische Medienwirkungsforschung behandelt werden. Wie die Ausführungen zur Mediennutzung (→ Teil II, Kap. 2.3) bereits gezeigt haben, bestimmt das Individuum zumindest mit, ob und wie Medienaussagen wirken, denn Menschen sind keine instinktgesteuerten Reiz-Reaktions-Automaten, sondern intentional handelnde und symbolverstehende Wesen. Als aktive Nutzer und Rezipienten selektieren wir Medienangebote, und wir nehmen sie aufgrund unserer psychischen Eigenschaften (Persönlichkeitsfaktoren), unserer Erfahrungen, Kompetenzen, Interessen wahr. Der Vorgang der Rezeption ist also ein sehr komplexer Vorgang, der weiterer psychologischer Forschung bedarf: Von Bedeutung sind z.B. das Involvement, also die innere (kognitive oder affektive) Beteiligung, die Aufmerksamkeit, mit der Medien rezipiert werden, aber auch das Vorwissen, die persönliche Betroffenheit aufgrund der eigenen sozialen Lage oder biografischen Position sowie die Bedingungen der konkreten Rezeptionssituation. Eine Rolle kann auch spielen, wie bestimmte Aussagen präsentiert werden, ob sie zum Beispiel in einem bestimmten Interpretationsrahmen gestellt oder wahrgenommen werden (Framing) oder ob sie besonders hervorgehoben und positioniert werden (Priming). Es sind

Rezipienten selektieren

Framing oder Priming

aber nicht nur die variablen Rahmenbedingungen, die Medienwirkungen mitbestimmen. Auch für die Medienkommunikation gilt, was wir für menschliche Kommunikation grundlegend festgestellt haben, nämlich dass Individuen die Bedeutungen kognitiv konstruieren, also über die bloße Selektion hinaus eine hohe kognitive Autonomie besitzen und nicht durch Informationen von außen programmiert und gesteuert werden können.

hohe kognitive Autonomie

All diese Faktoren, auf die wir hier nicht detaillierter eingehen können, nehmen Einfluss auf mögliche Medienwirkungen, und sie erklären auch, warum dieselben Medienaussagen auf verschiedene Menschen ganz unterschiedlich wirken, warum also beispielsweise Millionen von Computerspielern ›völlig friedliche Zeitgenossen‹ sind, aber bei ganz wenigen Menschen die exzessive Nutzung von solchen Spielen eben im Kontext mit einer Fülle weiterer sozialer und psychischer Faktoren doch zu – durchaus verhängnisvollen – Wirkungen führen können. Eindeutige empirische Nachweise von Medienwirkungen sind in Anbetracht der Fülle der Einflussfaktoren äußerst schwierig. In Laborstudien kann man zwar viele »störende« Faktoren ausschalten, um die eigentliche Medienwirkung genauer zu messen, aber diese Ergebnisse sind letztlich nicht auf die alltägliche Mediennutzung (die eben nicht im Labor stattfindet) übertragbar: Die Befunde besitzen keine oder nur sehr geringe externe Validität (Gültigkeit).

Insgesamt betrachtet sind Theorien starker Medienwirkung empirisch nicht gut belegt. Selbst einige klassische Beispiele, wie die angebliche Massenpanik nach der Ausstrahlung des Orson Welles-Hörspiel »The invasion from Mars« (1938) erweisen sich bei genauer Betrachtung als überzogen: Das Hörspiel wurde von vielen Rezipienten als Nachrichtensendung bzw. Reportage verstanden, aber von den 12 Millionen Hörern verspürten nur etwa zehn Prozent Angst und in Panik brachen nur einige Promille des Publikums aus. Metaphern wie »Magic bullet« oder »Hypodermic needle«, die auf einen wehrlosen, passiven Rezipienten und auf starke, direkte und für alle Nutzer gleiche (homogene) Wirkung hindeuten, führen also in die Irre. Allenfalls in Ausnahmefällen, etwa bei starker Medienlenkung in abgeschotteten totalitären Gesellschaften oder Organisationen und wenn eine Reihe persönlicher Voraussetzungen (etwa starke Verunsicherung, Angst vor Isolation etc.) und eine hohe Konsonanz auch in den interpersonalen Kommunikationsnetzwerken gegeben sind, droht die Gefahr solch manipulativer Medienwirkungen.

Theorien starker Medienwirkung empirisch nicht gut belegt

Die empirischen Kommunikationsforscher Lazarsfeld, Berelson und Gaudet fanden bei einer Untersuchung anlässlich des US-Präsidentschaftswahlkampfes 1940 (»The People's Choice«) heraus, dass die Medien bereits vorhandene politische Meinungen verstärkten, aber nur in acht

Prozent der Fälle zu einer Veränderung beitrugen. Joseph T. Klapper bezeichnete 1960 solche Phänomene als »Verstärkerhypothese«. In der People's Choice-Studie und der folgenden Forschung stellte sich zudem heraus, dass es neben dem direkten und linearen Kommunikationsprozess zwischen Medium und Rezipient auch noch einen gestuften Kommunikationsfluss gab: In sozialen Gruppen gibt es Meinungsführer (Opinion leaders), die als Experten und Ratgeber für bestimmte Themen (und nur für diese) gelten, und die in der interpersonalen Kommunikation ihre Bewertungen, Interpretationen und Meinungen an die Meinungsfolger (Opinion followers) weiter geben. Mediale öffentliche Kommunikation und interpersonale Kommunikation greifen also ineinander, es kommt zu schwachen und indirekten Medienwirkungen und einem »Two-Step-«, wenn Meinungsführer andere Meinungsführer beeinflussen sogar zu einem »Multi-Step-Flow« der Kommunikation. Die interpersonale Anschlusskommunikation und der »Personal Influence« (Katz / Lazarsfeld 1955) sind besonders bedeutsam und für die Verbreitung von technischen und anderen Innovationen (Diffusion) auch vergleichsweise gut untersucht. Allerdings gibt es auch »virtuelle Meinungsführer«, nämlich Medienpersönlichkeiten, die ein hohes Vertrauen und Ansehen genießen, mit denen aber gar nicht interpersonal kommuniziert wird.

Ein Forscherteam um Carl I. Hovland an der amerikanischen Yale-Universität (Yale-Gruppe) fand in zahlreichen Laborexperimenten in den 1940er und 1950er Jahren heraus, dass nicht nur der Inhalt, sondern auch die mediale Form der Aussagen, die zugeschriebene Glaubwürdigkeit der Quellen bzw. Kommunikatoren sowie persönliche Faktoren des Rezipienten die Wirkung von Medien mitbestimmen. Nach einigen Wochen vergessen Rezipienten oft, aus welcher Quelle bestimmte Aussagen stammen und auf diese Weise lässt auch ihre Skepsis gegenüber Aussagen aus unglaubwürdigen Quellen nach. Anfangs wenig glaubhafte Aussagen werden mittelfristig glaubwürdig und wirken somit zeitverzögert (»Sleeper effect«); parallel dazu werden die anfangs glaubwürdigen Aussagen vergessen. Empirisch konnten diese Effekte aber nicht eindeutig belegt werden. Zu den bereits erwähnten persönlichen Faktoren zählen auch beim Rezipienten bereits vorhandenes Wissen und Meinen. Lion D. Festinger fügte 1957 einen weiteren Erklärungsbaustein für unterschiedliche Wirkungen der gleichen Medienaussagen hinzu: Er ging davon aus, dass Menschen nach kognitiver Konsonanz streben, d. h., wir versuchen ein Gleichgewicht zwischen unseren Einstellungen (Attitudes), unserem Handeln und neuen Reizen herzustellen. In der Folge selektieren und interpretieren wir auch Medienaussagen: Aussagen, die unseren Einstellungen widersprechen, werden entweder vermieden, also negativ selektiert, oder wir interpretieren sie so lange (um) und werten

Marginalien:
Verstärkerhypothese

Opinion leaders

Two-Step-Flow

Glaubwürdigkeit der Quellen bzw. Kommunikatoren

kognitive Konsonanz

die Quellen als unglaubwürdig, unzuverlässig oder irrelevant ab, bis sie mit unseren Einstellungen vereinbar sind. Erst wenn der kognitive Aufwand (oder die sozialen Kosten der Isolation) zu hoch werden, neigen wir dazu, unsere Meinung den Tatsachen anzupassen und zu ändern. Zumindest im Labor lassen sich solche Zusammenhänge nachweisen. Die Selektionsleistung von Rezipienten beeinflusst die Wirkung der Medien in mehrfacher Hinsicht: In der präkommunikativen Phase kann die Zuwendung selektiv erfolgen (→ vgl. Teil II, Kap. 2.3), in der kommunikativen Phase erfolgt dann die Wahrnehmung selektiv und in der postkommunikativen Phase wird selektiv erinnert. Die Interpretation bzw. Konstruktion von Informationen erfolgt anhand kognitiver Schemata, also im Laufe der Sozialisation entwickelter und gesellschaftlich geprägter Muster. Zum Teil werden dabei ähnliche Frames und Nachrichtenfaktoren herangezogen, wie es auch die Journalisten tun. Die Rezeption kann auf einem zentralen kognitiven Pfad (vor allem bei hoher persönlicher Betroffenheit oder in Ausnahmesituationen wie dem »11. September«) oder in peripherer Weise geschehen, d. h., bei zentraler Verarbeitung setzt sich der Rezipient aufmerksam und tiefer gehend mit den Argumenten auseinander, während er bei peripherer Verarbeitung eher routinemäßig vorgeht oder formalen Randaspekten mehr Bedeutung zumisst. | **kognitive Schemata**

Medien können – unter genauer zu bestimmenden Bedingungen – nicht nur Wissen, Einstellungen und Verhaltensweisen von Individuen verändern, sie können auch die Öffentlichkeit und damit die Gesellschaft insgesamt verändern, indem sie den Prozess der öffentlichen Kommunikation beeinflussen. Mit der Theorie der Schweigespirale haben wir ein solches Modell bereits kennengelernt (→ vgl. Teil I, Kap. 4), bei dem der Einfluss der Medienberichterstattung auf die Bildung der öffentlichen Meinung erklärt werden soll. Im Folgenden sollen zwei weitere Forschungsansätze und -traditionen vorgestellt werden, die von langfristigen und schwächeren Wirkungen auf die Öffentlichkeit bzw. die Gesellschaft ausgehen: der Agenda-Setting-Ansatz und die Hypothese von der wachsenden Wissenskluft. Für weitere Ansätze und Hypothesen (etwa die Kultivierungshypothese George Gerbers) und vertiefende Darstellungen muss auf die spezielle Einführungsliteratur verwiesen werden (→ vgl. Infoteil Mediennutzungs- und Medienwirkungsforschung). | **gesellschaftliche Medienwirkungen**

Soziale Medienwirkungen: Agenda-Setting

Die Agenda-Setting-Hypothese wurde 1968 von den Amerikanern McCombs und Shaw anlässlich ihrer Forschungen über Medienwirkungen im US-Präsidentschaftswahlkampf (»Chapel-Hill-Studie«) entwickelt. | **Agenda-Setting**

Die Grundidee der eher schwachen Medienwirkung bedeutet hier: Nicht die einzelnen Medienaussagen bewirken eine Veränderung auf der Informations- oder Meinungsebene individueller Rezipienten, sondern die Medien stellen Themen für die öffentliche und nicht-öffentliche Kommunikation bereit, und sie strukturieren und bewerten diese Themen. Öffentliche Medienkommunikation folgt einer gewissen Tagesordnung (Agenda), die zurückwirkt auf die Agenda des Publikums (Thematisierungsfunktion). Aus den Medien erfahren wir, *worüber* wir uns Gedanken machen, kommunizieren und uns eine Meinung bilden sollen (Awareness-Modell) – ohne dass die Medien uns vorschreiben, *welche* Meinung wir zu diesem Thema entwickeln und vertreten sollen. Allerdings strukturieren die Medien die Themen auch: Aus Häufigkeit, Umfang, Dauer und Platzierung der Themen können wir folgern, welche Themen wichtiger als andere sind (Salience- und zugespitzt als Rangordnungs- oder Priority-Modell bezeichnet), vielleicht auch, wo die besonderen »Knackpunkte« und offenen Fragen sind sowie wer hierzu was zu sagen hat.

Awareness-Modell

Salience- und Priority-Modell

Methodisch versucht man diese ursprünglich als einseitige Kausalwirkung verstandene Medienwirkung mithilfe von Inhaltsanalysen und Befragungen im Zeitverlauf (Längsschnittstudien) zu erforschen: Zu jeweils zwei Zeitpunkten t_1 und t_2 werden die Medienagenda inhaltsanalytisch und die Publikumsagenda durch Befragung erfasst. Verglichen werden dann die Übereinstimmungen zwischen der Medienagenda zu t_1 und der Publikumsagenda zu t_2 sowie die Publikumsagenda zu t_1 und die Medienagenda zu t_2. Wenn die Korrelation für den ersten Zusammen-

Abb. 16

Die Agenda-Setting-Hypothese (nach Merten 1999: 365)

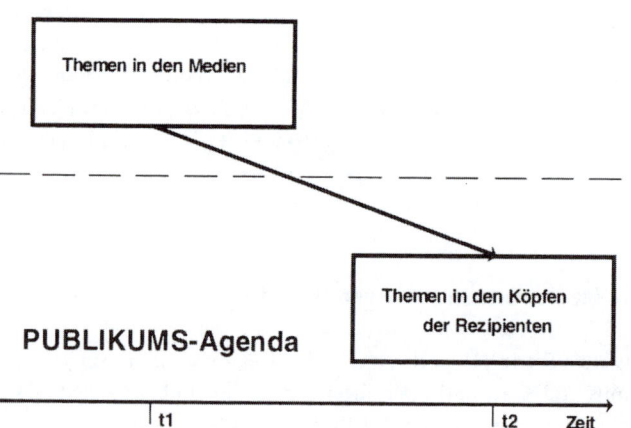

MEDIEN-Agenda

Themen in den Medien

Themen in den Köpfen der Rezipienten

PUBLIKUMS-Agenda

t1   t2   Zeit

hang größer ist als für den zweiten, dann ist die Wirkungsrichtung im Sinne der Hypothese bestätigt.

Ein weiteres Forschungsproblem besteht darin, aus aggregierten individuellen Befragungsergebnissen valide Aussagen über die Publikumsagenda zu gewinnen, denn diese muss nicht unbedingt der rechnerischen Mehrheitsverteilung entsprechen.

Allerdings tragen nicht nur die Medien zur Publikumsagenda bei, denn auch hier spielen mehrstufige Kommunikationsflüsse und interpersonale Kommunikation eine Rolle. Zunehmend werden Eigenschaften, Orientierungsbedürfnis und Interessen der Rezipienten in der Forschung berücksichtigt. Auch lassen sich für Zeitungen höhere, langfristige Agenda-Setting-Funktionen nachweisen als für das Fernsehen. Agenda-Setting-Effekte sind wahrscheinlicher für »unaufdringliche« Themen, über die

mehrstufige Kommunikationsflüsse

Intermedia-Agenda-Setting

Erweitertes Agenda-Setting-Modell nach Rössler (1997)
(Quelle: Kunczik / Zipfel 2001: 369)

| Abb. 17

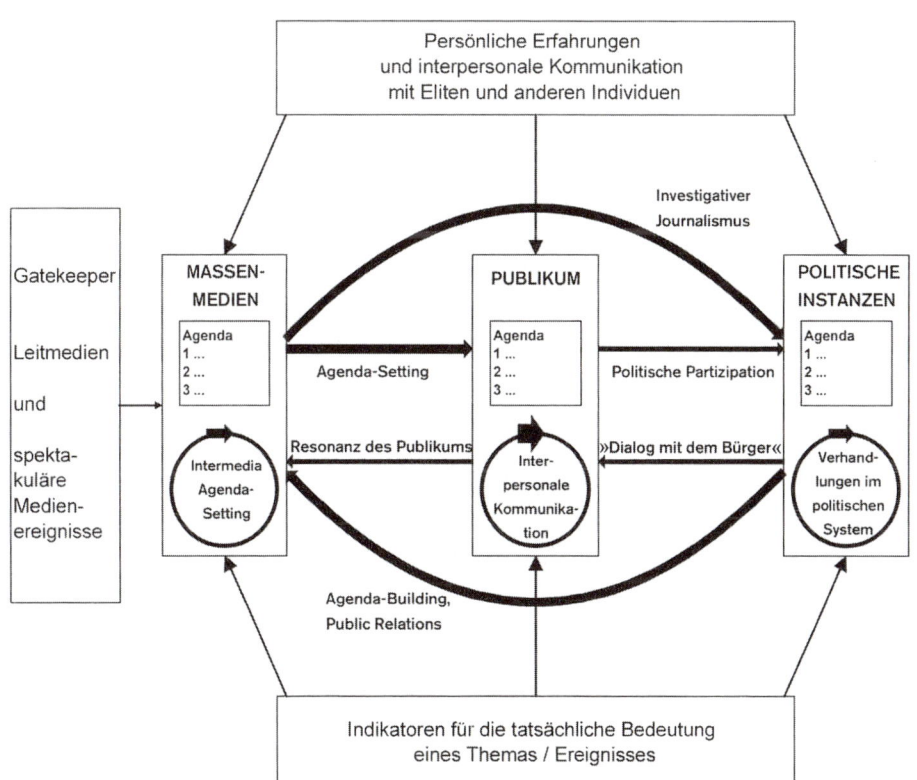

wir ausschließlich aus den Medien erfahren (Weltpolitik), als für »auf-
dringliche« Themen, die wir auch im eigenen Alltag wahrnehmen. Denkbar ist auch, dass sich Publikums- wie Medienagenda gleichermaßen an
einer dritten Agenda orientieren, nämlich den realen Ereignissen bzw.
der Agenda der Politik. Hinzu kommt, dass man methodisch weitere
Variablen wie die Nachrichtenfaktoren nur schwer isolieren kann und
dass »die Medien« Themen ja nicht einfach erfinden, sondern wiederum
ihre Quellen haben: zum einen die professionelle Öffentlichkeitsarbeit,
die Agenda-Building betreibt, und zum anderen wiederum die Publikumsagenda. In der neueren Forschung geht man daher von drei Agenden aus:
Der Medien-, der Publikums- und der Politikeragenda, die miteinander
in Wechselwirkung stehen und jeweils auch durch interpersonale Kommunikation beeinflusst werden. Alle drei Agenden unterliegen auch
internen »Setting«-Prozessen, d. h., die Medienagenda wird durch andere
Medien, z. B. die Leitmedien (Spiegel, BILD, Tagesschau) oder Online-
Quellen wie Weblogs beeinflusst (Intermedia-Agenda-Setting).

Soziale Medienwirkungen: Wissenskluft

drei Typen von
Wissensklüften

Auch die These von der wachsenden Wissenskluft ist auf längerfristige
Medienwirkungen bezogen, die aus normativer und funktionalistischer
Sichtweise problematisch sind, weil es auch um soziale Gleichheit bzw.
Gerechtigkeit geht. Die Ausgangshypothese wurde 1970 an der University
of Minnesota von Tichenor, Donohue und Olien formuliert und im deutschen Sprachraum vor allem von Heinz Bonfadelli aufgegriffen und weiter
entwickelt. Die Kernaussage lautet: Wenn der Informationsfluss von den
Massenmedien in ein Sozialsystem wächst, tendieren die Bevölkerungsteile mit höherem sozioökonomischem Status (gemessen an der formalen
Bildung) zu einer rascheren Aneignung dieser Information als die status-
und bildungsniedrigeren Segmente, sodass die bereits vorhandene Kluft
zwischen diesen Segmenten zu- statt abnimmt. Es sind vor allem fünf mit
der formalen Bildung zusammenhängende Faktoren, die den unterschiedlichen Nutzen der Medien für den Wissenserwerb erklären: die Kommu-
nikations- und Medienkompetenz, das Vorwissen, die sozialen Kontakte,
die Fähigkeit zum selektiven Umgang mit Informationen und die Nei-
gung der formal höher Gebildeten zu den eher informationsorientierten
Printmedien. Es lassen sich drei Typen von Wissensklüften unterscheiden: Angebotsorientierte Wissensklüfte gehen auf die Tatsache zurück,
dass in den (Print-)Medien der gebildeteren Schichten mehr Informationen
angeboten werden; nutzungsbedingte Klüfte basieren auf der bildungsbe-
dingt unterschiedlichen Mediennutzung und rezeptionsbedingte Wissens-

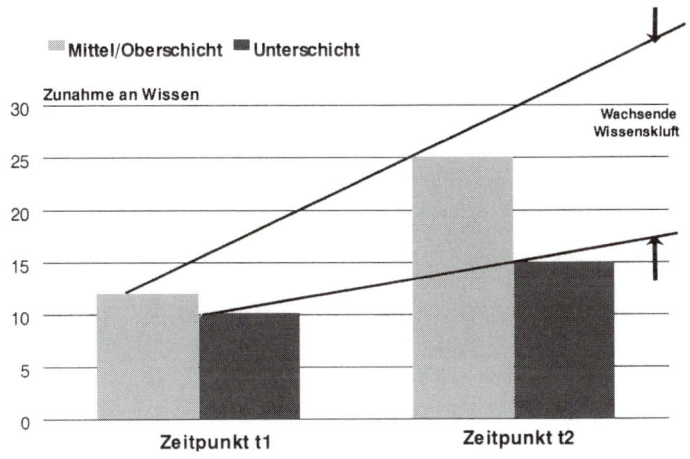

Abb. 18

Das Modell der wachsenden Wissenskluft (Quelle: Merten 1999: 374)

klüfte auf der Fähigkeit der formal höher Gebildeten auf der Grundlage derselben Medienangebote mehr Informationen zu gewinnen.

Allerdings besagt die These nicht, dass die statusniedrigeren Schichten durch Mediennutzung kein weiteres Wissen erwerben würden, sie erwerben es nur tendenziell langsamer. Zudem wachsen Wissensklüfte nicht ins Unendliche, sondern schließen sich wieder (Deckeneffekte), wenn auch die höher Gebildeten den Medien keine neuen Aussagen mehr entnehmen können oder wenn ihre Motivation für weiteren Wissenserwerb nachlässt. Wissensklüfte beziehen sich immer auf bestimmte Themen und lassen sich vor allem für wissenschaftliche und politische Themen empirisch nachweisen, nicht jedoch für besonders wichtige, konflikthaltige oder lokale Themen. Das bedeutet, dass Wissensklüfte zeitweise, im Plural und grundsätzlich auch an anderen sozialen Unterschieden (Einkommen, Geschlecht, Stadt-Land etc.) entlang auftreten können – es gibt also nicht eine Wissenskluft, die unsere gesamte Gesellschaft dauerhaft spaltet. Zu unterscheiden ist zwischen dem leicht erwerbbaren Faktenwissen und dem eher mittel- und langfristig zu lernenden Strukturwissen. Auch formal weniger gebildete Menschen können bei entsprechender Motivation, ausgeprägtem Interesse und verstärkter Nutzung von Printmedien ihre Benachteiligung zumindest partiell ausgleichen.

Hinzu kommt, dass dieselben Nachrichten auch objektiv nicht für alle Menschen den gleichen Wert oder praktischen Nutzen besitzen: Ob man komplexe Hintergrundinformationen über den Finanzmarkt oder die Quantenphysik wahrnimmt und versteht, ist von unterschiedlichem Nut-

Deckeneffekte

Differenzen,
keine Defizite

zen für einen Privatanleger oder einen Sozialhilfeempfänger bzw. für einen Naturwissenschaftler und einen Supermarkt-Filialleiter. Zunächst einmal handelt es sich lediglich um Differenzen und noch nicht um Defizite im Wissen. Demokratietheoretisch bedenklich würden solche Differenzen erst, wenn es um politisch relevante Informationen ginge, von deren Erwerb bestimmte Gruppen systematisch ausgeschlossen wären. Dies ist aber in demokratischen Gesellschaften bislang nicht zu erkennen, auch nicht durch den derzeit noch ungleich verteilten Zugang zum Internet: Bislang ist nicht erkennbar, welche politisch und öffentlich relevanten Informationen ausschließlich online und nur von sehr versierten oder hoch gebildeten Usern genutzt werden. Auch wenn dies im globalen Maßstab anders aussehen mag, so handelt es sich doch bei Wissensklüften (Knowledge Gap) nicht um dasselbe wie bei digitalen Klüften (Digital Divide).

Synthese und Fazit: Der dynamisch-transaktionale Ansatz

Wie der vorangegangene Überblick zeigt, muss auch die Medienwirkungsforschung berücksichtigen, dass Medien von aktiven Rezipienten genutzt werden, die ebenso wie die Kommunikatoren im komplexen Prozess der öffentlichen Medienkommunikation (Publizistik) über Nutzung und Wirkung von Medien (mit)bestimmen. Einseitige, lineare und monokausale Modelle sind ebenso wenig in der Lage, Publizistik zu erklären, wie sie geeignet sind, Humankommunikation generell zu erklären.

Der von Klaus Schönbach und Werner Früh 1982 vorgestellte »dynamisch-transaktionale Ansatz« trägt als komplexes Modell, dem Stand der kommunikationswissenschaftlichen Kenntnisse Rechung und versucht, sowohl die Schwächen des kausalistischen Stimulus-Response-Ansatzes als auch die Verkürzungen des finalistischen Nutzenansatzes zu überwinden.

Abb. 19

Dynamisch-transaktionaler Ansatz von Schönbach und Früh (vereinfachte Darstellung nach Früh 1991) (Quelle: Bonfadelli 2004: 185)

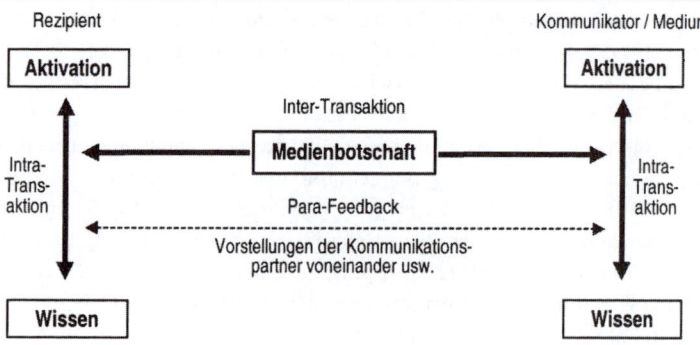

Beide, Kommunikator und Rezipient, sind sowohl aktiv als auch passiv: Aktiv wählt der Kommunikator Themen und Aussagen aus, aber dabei muss er sich passiv an die Bedingungen des Mediums, des Themas und an die Voraussetzungen auf Seiten der Rezipienten halten. Der Rezipient wählt zwar aktiv aus und konstruiert Bedeutungen, aber er ist passiv in dem Sinne, wie er auf vorhandene »Initialreize« (denen er sich zugewendet hat) reagiert. Diese Reize (Stimuli) des Medienangebotes sind – ähnlich wie im konstruktivistischen Paradigma – keine objektiven Ursachen von Wirkungen mehr, sondern werden vom Rezipienten aus den materiell gegebenen Irritationen erst konstruiert. Dies geschieht allerdings nicht subjektiv-willkürlich, sondern in Abhängigkeit von Vorwissen, Kenntnis der Kommunikatoren, Motivation etc. der Rezipienten. Vorhandene Wissensbestände und Schemata des Rezipienten werden durch Medienaussagen aktiviert (Aktivation), was zu weiterer Informationssuche (und Medienzuwendung) motivieren kann. Erst aus dem Zusammenspiel von Medienaussagen und Rezipientenerwartungen und daraus resultierender Rezipientenaktivität können sich (Medien-)Wirkungen ergeben. Früh und Schönbach nennen diesen Prozess »Intra-Transaktionen«, weil er sich »innerhalb des Rezipienten« abspielt. Aber auch auf der Kommunikatorseite finden »Intra-Transaktionen« statt, denn der Kommunikator gestaltet Medienaussagen auf der Basis seines Vorwissens. Das kommunikative Handeln von Rezipienten und Kommunikatoren wird zudem durch wechselseitige Bilder des jeweils anderen geprägt. Im Gegensatz zur nicht-medialen und zur interpersonalen Kommunikation kommt es jedoch bei der öffentlichen Kommunikation zwischen Kommunikator und Rezipient nicht zu wirklichen »Interaktionen«, sondern nur zu »Inter-Transaktionen«: So erfahren Kommunikatoren durch die Mediennutzungsforschung, Äußerungen von Kollegen oder sporadische Leserbriefe, Höreranrufe etc. etwas über die Rezipienten (»Para-Feedback«); ihr Wissen wird aktiviert. Auf der anderen Seite gewinnen die Rezipienten im Laufe der Zeit an Medienerfahrungen und Wissen über die Medien bzw. die Kommunikatoren. Kommunikator und Rezipient handeln letztlich gemeinsam die Bedeutung der Medienbotschaft in einer »Inter-Transaktion« aus. Dieses Wissen wird bei der (Selektion und) Rezeption aktiviert und bestimmt sowohl die weitere Nutzung als auch mögliche Wirkungen entscheidend mit. Medienwirkung und Mediennutzung sind also untrennbar in einem Wechselspiel miteinander verbunden. Interne »Intra-Transaktionen« bei Kommunikator und Rezipient sowie »Inter-Transaktionen« zwischen beiden bestimmen den Prozess der medialen, öffentlichen Kommunikation. In dem Maße, wie sich das Bild vom Rezipienten und das Bild vom Kommunikator ändert, unterliegt der Kommunikationspozess einem dynamischen Wandel. Aber nicht nur die

Marginalien:

Kommunikator und Rezipient sind aktiv und passiv

Intra-Transaktionen

Inter-Transaktionen

wechselseitigen Bilder unterliegen einer Dynamik; tatsächlich ändern
sich gleichzeitig Kommunikator und Rezipient (über Aktivationsprozes-
se und Intra-Transaktionen) und sogar die nicht mehr objektiv gegebene
oder fixierte Medienbotschaft: Mit den Aktivationspozessen beim Rezipienten verändert sich nämlich der »Informationsgehalt« bzw. die Wahrscheinlichkeit und Art der weiteren Reizverarbeitung bzw. Informationskonstruktion.

Es ist also nach diesem Modell weder die Botschaft noch der Kommunikator (mit seinen Intentionen), aber auch nicht allein der aktive Rezipient, der über die Wirkungen entscheidet, sondern ein dynamisches
Wechselspiel zwischen diesen Faktoren. Die gleichzeitig verlaufenden
(und nicht kausal aufeinanderfolgenden) Wechselwirkungen von Intra-
und Inter-Transaktionen führen letztlich zu Medienwirkungen.

So umfassend und hilfreich dieser Ansatz ist, umso schwieriger ist es
jedoch, auf dieser Grundlage empirische Forschung zu betreiben. Untersucht werden können letztlich wieder nur einzelne Phasen des dynamischen Prozesses.

Nicht nur in den empirisch arbeitenden Sozialwissenschaften ist das
einfache Kausalkonzept der Medienwirkung längst überwunden. Auch
in den kultur- und medienwissenschaftlichen »Cultural Studies« gelten
vereinfachende Manipulationsthesen, wie sie in den 1960er- und 1970er-
Jahren noch von orthodoxen Marxisten vertreten wurden, als überholt.
An die Stelle von linearen Transmissionsmodellen sind Kreislaufmodelle
getreten, die eine gesellschaftliche und kulturelle Einbettung von Pro-
duktions-, Nutzungs-, Rezeptions- und Wirkungsprozessen postulieren.

Medienproduktion wird nach Stuart Hall als Enkodierung von Zeichen oder »Encoding«, Rezeption als »Decoding« bezeichnet. Dabei werden die Bedeutungen nicht einfach mit übertragen, sondern entfalten
sich im Mediendiskurs und im Prozess der »Medienaneignung«, der
zwar individuell vollzogen wird, aber kulturell und sozial geprägt ist. In
den Cultural Studies werden verschiedene »Lesarten von Medientexten«
unterschieden und mit der Analyse von gesellschaftlichen Machtverhält-
nissen verknüpft. Es geht letztlich um die Interpretationshoheit über
Zeichen als Ausdruck »gesellschaftlicher Dominanz« oder »Hegemonie«.

In Fallstudien ist zu beobachten, dass sich sehr unterschiedliche Lesarten derselben Zeichen entwickeln können, bis hin zu oppositionellen
Lesarten, die im klaren Widerspruch zu dem stehen, was die Zeichen-
produzenten eigentlich gemeint haben und was kritisch als »favorisierte
Lesart« des »Powerblocks« verstanden wird. Medienwirkung ist damit
letztlich ein Aushandlungsprozess, der allerdings nicht frei von Macht-
verhältnissen verläuft.

Marginalien:

Wechselwirkungen von
Intra- und
Inter-Transaktionen

Encoding / Decoding

unterschiedliche
Lesarten

Literatur

Medienwirkungsforschung

Bonfadelli, Heinz: **Medienwirkungsforschung I**. Grundlagen und theoretische Perspektiven. 3. überarb. Aufl. Konstanz: UVK/UTB 2004.

Medienwirkungsforschung II. Anwendungen in Politik, Wirtschaft und Kultur. 2. überarb. Aufl. Konstanz: UVK/UTB 2004.

Jäckel, Michael: **Medienwirkungen**. Ein Studienbuch zur Einführung. 4., überarb. u. erw. Auflage. Wiesbaden: VS 2008.

Als Standardwerk für vertiefende Einblicke gilt: Schenk, Michael: **Medienwirkungsforschung**. 3., vollst. überarb. Auflage. Tübingen: Mohr Siebeck 2007.

Hepp, Andreas: **Cultural Studies und Medienanalyse**. Eine Einführung. 3. überarb. u. erw. Aufl. Wiesbaden: VS 2010.

Übungsfragen

1 Welche Arten von Medienwirkung werden unterschieden?
2 Wieso greifen populäre »Sündenbock-Thesen«, die alleine die Medien für soziales Fehlverhalten (etwa Gewalttätigkeit) verantwortlich machen, aus kommunikationswissenschaftlicher Sicht zu kurz?

Teildisziplinen der Kommunikationswissenschaft |3

Die enorme Bedeutung von Kommunikation für Mensch und Gesellschaft sowie der entsprechend grundlegende Charakter kommunikationswissenschaftlicher Erkenntnisinteressen und daraus abgeleiteter Forschungsfragen erzwingt in höherem Maße als bei vielen anderen Wissenschaften eine disziplinübergreifende Kooperation (»Transdisziplinarität«). Die Kommunikationswissenschaft hat sich dieser Herausforderung früher als viele andere Geistes- und Sozialwissenschaften gestellt, was zur Herausbildung zahlreicher Teildisziplinen geführt hat, deren Gegenstände und Methoden zum Teil »zwischen« der Kommunikationswissenschaft und anderen Disziplinen (»Interdisziplinarität«) liegen.

disziplinübergreifende Kooperation

Eine ausführliche oder auch nur eine gleichgewichtige Darstellung der verschiedenen bereits einleitend genannten Teildisziplinen (→ vgl. Teil II,

Kap. 1) würde den Rahmen dieser Einführung sprengen. Wir müssen uns deshalb auf eine Auswahl beschränken. Daher werden wir einige Teildisziplinen etwas ausführlicher behandeln und – ohne Anspruch auf Vollständigkeit – weitere Teildisziplinen (wie Medienpädagogik und -didaktik) nur sehr kurz charakterisieren und auf spezielle Einführungsliteratur verweisen. Allerdings wurde sowohl bei der Entwicklung der grundlegenden Begriffe und Gegenstände der Kommunikationswissenschaft (Teil I) als auch bei der Darstellung der Forschungsfelder der Kommunikationswissenschaft (→ vgl. Teil II, Kap. 2) ohnehin immer wieder auf die in diesem Kapitel nicht eigens thematisierten, aber grundlegenden und theoretisch zentralen Teildisziplinen *Kommunikations- und Mediensoziologie* sowie *Kommunikations- und Medienpsychologie* zurückgegriffen. Der Schwerpunkt der folgenden Ausführungen liegt daher auf den bislang vernachlässigten Teildisziplinen, die aber gleichwohl zum Kern der Kommunikationswissenschaft zählen. Es geht dabei – im Gegensatz zur Medieninhaltsforschung (→ vgl. Teil II, Kap. 2.2) – um die Disziplinen, die sich mit dem *Mediensystem* und seiner Entwicklung beschäftigen: Kommunikations- und Medienpolitik sowie Medienrecht, Kommunikations- und Medienökonomie, Kommunikations- und Medienethik sowie Kommunikations- und Mediengeschichte.

3.1 | Kommunikations- und Medienpolitik sowie Medienrecht

Mit den Begriffen »Kommunikations- und Medienpolitik« wird zugleich das praktische Politikfeld und – ähnlich wie bei Medienrecht, -geschichte und -ökonomie – die Teildisziplin bezeichnet. Wir müssen also immer genau unterscheiden, ob wir von wissenschaftlicher, theoretischer oder von praktischer Kommunikations- und Medienpolitik sprechen. Ebenfalls in Analogie zu den meisten anderen Teildisziplinen können wir Medienpolitik als den engeren und Kommunikationspolitik als den weiter gefassten Begriff definieren: *Medienpolitik* bezeichnet die Gesamtheit der politischen Maßnahmen, die sich auf die Institutionen, Strukturen (Organisationen) und Prozesse der medialen Kommunikation, insbesondere auf die öffentliche Medienkommunikation (Publizistik), beziehen. Dabei lassen sich die klassischen Felder Pressepolitik, Rundfunkpolitik und Filmpolitik unterscheiden. Hinzu kommen die Telekommunikationspolitik und seit einigen Jahren die »Online-Politik« sowie – kontrovers diskutierte – Tendenzen der Entgrenzung dieser Politikfelder (Konvergenz). *Kommunikationspolitik* hingegen schließt die Einzel-Medienpolitiken ein, meint darüber hinaus aber alle politischen Maßnahmen und Entschei-

Medienpolitik

Kommunikationspolitik

dungen, die sich auf die Gestaltung oder Regulierung (Steuerung) sozialer Kommunikation beziehen, einschließlich nicht-medialer Kommunikation und Organisationskommunikation.

Aus politikwissenschaftlicher Sicht könnte Medienpolitik (so der dort bevorzugte Terminus) ein Politikfeld unter vielen anderen sein, und im Vergleich zu Umweltpolitik, Steuerpolitik oder Arbeitsmarktpolitik dürfte es sich um ein eher marginales Feld handeln. Allerdings kommt insbesondere der öffentlichen Kommunikation eine überragende politische Bedeutung zu: Wie wir bereits gesehen haben (→ vgl. Teil I, Kap. 4), spielen die publizistischen Medien eine tragende Rolle bei der Bildung der öffentlichen Meinung und den Medien kommt u. a. die demokratietheoretisch zentrale Kritik- und Kontrollfunktion zu. Aus diesem Grund sollen die Medien in liberalen Demokratien möglichst staatsfern organisiert sein, was in Deutschland durch Art. 5 des Grundgesetzes (GG) garantiert wird. Gleichwohl haben alle politischen Akteure (Handlungsträger), also außer dem Staat auch Parteien, Verbände, Gewerkschaften, Kirchen, Nichtregeierungsorganisationen (NGO), ein hohes Interesse an für sie vorteilhafter Medienpräsenz. Ohne Medienpräsenz ist Erwerb und Erhalt politischer Macht kaum mehr denkbar. Hinzu kommt, dass in Politik und Gesellschaft noch immer die Vorstellung starker Medienwirkungen weit verbreitet ist (→ vgl. auch Teil II, Kap. 2.4). Nach sozialstaatlichem Verständnis darf und soll Politik dann steuernd eingreifen, wenn schädliche Medienwirkungen oder zumindest Gefahrenpotenziale anders nicht abgewendet werden können. All dies zusammengenommen erklärt, warum politische Akteure versuchen, auch auf die Strukturen der Medienorganisation und des publizistischen Prozesses Einfluss zu nehmen: Es geht letztlich um die Optimierung der eigenen Machtchancen. Kommunikationspolitik wird also zu einem guten Teil betrieben, um die politische Kommunikation besser beeinflussen oder gar kontrollieren zu können. Allerdings unterscheiden sich die in Demokratien normativ zulässigen und tatsächlich eingesetzten Maßnahmen und Instrumente ebenso wie das Spektrum der kommunikationspolitischen Akteure zum Teil erheblich von den Verhältnissen in vordemokratischen Phasen oder nicht demokratischen Regimes: staatliche Vorzensur, spezielle Mediensteuern und Abgaben, Lizenzpflichten etc. werden in Demokratien gar nicht oder nur in Ausnahmefällen angewendet. Allerdings sind die Medienfreiheiten in Zeiten permanenter Kriegsführung und Terrorismusfurcht auch in liberalen Gesellschaften immer wieder bedroht. Das Paradox demokratischer Medien- und Kommunikationspolitik liegt letztlich darin, dass der Staat zwar die Medienfreiheiten auch gegen Bedrohungen aufgrund von ökonomischer Macht (Medienkonzentration) garantieren soll, aber die Medien staatsfrei organisiert sein sollen und daher äußerste

Optimierung der Machtchancen

Medienfreiheiten

staatliche Zurückhaltung geboten ist. Dieser knappe Problemaufriss zeigt bereits, dass Normen und Werte in der praktischen Kommunikationspolitik eine wichtige Rolle spielen, und er verweist auch darauf, dass die theoretische Kommunikationspolitik nicht frei von normativen Vorstellungen ist. Die Rolle von Werten und Normen, die Systemabhängigkeit von medienpolitischen Funktionszuschreibungen, Programmen und Maßnahmen und die grundsätzliche Frage nach dem Verhältnis von Medien, Politik, Wirtschaft und Gesellschaft gehören zu den wiederkehrenden und zentralen Aufgaben wissenschaftlicher Kommunikationspolitik. Ihre Ziele bestehen in der Deskription und Analyse, der Reflexion und Kritik praktischer Kommunikationspolitik – und zwar in aktueller ebenso wie in historisch und international vergleichender Hinsicht. Konkret geht es um die methodisch nachvollziehbare Bestimmung der politischen Akteure, ihrer Programmatiken und Interessen sowie der Konflikte, Entscheidungen und politischen Maßnahmen bis hin zur Policy-Evaluation: War eine politische Maßnahme erfolgreich und warum? Welche Nebenwirkungen hat sie gezeigt? Welche weiteren Maßnahmen wären möglicherweise denkbar oder notwendig? Entsprechen die aktuellen gesellschaftlichen Kommunikationsverhältnisse unseren normativen Grundlagen, wie sie beispielsweise in Art. 5 GG verankert sind? Darf, soll, muss der Staat möglicherweise eingreifen – oder darf, soll und muss er das gerade nicht tun, um die Freiheit der Medien zu wahren? Damit zählen auch die wissenschaftliche Beratung und Anleitung praktischer Kommunikations- und Medienpolitik zu den Aufgaben wissenschaftlicher Kommunikations- und Medienpolitik.

Bevor wir uns einige wissenschaftliche Ansätze näher ansehen, muss hier noch auf ein weiteres Problem der Begriffverwendung hingewiesen werden: Der Begriff Kommunikationspolitik wird nicht nur in der Kommunikations- und in der Politikwissenschaft – auf je unterschiedliche Art – verwendet. Auch in der Betriebswirtschaftlehre ist die Rede von »Kommunikationspolitik«; womit aber nur Kommunikationsmaßahmen (Werbung, PR) als Teil des sog. Marketingmixes neben Produkt-, Preis- und Distributionspolitik und keine kollektiv verbindlichen Entscheidungen gemeint sind.

Theorie der Kommunikationspolitik

In die Kommunikationswissenschaft hat »Kommunikationspolitik« als Bezeichnung für eine Teildisziplin seit Mitte der 1960er Jahre Einzug gehalten, allerdings gab es auch zuvor eine wissenschaftliche Auseinandersetzung insbesondere mit staatlicher Presse- und Medienpolitik. Entscheidend ist jedoch, dass auf der Basis theoretischer Ansätze mit spezifischen Methoden wissenschaftliche Kommunikations- und Medienolitik betrieben wird und dass neben staatlichen Akteuren – gerade in demokratischen Gesellschaften – auch andere Akteursgruppen berücksichtigt werden. Eine allgemein anerkannte, umfassende Theorie der Kommunikations- und / oder Medienpolitik gibt es nicht, sondern verschiedene, auch normativ unterschiedlich geprägte Ansätze. Neben narrativ-deskriptiven Studien der jüngeren Medienentwicklung (Presse-, Rundfunk-, Filmgeschichte ab 1945) und der Strukturen von nationalen Mediensystemen (auch Rundfunk- oder Pressesystemen im Vergleich) gibt es system- und akteurstheoretische bzw. netzwerktheoretische Forschungsansätze. Ronneberger, Rühl und Saxer argumentieren systemtheoretisch, wenn sie von den Funktionen und Leistungen des Mediensystems, insbesondere Herstellung von Öffentlichkeit, politische Sozialisation und Integration, Kritik und Kontrolle sowie politische Bildung ausgehen. Ulrich Saxer hat 1983 ein weites, aber differenziertes Verständnis von »Systematischer Kommunikationspolitik« formuliert: »Kommunikationswissenschaft kann offenbar stets auch als Kommunikationspolitik begriffen und betrieben werden oder zumindest als solche funktionieren.« Gemeint ist, dass alle Teildisziplinen der Kommunikationswissenschaft Erkenntnisse zur Verfügung stellen können, die das praktische Handeln kommunikationspolitischer Akteure verbessern, also z. B. Ergebnisse der Medienwirkungsforschung, die zur Grundlage eines Gesetzes über den Jugendschutz in den Medien werden können, oder Erkenntnisse der Pressekonzentrationsforschung und der Medieninhaltsforschung, auf deren Grundlage die Medienkonzentration durch Gesetze beschränkt werden soll, etc. Aufgabe der Kommunikationspolitik als wissenschaftliche Disziplin ist »die Analyse kommunikationspolitischer Systeme, d. h. abgrenzbarer Interaktionssysteme, die auf die Optimierung von Kommunikationssystemen zielen.« Hier geht es um die politischen Akteure und ihre Handlungen bzw. Interaktionen, die zugrunde liegenden Normen und Wertvorstellungen.

Strukturen von nationalen Mediensystemen

Vor dem Hintergrund einer allgemeinen politischen Liberalisierung oder Deregulierung hat sich auch das Mediensystem in Deutschland (wie in vielen anderen europäischen Staaten) seit den 1980er Jahren gewandelt: Die Etablierung eines »Dualen Rundfunksystems« aus öffentlich-rechtlichen (ARD, ZDF; Deutschlandradio und DLF) und privat-rechtlichen Anbietern, die Aufhebung des vormals staatlichen Telekommunikationsmonopols und andere, zu einem guten Teil durch die Europäische Union vorangetriebene Maßnahmen, haben Fragen der Regulierung, Deregulierung und Selbstregulierung der Medien in den letzten Jahren und Jahrzehnten in den Mittelpunkt des Interesses wissenschaftlicher Kommuni-

Deregulierung

kationspolitik gerückt. Damit verlagert sich der Schwerpunkt von der Analyse staatlicher Medienpolitik im Sinne einer zentralen (in Deutschland: föderalen) Steuerung durch klassische Ordnungspolitik und Personalpolitik (im öffentlich-rechtlichen Rundfunk) stärker in Richtung Infrastrukturpolitik (Technologie- und Medienwirtschaftspolitik), indirekter Steuerungsmodelle und differenzierterer Politiknetzwerke mit weiteren Akteuren, die nicht dem Staat oder den Parteien zuzuordnen sind. Unter dem Vorzeichen der Deregulierung gewinnen nachgelagerte Regulierungsbehörden (Landesmedienanstalten, Regulierungsbehörde für Telekommunikation, Bundesnetzagentur), Medienunternehmen sowie deren Verbände und Selbstkontrollinstitutionen als Akteure in einem komplexen Politik- und Verhandlungsnetzwerk an praktisch-politischer wie an wissenschaftlich-analytischer Bedeutung. Kommunikations- und Medienpolitik kann selbst als Netzwerk von Kommunikationen (Verhandlungen, aber auch öffentliche Diskurse) begriffen werden. Dort, wo Deregulierung zu einer Kommerzialisierung führt, steht auch die dogmatische systemtheoretische Grenzziehung zwischen Medien, Wirtschaft und Politik zur Diskussion. Akteurstheoretische Konzepte, mit deren Hilfe die Interessen und Intentionen als erklärende Elemente fruchtbar gemacht werden können, gewinnen gegenüber systemtheoretischen Konzepten wieder an Bedeutung. Als Erklärungsgrundlage dient auch der Rückgriff auf Werte und normative Leitbilder der Kommunikationspolitik, wie nicht zuletzt die Debatte über Medien-Deregulierung gezeigt hat: Auch das vermeintlich unideologische, weil staats- und parteiferne Marktmodell der Medienorganisation ist nicht wertfrei, sondern geht davon aus, dass der Markt quasi mit unsichtbarer Hand schon für die bestmöglichen Verhältnisse sorgt oder dass der Staat im Zweifel eben doch regulierend eingreifen muss, um die Medien- und Kommunikationsfreiheiten sowie die zivilgesellschaftlichen Partizipations-Chancen zu verteidigen. Ausgehend von der politischen Theorie unterscheidet Gerhard Vowe (1999) konservative, liberale und demokratische Medienordnungsmodelle, die in unterschiedlichem Maße die Leitwerte Sicherheit, Freiheit und Gleichheit akzentuieren.

Bei den Analyse- und Forschungsmethoden herrscht, wie insgesamt in der Kommunikationswissenschaft, Pluralismus, wobei vor allem politikwissenschaftliche Policy-Analysen, hermeneutische Dokumenten- und Medieninhaltsanalysen sowie Experteninterviews eingesetzt werden. Beispielsweise lassen sich Akteure identifizieren, die an kommunikationspolitischen Entscheidungen beteiligt sind. Zumindest ein Teil der kommunikationspolitischen Debatten und Positionen lässt sich durch Dokumentenanalysen (Parteiprogramme, Gesetzesentwürfe und -texte, Denkschriften, Parlamentsprotokolle, Pressemitteilungen und Publikationen etc.) so rekonstruieren, dass auf die Kernaussagen, Intentionen

Marginal notes:
akteurstheoretische Konzepte

Analyse- und Forschungsmethoden

und Interessen der jeweiligen Akteure geschlossen werden kann. Analytisch kann zwischen verschiedenen Formen der Kommunikationspolitik unterschieden werden: Regulative Maßnahmen beruhen auf gesetzlichen Vorschriften, die einen Rahmen aus Geboten und Verboten aufspannen. Distributive Maßnahmen fördern die Medien durch Subventionen, Infrastrukturen, Steuerbefreiungen etc., während umgekehrt redistributive (umverteilende) Maßnahmen Ressourcen (Frequenzen, Rohstoffe, Marktzugänge etc.) einschränken. Ergänzt und partiell sogar ersetzt werden können gesetzliche Steuerungsinstrumente durch Kommunikation mit den betroffenen Akteuren: Man setzt auf Überzeugungsarbeit und informelle Verhandlungslösungen. Weitere »Steuerungsmedien« sind Macht bzw. Recht (Gesetze, Sanktionen) und Geld (Steuern, Subventionen etc.). Wie bei allen politischen Prozessen können auch bei der Kommunikations- und Medienpolitik charakteristische Phasen unterschieden werden: Auf die Problemartikulation kann die Formulierung und Diskussion politischer Programme folgen, die in der Implementationsphase dann umgesetzt und anschließend ausgewertet werden (Evaluation). Daran kann sich ggf. ein neuer Politikzyklus anschließen, d. h., es werden neue Probleme artikuliert oder es wird erkannt, dass die bisherigen Maßnahmen nicht ausgereicht haben.

Steuerungsmedien

Medienpolitik in Deutschland

Kommunikations- und Medienpolitik ist immer abhängig von den Leitwerten eines politischen und gesellschaftlichen Systems. Historisch kann beispielsweise zwischen absolutistischer, demokratischer oder totalitärer Kommunikations- und Medienpolitik unterschieden werden. Die Bundesrepublik Deutschland ist eine *repräsentative Demokratie* mit *bundesstaatlicher Struktur, pluralistischer Gesellschaft* und *sozialstaatlichen Verpflichtungen*. Die Medien genießen die in Art. 5 GG verbürgten Freiheiten der Berichterstattung und Meinungsäußerung sowie die Freiheit von staatlicher (Vor-)Zensur. Staatlichen Akteuren kommt in liberalen Systemen gerade im Mediensektor eine zurückhaltende Rolle zu, und umgekehrt üben die Medien keine staatlichen oder hoheitlichen Funktionen aus. Sie sind weder Agitator, Propagandist und Organisator wie im leninistischen System, sie sind aber auch keine »Vierte Gewalt« im Sinne der drei Staatsgewalten Legislative, Exekutive, Judikative, vielmehr sollen sie unabhängig von staatlicher, parteilicher, religiös fundierter oder einseitiger wirtschaftlicher Macht fungieren.

Die föderale Struktur der Bundesrepublik und die zwar grundlegenden, aber wenig detaillierten Organisationsvorgaben des Grundgesetzes

prägen neben der kapitalistischen Wirtschaftsordnung und der zunehmenden europäischen Integration (EU) das Mediensystem und die Medienpolitik in Deutschland seit 1945 bzw. seit 1990. Weil Rundfunk als
Kulturgut aufgefasst wird, stehen den Bundesländern hier die größten
Kompetenzen zu. Dem Bund hingegen kommen die Kompetenzen in der
Telekommunikationspolitik und theoretisch auch in der Pressepolitik
zu, wo er jedoch auf übergreifende Vorgaben verzichtet hat. Allerdings
hat der Bund immer wieder versucht, weitere medienpolitische Kompetenzen an sich zu ziehen, wurde dann aber vom Bundesverfassungsgericht, dem wohl bedeutsamsten rundfunkpolitischen Akteur, im Jahre
1961 gestoppt (1. Rundfunkurteil). Der Kompetenzstreit flammte aber
erneut bei den Online-Medien auf, bis man sich auf eine Teilung der
Kompetenzen einigte: Der Bund ist für die Regulierung der Dienste zuständig, die vergleichsweise nahe an der Telekommunikation sind, die
Länder für die Online-Dienste, die als rundfunkähnlich gelten. Die Europäische Kommission gewinnt über das Wettbewerbsrecht immer stärke-
ren Einfluss auf die Medienpolitik, insbesondere auf den Rundfunk (Europäische Fernsehrichtlinie), die Regulierung der Medienkonzentration,
aber auch die Belange des öffentlich-rechtlichen Rundfunks (Streit über
die Zulässigkeit der Rundfunkgebühr).

Die Medienpolitik der 16 Länder bedarf der ständigen Koordination,
damit Deutschland nicht in eine »medienpolitische Kleinstaaterei« zu-
rückfällt und die wirtschaftlich motivierte Politik des Standortwettbe-
werbs nicht zu einer Herabsetzung von inhaltlichen Standards führt. So
haben sich die Bundesländer z. B. auf weitgehend gleich lautende Landespressegesetze und vergleichbare Landesrundfunk- sowie Landesmediengesetze geeinigt. Der Rundfunkstaatsvertrag der Länder wurde 1987
abgeschlossen und mehrfach novelliert, vor allem um die einheitliche
Regulierung des privatrechtlichen Rundfunks sicherzustellen. Auch die
Zusammenarbeit der Länder beim ZDF und beim bundesweiten Hörfunk
sowie der Landerundfunkanstalten beim ARD-Fernsehen und die Höhe
der Gebühren regeln Staatsverträge. Seit 2010 ist der 13. Rundfunkände-
rungsstaatsvertrag in Kraft, der auch die sog. Telemedien (z. B. publizistische Online-Angebote) betrifft. Gleiches gilt für die Mehrländeranstalten
der ARD, wie beispielsweise den Norddeutschen Rundfunk. Für die
Rundfunkaufsicht, also die Kontrolle des privaten Rundfunks, wurden
öffentlich-rechtlich organisierte Landesmedienanstalten gegründet, die
wiederum in einer Arbeitsgemeinschaft und gemeinsamen Ausschüssen
zusammenarbeiten.

Wir sehen also, dass nicht »der Staat« hier kommunikationspolitischer Akteur ist, sondern ein Geflecht oder Netz staatlicher Akteure mit
jeweils abgestuften und sektoralen Kompetenzen. Auf der Bundes- wie

Rundfunk als Kulturgut

**Europäische Kommission
gewinnt Einfluss**

Netz staatlicher Akteure

der Länderebene sind die Zuständigkeiten für Medien über unterschiedliche Ressorts verteilt; neben dem Innenministerium sind auf der Bundesebene das Wirtschafts- und das Forschungsministerium sowie seit rund einem Jahrzehnt auch das Staatsministerium für Kultur und Medien (angesiedelt beim Kanzleramt) zu nennen. In den Ländern wird Rundfunk- und Medienpolitik meist als Chefsache in den Staatskanzleien der Ministerpräsidenten betrieben, aber auch die Kultus- und Wirtschaftsministerien besitzen Zuständigkeiten.

Doch es sind nicht nur staatliche Akteure, die in der Medienpolitik eine Rolle spielen: Gerade um eine möglichst weitgehende Staatsferne zu sichern, wurden Regulierungskompetenzen an die Medienbranche delegiert. Im Bereich der Presse (Deutscher Presserat), des Films (FSK), aber auch des Fernsehens (FSF) und der Online-Medien (FSM) sind Selbstkontrolleinrichtungen entstanden, die regulierend und aufklärend eingreifen können. **Selbstkontrolleinrichtungen**

Aber auch die großen Medienunternehmen selbst, etwa die öffentlich-rechtlichen Rundfunkanstalten oder Konzerne wie Bertelsmann und Springer, äußern sich zu medienpolitischen Fragen und betreiben Kommunikationspolitik. Hinzu kommen die Unternehmensverbände wie der Bundesverband der Deutschen Zeitungsverleger (BDZV) oder der Verband privater Rundfunk und Telekommunikation (VPRT) auf der einen Seite und die Mediengewerkschaften (DJV, Ver.di) auf der anderen Seite.

Medienpolitische Konflikte, wie beispielsweise der Streit um die Einführung des privatrechtlichen Rundfunks und die Einführung damals »neuer Medien« wie Kabelrundfunk, Videotext und Bildschirmtext in den 1980er Jahren, haben zudem die politischen Parteien, aber auch die Kirchen, den DGB und die großen Wirtschaftsverbände auf den Plan gerufen, die versucht haben, ihre Interessen durchzusetzen oder ihren Befürchtungen Ausdruck zu verleihen. Im Konfliktfall wird häufig die medienpolitische Arena aus dem parlamentarischen Raum zeitweise in Enquete- und Expertenkommissionen verlagert. **Streit um die Einführung des privatrechtlichen Rundfunks**

Im Mittelpunkt medienpolitischer Konflikte stehen neben den Regulierungskompetenzen (also der Frage, wer regulieren darf) die Objekte der Regulierung (Medienstrukturen und / oder Medieninhalte) sowie die Formen der Regulierung (hinsichtlich Legitimität und Effektivität). Besonders umstritten ist die Regulierung des Rundfunks, insbesondere des Fernsehens, denn hier gehen die Akteure von einer besonderen Relevanz und Wirkungsmacht aus. Dem Fernsehen werden aufgrund seiner hohen Verbreitung und Nutzung weitreichende Wirkungen sowohl auf Kinder und Jugendliche als auch auf den Wahlbürger nachgesagt. Die Regulierungsdichte ist deshalb im Rundfunk höher, was sich auch an der Zahl der Gesetze, Staatsverträge, Regulierungsbehörden und nicht zuletzt der demnächst zehn Rundfunkurteile des Bundesverfassungsge- **höhere Regulierungsdichte im Rundfunk** richts ablesen lässt. Bei der Rundfunkregulierung stehen nicht nur die Organisationsstrukturen zur Debatte, sondern auch inhaltliche Vorgaben (Vielfalt, Ausgewogenheit, Informationsanteile) und Beschränkungen (Jugendschutz, Werbung etc.). Während Presse und Film weitgehend dem Markt überlassen bleiben, aber durch das Presserecht und den Jugendschutz sowie im Falle der Presse durch eine weitgehend wirkungslose Konzentrationskontrolle reguliert werden, sieht dies beim Rundfunk ganz anders aus:

Privatrechtliche Veranstalter benötigen eine Lizenz, sie dürfen nur einen bestimmten Publikumsmarktanteil besitzen (Konzentrationskontrolle), und es werden ihnen Werbegrenzen sowie die Ausstrahlung von Programmen unabhängiger Dritter vorgeschrieben. Sie sind nicht nur an allgemeine medienrechtliche Normen und den Jugendschutz gebunden, sondern müssen auch ein Mindestmaß an inhaltlicher und publizistischer Vielfalt bieten. Die öffentlich-rechtlichen Anstalten haben einen gesetzlichen Programmauftrag und müssen die »Grundversorgung« mit Information, Bildung, Unterhaltung und Beratung garantieren. Die Erhöhung der Rundfunkgebühren muss durch ein Expertengremium (Kommission zur Ermittlung des Finanzbedarfs) begutachtet und anschließend von den 16 Landesparlamenten verabschiedet werden. Programm und Finanzierung werden durch aufwändige Gremien wie Rundfunk- und Verwaltungsrat kontrolliert, was allerdings politischen Akteuren wiederum Einflussmöglichkeiten eröffnet.

Literatur

Kommunikations- und Medienpolitik

Über das deutsche Pressesystem informieren ausführlich: Pürer, Heinz / Raabe, Johannes: **Presse in Deutschland**. 3., völlig überarb. u. erw. Auflage, Konstanz: UVK / UTB 2007; über den Rundfunk in knapper Form: Beck, Klaus: **Elektronische Medien**. In: Bentele, Günter / Brosius, Hans-Bernd / Jarren, Otfried (Hrsg.): Öffentliche Kommunikation. Handbuch Kommunikations- und Medienwissenschaft. Wiesbaden: Westdeutscher Verlag 2003, S. 330 – 348. Die deutsche Medienpolitik seit 1945 schildert: Tonnemacher, Jan: **Kommunikationspolitik in Deutschland**. Eine Einführung. 2., überarb. Auflage, Konstanz. UVK / UTB 2003. Aus sozial- und politikwissenschaftlicher Sicht werden Regulierungsprobleme diskutiert von: Puppis, Manuel: **Einführung in die Medienpolitik**. 2. überarb. Auflage, Konstanz: UVK / UTB 2010; Jarren, Otfried / Donges, Patrick: **Medienregulierung als gesellschaftliche Aufgabe?** Ein Mehrebenen-Akteur-Modell zur Steuerung der Medienentwicklung aus sozialwissenschaftlicher Perspektive. In: Rossen-Stadtfeld, Helge / Wieland, Joachim (Hrsg.): Steuerung medienvermittelter Kommunikation.

Baden-Baden: Nomos 2001, S. 35 – 50; sowie von: Vowe, Gerhard: **Medienpolitik zwischen Freiheit, Gleichheit und Sicherheit**. In: Publizistik, 44. Jg. (1999), Nr. 4, S. 395 – 415.

Medienrecht

Medienrecht ist aus juristischer Sicht ein uneinheitliches Rechtsgebiet unter vielen anderen, wobei sich das »uneinheitlich« vor allem darauf bezieht, dass die medien- und kommunikationsrelevanten Rechtsvorschriften in einer Fülle unterschiedlicher Gesetzestexte und Rechtsdokumente (z. B. Staatsverträgen) fixiert sind. Aus kommunikationswissenschaftlicher Sicht stellen Medien- und Telekommunikationsrecht zum einen eine wichtige Rahmenbedingung für die alltägliche Kommunikation einschließlich Journalismus, PR und Werbung dar, zum anderen ist das Medienrecht sowohl Voraussetzung als auch Ergebnis von Kommunikations- und Medienpolitik: Die Aufgabe der Medien- und Kommunikationspolitik ist das Treffen allgemein verbindlicher Entscheidungen, und eben diese werden im Rechtsstaat wiederum in Gesetzesform gegossen. Das ermöglicht es zugleich Gesetze und Verwaltungsakte auf ihre Konformität, ihre Vereinbarkeit mit den Grundrechten und den Verfassungen zu prüfen. Im Rahmen der Gewaltenteilung ist hierfür vor allem das Bundesverfassungsgericht zuständig, das mit seinen bislang zehn Rundfunkurteilen selbst zum politischen Akteur geworden ist.

Die zentrale Rechtsgrundlage gesellschaftlicher Kommunikation ist der Artikel 5 des GG, in dem Meinungs-, Kommunikations-, Medien- und Informationsfreiheit garantiert werden: Das Recht auf freie Meinungsäußerung in »Wort, Schrift und Bild« ist ein Jedermannsrecht; eigens erwähnt wird zudem die »Pressefreiheit und die Freiheit der Berichterstattung durch Rundfunk und Film« sowie das explizite Verbot der Zensur. Zur Medien- und Meinungsfreiheit tritt die Informationsfreiheit hinzu, also die Freiheit »sich aus allgemein zugänglichen Quellen ungehindert zu unterrichten«. Dies schließt auch die Nutzung ausländischer Medien ein, schützt aber vertrauliche persönliche Daten und Staatsgeheimnisse. Die Kommunikationsfreiheiten und die Privilegien der Medien werden aber auch begrenzt, und zwar durch andere Grundrechte wie das »Recht der persönlichen Ehre« (letztlich: Menschenwürde) sowie die allgemeinen Gesetze und den gesetzlichen Jugendschutz. Geregelt wird nicht ausschließlich die institutionelle Seite der medialen Kommunikation, sondern auch die individualrechtliche Seite öffentlicher Kommunikation sowie die interpersonale öffentliche Kommunikation: Art. 8 GG

uneinheitliches Rechtsgebiet

Voraussetzung und Ergebnis zugleich

Grundgesetz Artikel 5

räumt beispielsweise auch die Versammlungs-, Art. 9 GG die Vereinigungsfreiheit ein. Zwischen verschiedenen Grundrechten oder abgeleiteten Rechten kann es zu Kollisionen und Konflikten kommen, beispielsweise zwischen der Berichterstattungsfreiheit und dem Recht der persönlichen Ehre, aber auch zwischen Pressefreiheit und Gewerbefreiheit – etwa wenn es um die verfassungsrechtliche Frage der Legitimität von staatlichen Maßnahmen gegen Medienkonzentration geht.

spezielle Gesetze

Über die konkrete Organisations- und Funktionsweise der Medien sagt das Grundgesetz sehr wenig, sodass es immer wieder der höchstrichterlichen Klärung sowie der weiteren Präzisierung durch spezielle Gesetze bedarf, von denen die wichtigsten hier zumindest aufgeführt werden sollen:

- Die Landespressegesetze regeln die Tätigkeit der Journalisten, ihre besonderen Rechte und Funktionen sowie das Verfahren bei Normkonflikten, z. B. dem Recht am persönlichen Bild etc.
- Jugendschutzgesetze und der Jugendmedienschutzstaatsvertrag präzisieren den in Art. 5 GG angesprochenen Schutz der Jugend.
- Landesrundfunkgesetze und Rundfunkstaatsverträge der Länder schreiben Aufgaben und Funktionen sowie Struktur und Finanzierung des öffentlich-rechtlichen Rundfunks fest.
- Landesmediengesetze und Rundfunkstaatsverträge regeln (darüber hinaus) auch die Strukturen und Aufgaben der privatrechtlichen Rundfunkanbieter.
- Telekommunikationsgesetz (TKG) und Informations- und Kommunikationsdienste-Gesetz (IuKDG) des Bundes sowie der Mediendienstestaatsvertrag regeln Rechte und Pflichten der Telekommunikations- und Online-Anbieter (und Kunden).

Darüber hinaus existiert eine Fülle von Rechtsvorschriften, die für die Kommunikation in unserer Gesellschaft relevant sind und beispielsweise den Datenschutz, die Datensicherheit, den Verbraucherschutz, den Urheberschutz, die innere Pressefreiheit der Redakteure gegenüber dem Verleger, die Medienkonzentration im Pressesektor etc. regeln. Diese Rechtsvorschriften stammen aus unterschiedlichen Rechtsgebieten (bis hin zum Kartellrecht oder Arbeitsrecht), finden sich in sehr unterschiedlichen Gesetzeswerken, etwa in der Strafprozessordnung, die das Zeugnisverweigerungsrecht von Journalisten (aus Gründen des Informantenschutzes) regelt, oder im Betriebsverfassungsgesetz, aus dem die Richtlinien-Kompetenz der Verleger und der Tendenzschutz der Publikation hervorgehen, um damit die innere Pressefreiheit der Journalisten zu begrenzen.

Literatur

Medienrecht
Eine kompakte Einführung in das Teilgebiet geben: Schulz, Wolfgang/
Jürgens, Uwe: **Medienrecht**: Rechtsgrundlagen öffentlicher Kommunikation. In: Bentele, Günter/Brosius, Hans-Bernd/Jarren, Otfried (Hrsg.):
Öffentliche Kommunikation. Handbuch Kommunikations- und Medienwissenschaft. Wiesbaden: Westdeutscher Verlag 2003, S. 397–417. Umfassend über die medienrechtlichen Vorschriften informiert das Lehrbuch: Fechner, Frank: **Medienrecht.** 11., überarb. u. erg. Auflage, Tübingen:
Mohr Siebeck/UTB 2010.

Kommunikations- und Medienökonomie | 3.2

Um öffentlich wirksam kommunizieren zu können, muss ein erheblicher
technischer und organisatorischer Aufwand betrieben werden, der entsprechende Kosten verursacht. Medieninstitutionen besitzen zwar eine
öffentliche Aufgabe, sie müssen aber zugleich immer auch Medienunternehmen oder Medienbetriebe sein, die erst die notwendigen finanziellen
Voraussetzungen für die öffentliche Verbreitung von Aussagen erwirt-
schaften. In kapitalistischen Wirtschaftssystemen und Gesellschaften
erfolgt die Organisation von Unternehmen über den Markt, also nach
erwerbswirtschaftlichen Prinzipien. Dies hat gegenüber anderen Finan-
zierungs- und Organisationsmodellen den historisch und demokratietheoretisch bedeutenden Vorteil der Staatsferne.

Allerdings besteht ein grundlegender Widerspruch zwischen der **wirtschaftliche**
erwerbswirtschaftlichen Orientierung von Medienunternehmen (priva- **Orientierung versus**
tes Interesse, Gewerbefreiheit) einerseits und der öffentlichen Aufgabe **öffentliche Aufgabe**
(Medienfreiheiten), aus der eine dienende Funktion der Medien resul-
tiert, andererseits. Dieser Widerspruch führt nicht zwangsläufig zu Konflikten, weil beide Interessen nicht immer unvereinbar sein müssen. Die
Erfahrung hat aber gezeigt, dass der Markt alleine nicht in der Lage ist,
die gesellschaftlich wünschenswerten Leistungen (neben marktgängiger
Unterhaltung auch Information, Bildung, Ratgebung) und einen gleichen Medienzugang für alle Bürger (Gefahr prohibitiver Preise bei unterschiedlicher Kaufkraft der Konsumenten) zu gewährleisten. Ökonomen
sprechen von »Marktversagen« analog zum »Staatsversagen«, das in vielen anderen Bereichen beobachtet werden kann.

In Deutschland unterliegt daher der Medienmarkt, wie in vielen an- **Medienmarkt**
deren europäischen Ländern, besonderen wirtschaftspolitischen Regu-

lierungen von der branchenspezifischen Konzentrationskontrolle bis hin zur Bestandsgarantie für den gemeinnützigen (und eben nicht gewinnorientiert arbeitenden) öffentlich-rechtlichen Rundfunk. Die Medienwirtschaft unterscheidet sich also schon aufgrund der politischen und rechtlichen Rahmenbedingungen in spezifischer Weise von anderen Märkten. Aus medienökonomischer Sicht kommen aber noch eine ganze Reihe weiterer Spezifika hinzu, ohne die wir als Kommunikationswissenschaftler öffentliche Kommunikation nicht verstehen und erklären können. Kommunikation, insbesondere öffentliche und technisch vermittelte Kommunikation, ist also ganz elementar an ökonomische Grundlagen gekoppelt, und es gibt starke Hinweise dafür, dass die wirtschaftlichen Aspekte weiter an Bedeutung gewinnen (»Kommerzialisierung der Medien«).

Medienökonomische Fragestellungen

Aus betriebswirtschaftlicher Sicht interessiert zunächst die Frage, wie unterschiedlich organisierte Medienunternehmen den notwendigen Aufwand refinanzieren und woher sie die notwendigen »Rohstoffe« (Nachrichten, Programme etc.) und Mitarbeiter beziehen; wie also die »Allokation von Ressourcen« auf eine möglichst effiziente Art und Weise bewerkstelligt wird. In der medienwirtschaftlichen Praxis geht es vor allem um die Optimierung von Organisationsstrukturen und Prozessen, um Rationalisierungen, Effizienz- und Erlössteigerungen. Hier stehen also die privaten, erwerbswirtschaftlichen Ziele im Vordergrund, während die Erfüllung der öffentlichen Aufgabe als »Nebensache« oder »Externalität« betrachtet wird, weil sie mit Ausnahme des öffentlich-rechtlichen Rundfunks nicht als Unternehmensziel gilt. Aus kommunikationswissenschaftlicher Sicht stellt sich jedoch die Frage, wie erwerbswirtschaftliches Vorgehen mit der Erfüllung der öffentlichen Aufgabe am besten vereinbart werden kann, d. h., hier geht es um den wohlfahrtsökonomischen Nutzen für die Gesellschaft. Dabei richtet sich der Blick auch auf die betriebswirtschaftliche Organisation, vor allem aber auf die verschiedenen Medienmärkte und ihre Entwicklung. Medienunternehmen und Medienmärkte sind aus dieser Perspektive ganz besondere wirtschaftliche Phänomene, die mithilfe der Teildisziplin Medienökonomie erforscht und erklärt werden müssen. Medienökonomische Fragen sind also all jene Fragen, die wirtschaftliche Aspekte der Medien, insbesondere der publizistischen Medien betreffen. Wir müssen also auch hier interdisziplinär arbeiten und uns auf die Methoden und Begriffe der Wirtschaftswissenschaft einlassen. Dabei spielen mikro- wie makroökonomische Fragestellungen eine Rolle: Aus mikroökonomischer Sicht geht es beispielsweise

Marginalien:

Allokation von Ressourcen

Mikro- und Makroökonomie

letztlich um betriebswirtschaftliche Fragen wie die Kosten- und Erlösstruktur von Verlagen oder Rundfunkveranstaltern, die Organisationsstruktur eines Zeitungsbetriebes, die Personalführung in Medienbetrieben, die Programmbeschaffung für das Fernsehen, die Preispolitik im Pay-TV oder neue Vertriebsformen für Musik. Darüber hinaus werden aber auch die Medienrezipienten als Medienkonsumenten begriffen und erforscht (Nutzungs- und Kaufverhalten, Nachfragefaktoren, Zahlungsbereitschaft etc.) und die Arbeitnehmer (Journalisten etc.) als Wirtschaftssubjekte verstanden. Die makroökonomische Betrachtungsweise setzt nicht bei den einzelnen Medien- bzw. Wirtschaftsakteuren an, sondern arbeitet mit aggregierten volkswirtschaftlichen Daten. Hier geht es um die Medienmärkte, Fragen der Medienkonzentration bzw. -wettbewerbs, intermediäre Konkurrenz (z. B. zwischen Online-Medien und Tageszeitungen), die Rolle des Staates in und für die Medien- und Telekommunikationswirtschaft, die konjunkturellen Zusammenhänge zwischen Werbung, Medien und Konsum sowie um übergreifende Entwicklungen wie die Internationalisierung oder die Konvergenz (das Zusammenwachsen) von Medienmärkten.

Wirtschaftswissenschaftler versuchen nicht nur vergangene Entwicklungen und gegenwärtige Strukturen zu erklären, sie erstellen auch Prognosen, um die Wirtschaftsakteure (Produzenten, Konsumenten und den Staat) frühzeitig bei ihren Planungen zu beraten. Die Vorgehensweise der Ökonomie ist empirisch, d. h., man erhebt und interpretiert bestimmte Daten, die als Kennziffern dienen. Mithilfe der gewonnenen Daten sollen ökonomische Prozesse und Strukturen quantifiziert werden.

Prognosen

Einige Spezifika der Medienwirtschaft

Die medienökonomische Analyse zeigt, dass Medienunternehmen und Medienmärkte einige Besonderheiten aufweisen, die es aus wirtschaftswissenschaftlicher wie aus kommunikationswissenschaftlicher Sicht zu beachten gilt. Einige dieser Spezifika sollen hier exemplarisch skizziert werden.

Für Medienunternehmen wie Zeitungsverlage gilt zunächst einmal wie für die klassische Konsumgüterindustrie insgesamt das Gesetz der Fixkostendegression (»Economies of Scale«): Je mehr von einem Produkt hergestellt wird, umso kostengünstiger kann es produziert werden. Das gilt meist schon auf der Stufe der materiellen Produktion von Printmedien, denn die Druckmaschinen können besser ausgelastet werden, es können größere Papiermengen mit Rabatt eingekauft werden, und man kann von einer einzigen Druckvorlage statt fünf eben auch 5.000 Exemplare

Fixkostendegression (Economies of Scale)

drucken, ohne dass dadurch die Herstellung des Druckzylinders teurer würde. Solche Effekte kann man bis zu einem gewissen Grad auch beim Vertrieb feststellen: Wenn die Zeitung per Boten zugestellt wird, dann macht es kostenmäßig kaum einen Unterschied, ob der Zeitungsbote eine Zeitung oder 10 Zeitungen in die Briefkästen eines Mietshauses wirft (»Grenzkosten«). Entscheidender ist aber folgender Zusammenhang: Um ein einziges Exemplar einer Tageszeitung (»First Copy«) drucken zu können, muss bereits eine Redaktion beschäftigt werden, die den »Zeitungsinhalt« produziert. Hierfür fallen Kosten in bestimmter Höhe an. Wird eine höhere Auflage gedruckt, so steigen die Kosten für die Redaktion (Gehälter, Büros etc.) und die »First Copy« insgesamt nicht an. Wenn die Fixkosten auf eine höhere Stückzahl umgelegt werden, dann sinken die Fixkosten pro Exemplar. Die Zeitung kann also entweder billiger als andere verkauft werden oder der Verlagsgewinn steigt. Bei Medienpro-

First Copy-Kosten dukten machen die First Copy-Kosten einen bedeutenden Anteil aus, sodass die Fixkostendegression zu erheblichen Preis- und Wettbewerbsvor-

Unternehmens- teilen und damit tendenziell zur Unternehmenskonzentration führt. In **konzentration** der Medienwirtschaft bedroht die Unternehmenskonzentration nicht nur die ökonomischen Verbraucherinteressen (Preissetzungsmacht von Monopolisten), sie bedroht tendenziell auch die inhaltliche Pressevielfalt – es handelt sich dann um ein kommunikationspolitisches Problem mit weitreichenden Folgen für die öffentliche Kommunikation.

Doch zurück zur Zeitungsherstellung: Die Produktion einer Zeitung kostet den Verleger das Vielfache dessen, was er über Abonnements oder den Einzelverkauf am Kiosk einnimmt. Doch warum stellt er dann überhaupt Zeitungen her oder wieso erhöht er den Preis nicht auf kostendeckende drei oder vier Euro? Bei der Beantwortung der Frage stoßen wir auf eine wichtige Besonderheit in der Medienwirtschaft, die Finanzierung durch indirekte Erlöse bzw. den Verkauf auf zwei verschiedenen Märkten. Der überwiegende Teil der Einnahmen stammt im Tageszeitungsgeschäft nämlich aus der Anzeigen- und Beilagenwerbung; in der Bundesrepublik sind das meist 70 % der Erlöse. Die Tageszeitung wird gleichzeitig auf zwei Märkten gehandelt: auf dem Leser- oder Käufermarkt und auf dem Anzeigen- und Beilagenmarkt, wo die Verleger ebenfalls untereinander um Werbeaufträge konkurrieren. Die Zeitung ist ein

Koppelprodukt Koppelprodukt und unterscheidet sich damit grundlegend von den üblichen Konsumgütern. Diese Eigenschaft als Koppelprodukt hat Konsequenzen, denn die werbetreibende Wirtschaft möchte möglichst viele Leser erreichen. Konkurrieren zwei oder mehr Zeitungen im gleichen Verbreitungsgebiet, so ist es attraktiver, die Anzeigen bei der auflagenstärksten Zeitung zu schalten. In der Folge erhöhen sich also die Einnahmen dieser auflagenstarken Zeitung weiter. Die zusätzlichen Einnahmen kann der Verleger entweder dem Unternehmen z. B. für private Zwecke entziehen oder kann sie dazu verwenden, den Verkaufspreis der Zeitung zu senken oder die Qualität der Zeitung zu verbessern (etwa durch eine ausführlichere Berichterstattung, also Umfangserweiterung). In der Folge wird seine Zeitung wahrscheinlich von noch mehr Lesern gekauft, sodass die Auflage steigt. Damit wird die Zeitung noch attraktiver für die werbetreibende Wirtschaft, d. h., es können mehr oder teurere Anzeigen verkauft werden und so weiter und so fort. Es kommt zu einer »*Anzeigen-Auflagen-Spirale*«, die allerdings auch in absteigender Richtung durchlaufen werden kann. Eine rückläufige Auflage oder sinkende Werbeinnahmen zwingen einen Verleger dazu, Kosten einzusparen oder den Verkaufspreis zu erhöhen. Wenn er Kosten sparen will oder muss, dann wird er Redakteure entlassen oder den Umfang der Tageszeitung reduzieren. Die Leser werden dies früher oder später merken, zur Konkurrenz wechseln und die Tageszeitung nicht mehr kaufen. Das führt zu einer sinkenden Auflage, zu sinkenden Werbeinnahmen etc.

Anzeigen-Auflagen-Spirale

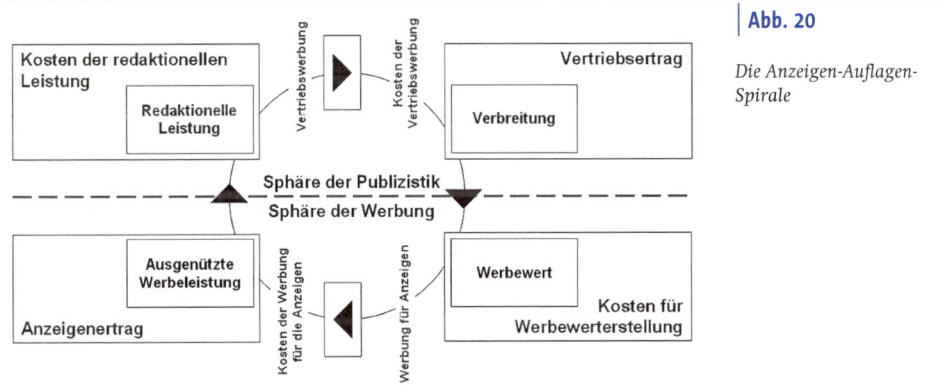

Abb. 20

Die Anzeigen-Auflagen-Spirale

Hörfunk- und Fernsehunternehmen produzieren im Gegensatz zu den Verlagen offensichtlich kein materielles Produkt, sondern ein immaterielles: Sendungen, Programme können zwar materiell fixiert werden, aber diese sind für den Vertrieb und für die Konsumtion nicht ausschlaggebend. Ökonomisch betrachtet sind Rundfunkprogramme ähnlich wie die Luft zum Atmen sog. »*öffentliche Güter*«, die sich durch Nicht-Rivalität des Konsums und mangelnde Zahlungsbereitschaft ihrer Nutzer auszeichnen: Im Gegensatz zu den Printmedien verläuft der individuelle Konsum bzw. die Rezeption von Rundfunkprogrammen unabhängig

öffentliche Güter

voneinander, d. h., die Tatsache, dass ich RTL sehe, hindert niemanden daran, dies ebenfalls zu tun. Rundfunkprogramme sind nicht »ausverkauft« wie beispielsweise Tageszeitungen am Kiosk. Und Rundfunkunternehmen können meist Konsumenten auch dann nicht vom Konsum ausschließen, wenn diese nicht bezahlen wollen oder können. Auch ist die Zahlungsbereitschaft der Rezipienten geringer als beim Kauf eines »persönlichen« materiellen Zeitungsexemplars, denn beim Rundfunk ist jedem bewusst, dass das Programm ohnehin gesendet wird, auch wenn man selbst gerade nicht zuhört oder zusieht. Die »First Copy-Kosten« sind beim Rundfunk extrem hoch, die Kosten für den Vertrieb vergleichsweise gering, und vor allem erhöhen sich diese praktisch gar nicht durch zusätzliche Konsumenten: Die Kosten für Produktion und Ausstrahlung eines Fernsehprogramms bleiben (zumindest lange Zeit) gleich, auch wenn das Publikum stark zunimmt, denn es müssen keine zusätzlichen Exemplare hergestellt werden. Die meisten Rezipienten haben sich daran gewöhnt, dass Rundfunkprogramme wie Tageslicht, Straßenbeleuchtung oder Atemluft frei und kostenlos verfügbar sind. Jeder Konsument stellt sich die Frage, warum er für etwas bezahlen soll, das ohnehin gesendet wird. Schwarzseher und -hörer konnten bislang bei analogem terrestrischem Rundfunk nicht effizient an ihrem Tun gehindert werden. Der Aufwand, den man betreiben muss, um sie vom Konsum auszuschließen, ist erst mit der Einführung digitaler Verschlüsselungstechniken (wie beim Pay-TV) ökonomisch sinnvoll.

Es stellt sich daher die Frage, wie denn Rundfunkfinanzierung überhaupt möglich ist, wenn keiner zahlen will, und die Anbieter die Zahlung nicht erzwingen können wie der Kioskbesitzer. Hinzu kommt ein zweites wohlfahrtsökonomisches Problem: Ähnlich wie Bildung ist auch **meritorische Güter** politische Information ein »*meritorisches Gut*«, also ein Gut mit hohem volkswirtschaftlichen und gesellschaftlichen Nutzen, das aber von den Konsumenten individuell nicht ausreichend nachgefragt wird und dessen Produktion deshalb unter Marktgesichtspunkten nicht unbedingt lohnt. Um diese beiden Probleme zu lösen, gibt es vier verschiedene Rundfunkfinanzierungsmethoden:

Wie bei den Printmedien kann man auch beim Rundfunk versuchen, das öffentliche Gut in ein konfektioniertes, handelbares privates Gut zu verwandeln. Hierfür gibt es zwei Methoden: Zum einen die (1) Werbefinanzierung, zum anderen (2) Entgelte wie beim Pay-TV, was allerdings einen effizienten technischen Ausschluss der Nichtzahler (»Free Rider«) voraussetzt. Bei der Werbefinanzierung dient das Rundfunkprogramm **Rundfunkfinanzierung** wie die Printmedien als Koppelprodukt. Die Finanzierung erfolgt letztlich über die Preise der beworbenen Konsumprodukte und Dienstleistungen, weshalb die Formulierung »Free TV« nicht zutreffend ist. Die

Finanzierung über Entgelte ist in dieser Hinsicht gerechter als Werbe- und Gebührenfinanzierung, denn es wird nur für das gezahlt, was man wirklich auch nutzt. Allerdings stellt sich hier das Problem, dass für wenig zahlungskräftige Zielgruppen die Produktion und Distribution von Fernsehprogrammen kaum lohnt. Eine dritte Finanzierungsmethode setzt letztlich auf staatlichen Zwang: Die gesetzliche bzw. staatsvertragliche Pflicht, (3) Gebühren für den öffentlich-rechtlichen Rundfunk zu zahlen. Durch diese Umgehung des Marktmechanismus sorgt man zugleich für die ausreichende Produktion der meritorischen Informationsgüter. Eine weitere Finanzierungsmethode hat sich in den letzten Jahren entwickelt, die »Umwegfinanzierung« über (4) Transaktionserlöse aus Teleshopping-Provisionen oder über Gewinnspiele für die Zuschauer (0190er- bzw. 0800er-Telefonnummern).

Ergänzt werden diese Finanzierungsmethoden noch durch das Merchandising, also den Verkauf von Fanprodukten sowie auf der Produktionsseite durch Product Placement, also »Schleichwerbung«. In der Rundfunkpraxis haben wir es oft mit einer Kombination der Finanzierungsmethoden zu tun, prominentestes Beispiel ist die Mischfinanzierung des öffentlich-rechtlichen Rundfunks aus Gebühren und Werbeeinnahmen. In anderen Ländern gibt es auch staatliche, d. h., aus Steuermitteln sowie aus Spendenmitteln finanzierte Rundfunkprogramme.

Mischfinanzierung

Info & Literatur

Medienökonomie

Das Spannungsverhältnis zwischen publizistischem Auftrag und erwerbswirtschaftlicher Organisationsweise der Medien wurde schon vor knapp 100 Jahren durch Karl Bücher, einen der Begründer der Zeitungswissenschaft, erkannt. Die Bedeutung medienökonomischer Fragestellungen hat vor dem Hintergrund von Presse- und Medienkonzentration, technischer Innovation (neue Vertriebswege), Internationalisierung und Kommerzialisierung stetig zugenommen. In der Medienökonomie sind wirtschaftswissenschaftliche Zugänge und Ansätze notwendig, aber nicht hinreichend, um den Besonderheiten und der herausragenden gesellschaftlichen Funktion öffentlicher Medienkommunikation Rechnung zu tragen. Neoklassische Ansätze, die aus betriebswirtschaftlicher Sicht lediglich die »Allokation der Ressourcen« optimieren möchten, bedürfen der Ergänzung durch institutionenökonomische Ansätze und eine neue politische Ökonomie. Wegweisend hierfür ist: Kiefer, Marie Luise: **Medienökonomik**. Einführung in eine ökonomische Theorie der Medien. 2., vollst. überarb. Aufl., München u. a.: Oldenbourg 2005.

Ein weiteres, zweibändiges Standardwerk ist: Heinrich, Jürgen: **Medien-ökonomie**, 2. Bde. Wiesbaden: VS 2010.

Aus wirtschaftswissenschaftlicher Perspektive führt in das Medienmanagement ein: Wirtz, Bernd W.: **Medien- und Internetmanagement**. 6., überarb. Aufl. Wiesbaden. GWV 2009.

Als deutschsprachige Fachzeitschrift erscheint seit 2004: **Medienwirtschaft**. Zeitschrift für Medienmanagement und Kommunikationsökonomie (Hamburg).

3.3 | Kommunikations- und Medienethik

Die Regulierung öffentlicher Kommunikation erfolgt nicht allein durch Recht und Gesetz. Gerade durch die kommunikationspolitische Tendenz der Deregulierung müssen Medienakteure mit mehr Freiheit auch mehr Verantwortung übernehmen. Dies gilt nicht nur für die seit langem in der Kritik stehenden Journalisten, sondern auch für die Organisatoren öffentlicher Kommunikation (Medienmanager), die Rezipienten und die Medienforscher.

Deregulierung und Medienethik

Nicht zuletzt vor dem Hintergrund der Kommerzialisierung der Medien und der strategisch eingesetzten Tabubrüche im privatrechtlichen Fernsehen hat seit den 1980er Jahren auch in Deutschland die Debatte über Selbstkontrolle und Medienethik stark an Bedeutung gewonnen. Die somit recht junge akademische Kommunikations- und Medienethik ist eine wissenschaftliche Teildisziplin praktischer Philosophie; wie andere Bereichsethiken (z. B. Wissenschaftsethik, Medizinethik etc.) bedarf sie aber der intensiven interdisziplinären Zusammenarbeit mit der Kommunikationswissenschaft. Aus der Perspektive der Kommunikationswissenschaft geht es weniger um die Setzung und Begründung von Normen (wie in der präskriptiven philosophischen Ethik und der Moraltheologie), als vielmehr um Deskription und Analyse der handlungsleitenden Normen und deren Begründung. Medienethik reflektiert und hinterfragt die praktische Medienmoral, sie beobachtet den historischen Wandel, die kulturellen Unterschiede und die verschiedenen moralischen Normen in den einzelnen Mediensektoren. In pluralistischen Gesellschaften und im globalen Maßstab kann eine bestimmte Moral nicht mehr als allgemeinverbindlich gelten. In ausdifferenzierten Gesellschaften wird beispielsweise die christliche Moral nicht von allen Akteuren geteilt oder zumindest werden verschiedene Begründungen herangezogen, warum eine bestimmte Handlungsweise als moralisch gut oder schlecht bewertet wird. Als Alternative wird ein kommunikatives Verfahren, nämlich

handlungsleitende Normen

die Diskursethik (K.-O. Apel / J. Habermas) ins Spiel gebracht, d. h., es wird nicht mehr vorab entschieden, was moralisch gut oder schlecht ist, sondern im Diskurs wird versucht, einen rationalen Konsens über Werte zu erzielen. Die auch in der Theorie des kommunikativen Handelns dargelegten Bedingungen für ein solch diskursives Verfahren stellen allerdings sehr hohe Ansprüche.

Im Gegensatz zum Recht wirken Moral und ethische Grundsätze nicht aufgrund der Furcht vor Sanktionen (Strafen), sondern aufgrund von Überzeugung und Einsicht. Moralisch-ethische Normen entfalten eine Kraft der Selbstbindung und stellen damit dem Mediensystem eine weitere Steuerungsressource zur Verfügung. Medienrecht und Medienethik können sogar im Widerspruch zueinander stehen, etwa in illegitimen politischen Systemen mit gleichgeschalteten Medien. Auch Gesetzesnormen bedürfen letztlich einer rechtsphilosophischen und ethischen Begründung. Das Verhältnis von Medienrecht und Medienethik ist also nicht auf die populäre Formel zu bringen, Medienethik sei eine vergleichsweise unverbindliche und die Gesetze lediglich ergänzende Form der Regulierung. Ethische Grundsätze und Normen können den Medienakteuren auch in vielen Situationen helfen, die gesetzlich (noch) gar nicht geregelt sind. *Selbstbindung*

In der medienethischen Praxis und Forschung können drei Ebenen oder Typen unterschieden werden: Die längste Tradition weisen *individualethische Ansätze* auf, die beim einzelnen Journalisten ansetzen. Seine persönliche Verantwortung steht im Mittelpunkt und seine individuellen Handlungsentscheidungen sollen durch Normenkodizes sowie eine journalistische Standesethik reguliert werden. Seit den 1950er Jahren gibt es vor allem für die in den Verbänden organisierten Print-Journalisten die Publizistischen Grundsätze des Deutschen Presserates, die ständig aufgrund neuer Problemfälle fortentwickelt werden. Diese Grundsätze sind zwar über die Printmedien hinaus bekannt, entbehren aber der Systematik und der ethischen Begründung. Auch wenn Normen wie die Wahrung der journalistischen Unabhängigkeit, Achtung der Wahrheit Respekt vor dem Privat- und Intimleben oder Diskriminierungsverbote sicherlich auf breite Zustimmung stoßen, scheitert ihre Einhaltung mitunter an der unterschiedlichen Interpretation, vor allem aber daran, dass der einzelne Journalist ja nicht frei von strukturellen Zwängen entscheiden und handeln kann. *individualethische Ansätze*

Auf einer zweiten Ebene haben sich daher wie in anderen Wirtschaftsbereichen auch in der Medienbranche *Organisations- und Unternehmensethiken* entwickelt. Auch solche Ethiken können kodifiziert werden (z. B. Programmrichtlinien der öffentlich-rechtlichen Rundfunkanstalten) und sollten auch klären, wer für welche Entscheidungen tatsächlich die Verantwortung trägt. Vielfach fehlen auch auf dieser Ebene die ethischen *Organisations- und Unternehmensethiken*

Begründungen und stattdessen werden lediglich die rechtlichen Vorschriften wiederholt.

Ethik von
Mediensystemen

Auf einer dritten Ebene geht es um die *Ethik von Mediensystemen*: Hier ist die bereits erwähnte Frage der Legitimität von Mediengesetzen ebenso anzusprechen wie ein begründetes Urteil über Bedingungen und Folgen medialer Kommunikation: Es ist eben auch eine ethische Frage, ob alle Menschen die Chance haben, ihre Interessen angemessen zu artikulieren oder ob politische, ökonomische oder religiöse Macht- und Dominanzstrukturen dies verhindern.

Publikums- oder
Rezipientenethik

Plausibel erscheinen auch Forderungen nach einer *Publikums- oder Rezipientenethik*, denn grundsätzlich kommt in marktwirtschaftlich organisierten Mediensystemen den Konsumenten ja durchaus eine Schlüsselrolle zu. Allerdings fehlen hier – wie in vielen anderen Bereichen der Kommunikations- und Medienethik – systematische Ausarbeitungen und vor allem empirische Studien.

Literatur

Medienethik

Einen systematischen Überblick medienethischer Ansätze gibt: Pohla, Anika. **Medienethik**. Eine kritische Orientierung. Frankfurt am Main u.a.: Peter Lang 2006.

Einen guten Einblick in verschiedene Probleme der Ethik geben: Debatin, Bernhard/Funiok, Rüdiger (Hrsg.): **Kommunikations- und Medienethik**. Konstanz: UVK 2003 sowie Funiok, Rüdiger: **Medienethik**. Verantwortung in der Mediengesellschaft. Stuttgart: Kohlhammer 2007.

Weitere Fachliteratur lässt sich online im Angebot des Netzwerks Medienethik recherchieren:
www.bibsonomy.org/group/netzwerkmedienethik.

3.4 | Kommunikations- und Mediengeschichte

Wandel der
Rahmenbedingungen

Die in den vorangehenden Abschnitten angesprochenen Aspekte des Mediensystems unterliegen ebenso wie die Öffentlichkeit und letztlich die menschliche Kommunikation insgesamt einem historischen Wandel: Die politischen, ökonomischen, rechtlichen und technischen Rahmenbedingungen verändern sich zum Teil rapide; menschliche Gesellschaft und Kultur haben sich über Jahrtausende entwickelt und immer spielte dabei Kommunikation eine entscheidende Rolle. Der Gegenstandsbereich der Teildisziplin Kommunikations- und Mediengeschichte ist entsprechend umfangreich und muss interdisziplinär erforscht werden. Die Medien-geschichte ist einerseits eine der ältesten Teildisziplinen der Kommuni-kationswissenschaft, denn es waren neben Nationalökonomen vor allem Historiker, die sich schon recht früh mit der periodischen Presse und der Geschichte des Journalismus (Robert E. Prutz, 1845) auseinander-setzten, anfangs freilich, um sie als Quelle für die allgemeine Geschichts-schreibung zu erschließen. Andererseits ist die Kommunikations- und Mediengeschichte eine sehr junge Teildisziplin, denn erst seit Mitte der 1980er Jahre werden verstärkt Anstrengungen unternommen, hier sys-tematischer zu forschen. Eine umfassende Medien- oder gar Kommuni-kationsgeschichtsschreibung liegt bislang ebenso wenig vor wie eine ausgearbeitete Theorie. Die Kommunikations- und Mediengeschichte hat sich (wie ihre Mutterdisziplin) lange Zeit auf den historischen Ein-zelfall bzw. das historische Ereignis (Zäsuren) konzentriert, die mittels hermeneutischer Quelleninterpretation rekonstruiert wurden. Eine theo-retische Fragestellung (etwa zum Problem der Medieninnovation), ein direkter Gegenwartsbezug (Kontinuitäten) oder die empirische Prüfung theoretisch abgeleiteter Hypothesen am historischen Material sind Aus-nahmen geblieben. Historisch-biografische Fallstudien zu einzelnen Zei-tungen oder Publizisten werden nun aber zunehmend durch systemati-sche Darstellungen der Geschichte von Presse, Rundfunk und Film sowie Darstellungen medienhistorischer Epochen (z. B. Rundfunk im National-sozialismus) ergänzt.

Der Schwerpunkt liegt eindeutig auf der Mediengeschichte, verstan-den als Geschichte der Medienorganisationen und Medieninhalte sowie der Mediensystemgeschichte, während die Geschichte der Öffentlichkeit oder gar die Alltags- und Kulturgeschichte der Kommunikation schon aufgrund der problematischen Quellenlage sehr viel weniger gut er-forscht ist. Auch die historische Rezeptionsforschung steckt erst in den Anfängen; wir wissen also relativ wenig darüber, wer in der Vergangen-heit welche Medien genutzt hat und welche Wirkungen dies auf die Re-zipienten hatte.

Im Vordergrund stehen die publizistischen Medien, während die Geschichte der Telekommunikationsmedien (Brief, Telefon etc.) in der Kommunikationswissenschaft bislang wenig beachtet wurde. Die litera-tur- und kulturwissenschaftlich ausgerichtete Medienwissenschaft hat sich in den letzten Jahren verstärkt um die Geschichte der audiovisuel-len Medien und Genres Verdienste erworben.

Geschichte der Medien

Mediensystemgeschichte

Medienhistorische Fragestellungen

Schon aus Platzgründen soll hier keine kurze Darstellung der Kommunikationsgeschichte oder auch nur der Mediengeschichte versucht werden (→ vgl. hierzu die Literaturhinweise im Infoteil). Stattdessen soll an einigen Beispielen aufgezeigt werden, welche Fragestellungen Gegenstand medienhistorischer Forschung sind.

Medienevolution –
Medienrevolution

(1) Vor dem Hintergrund des aktuellen Medienwandels stellt sich die Frage nach der langfristigen Entwicklung oder »Medienevolution bzw. -revolution«. Viele Versuche, eine übergreifende Globalgeschichte der Medien zu entwerfen, weisen allerdings schwerwiegend theoretische Schwächen auf: Zum einen ist vielfach nicht klar, was ein Medium überhaupt ist oder unter Medium wird eine neue Medientechnik verstanden – ohne Berücksichtigung der tatsächlichen kommunikativen Funktionen und der realen sozialen Bedeutung. Auf diese Weise lässt sich im Nachhinein eine rasante, sich beschleunigende Medienevolution rekonstruieren, weil jedes neue Video- oder Diskettenformat als »neues Medium« neben Basisinnovationen wie den Buchdruck, die Zeitung oder den Film gestellt werden. Obgleich empirisch zweifelhaft, erfreuen sich solche Akzelerationsthesen einer großen Beliebtheit, transportieren sie doch implizite Botschaften, dass wahlweise alle Kommunikationsprobleme immer schneller gelöst werden können oder dass die Mediatisierung der Gesellschaft mit naturgesetzlicher Notwendigkeit voranschreitet.

Abb. 21

Mediengeschichte als »technische Revolution« (Quelle: Schmolke 1997: 33)

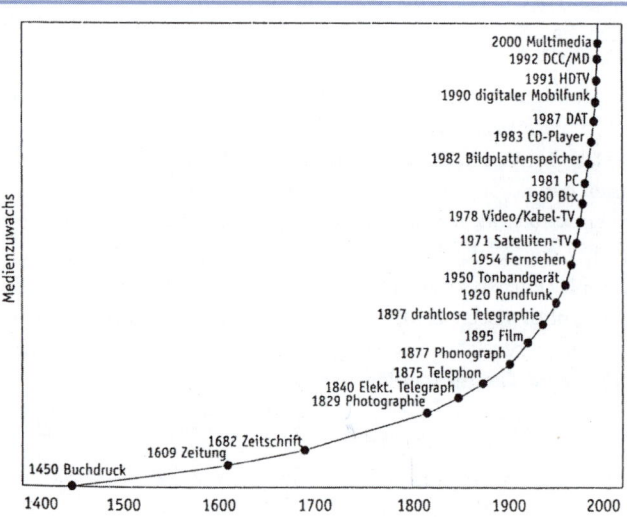

Der Technikdeterminismus solcher Mediengeschichtsschreibung ebenso
wie die Vorstellung, alle Medien seien letztlich das Produkt von Krieg
und Militär, greifen aus sozial- und kommunikationswissenschaftlicher
Sicht zu kurz.

(2) Eng mit dem längerfristigen Medienwandel verbunden ist die Frage
nach der intermediären Konkurrenz oder der Substitution alter
durch neue Medien. Oft wird hierbei auf das sog. *Riepl'sche Gesetz* hingewiesen, nachdem neue Medien alte Medien nicht verdängen würden. Dabei wird übersehen, dass Wolfgang Riepl sich 1913 mit dem
»Nachrichtenwesen der Antike« befasst hat, einen technischen Medienbegriff zugrunde gelegt hat und ein solches »Gesetz« empirisch
kaum überprüfbar ist. Die meisten vorliegenden Befunde sprechen
dafür, dass es zwar selten zu einer vollständigen und dauerhaften
Verdrängung der älteren Medien kommt (wie bei der Telegrafie).
Erfolgreiche Medieninnovationen können aber die relative Bedeutung eines »alten« Mediums, seine Organisation und die Formen seines Gebrauchs (Institutionen) sowie seine gesellschaftlichen Funktionen – wie von Riepl festgestellt – durchaus verändern. So hat mit der
Etablierung von Rundfunk und Online-Medien die Aktualität als
Anforderung an die Tageszeitung an Bedeutung verloren, während
die gründliche Recherche von Hintergründen, die kommentierende
Reflexion und die ausführliche Darstellung an Bedeutung gewonnen
haben. Die These von der Verdrängung alter durch neue Medien geht
zudem von einem historisch konstanten Umfang sozialer Kommunikation aus. Hiergegen spricht nicht nur die Entwicklung der Publizistik; auch bei den Medien der interpersonalen Kommunikation zeichnet sich eher eine Zunahme der Kommunikation insgesamt als eine
Verdrängung des direkten Gesprächs durch das Telefonat oder die
E-Mail-Kommunikation ab.

(3) Medien können als *Agenten und als Folgen politischen, ökonomischen
und gesellschaftlichen Wandels* begriffen werden. Ein Ziel kommunika-
tionshistorischer Forschung besteht daher in der Beschreibung und
Analyse der Wechselwirkung zwischen diesen Bereichen (oder Systemen): Anhand von Quellen werden deshalb politische Maßnahmen
(Zensur, Presseanweisungen) und rechtliche Rahmenbedingungen
(Presse- und Mediengesetze) in Beziehung zu Berichterstattung und
Funktion der Medien gesetzt. Zentrale Fragestellungen betreffen dabei die wechselvolle Geschichte der Medien- und Kommunikationsfreiheiten, und umgekehrt: die Bedeutung von Medien und Öffentlichkeit für die politische Demokratisierung (z. B. für die Arbeiterbe-
wegung und die Parteien). Analysiert werden auch inhaltliche und
organisatorische Gleichschaltung der Medien im Nationalsozialismus,

Marginalien:

Riepl'sches Gesetz/
intermediäre Konkurrenz

Medien als Agenten des
Wandels

die politische Funktion der Medien in der DDR, die Neuordnung der Medien nach dem Zweiten Weltkrieg oder nach der Wende in Ostdeutschland. Hinzu kommt die Untersuchung der Wechselwirkungen zwischen Medien und Wirtschaft, also die Entwicklung der Medien zu einem professionellen Gewerbe sowie die Entstehung von Massenpresse und Medienindustrie. Und schließlich müssen gesellschaftliche Faktoren wie Bildung, Alphabetisierung, Verstädterung ebenso berücksichtigt werden wie der Wertewandel (Rolle von Frau, Familie und Religion; Materialismus etc.) und veränderte Sozialstrukturen (von der Klassengesellschaft zu sozialen Schichten, Milieus und Lebensstilen).

Methoden   Methodisch bedienen sich Kommunikations- und Medienhistoriker vor allem hermeneutischer (Quellenrecherche, -kritik und -interpretation) und biografischer bzw. kollektivbiografischer Verfahren. Hinzu kommen Befragungen von Zeitzeugen, im Sinne einer »Oral History« etwa von Journalisten, medienpolitischen Akteuren, und Mediennutzern, Mediendiskursanalysen sowie quantitative Verfahren: Medieninhaltsanalysen können grundsätzlich auch an historischen Beständen durchgeführt werden; Medienstatistiken (z. B. Auflagenzahlen, Rundfunkgebührenstatistik) und standardisierte Mediennutzungsdaten aus mehr als fünf Jahrzehnten können unter historischer Perspektive ausgewertet werden. Es bedarf hierbei aber spezieller historischer Expertise, um Überlieferungslücken und historisch-semantische Kontexte richtig zu bewerten.

Literatur

Kommunikations- und Mediengeschichte

Einen aktuellen Überblick zum Stand der Teildisziplin sowie Methodenfragen geben

Arnold, Klaus / Behmer, Markus / Semrad, Bernd (Hrsg.): **Kommunikationsgeschichte**. Positionen und Werkzeuge. Ein diskursives Hand- und Lehrbuch. Berlin u. Münster: LIT 2008.

Mediengeschichtliche Sachdarstellungen bieten: Wilke, Jürgen: **Grundzüge der Medien- und Kommunikationsgeschichte**. Von den Anfängen bis ins 20. Jahrhundert. 2. durchges. u. erg. Aufl., Köln u. a.: Böhlau / UTB 2008.

Faulstich, Werner: **Geschichte der Medien**. 4 Bde. Göttingen: Vandenhoeck & Ruprecht 1997 – 2002.

Stöber, Rudolf: **Deutsche Pressegeschichte**. Von den Anfängen bis zu Genwart. 2. überarb. Aufl. Konstanz. UVK / UTB 2005.

Dussel, Konrad: **Deutsche Rundfunkgeschichte**. 3. überarb. Auflage, Konstanz: UVK / UTB 2010.

Weitere Teildisziplinen | 3.5

Im interdisziplinären Schnittfeld zwischen Kommunikations- und Medienwissenschaft einerseits und anderen Geistes- und Sozialwissenschaften sind eine Reihe weiterer Teildisziplinen entstanden. Auf die große Bedeutung der in diesem Kapitel nicht vertiefend behandelten Kommunikations- und Mediensoziologie sowie der Kommunikations- und Medienpsychologie wurde bereits hingewiesen.

Die *Kommunikations- und Mediensoziologie* leistet nicht nur einen grundlegenden Beitrag zur Begriffs- und Theoriebildung in der Kommunikationswissenschaft (→ vgl. Teil I), sie verfolgt auch eine Reihe für das Fach zentraler Fragestellungen. Exemplarisch seien hier genannt: Mediennutzung und -aneignung, soziale Funktionen der Medien, Sozialisation durch Medien und Mediensozialisation, Bedeutung von Kommunikation und Medien für Handlungsrollen, Gruppenidentitäten, Sub- und Fankulturen, soziale Schichten, Milieus, Lebensphasen sowie für die Bewältigung des Alltags; Mediennutzung und Kommunikation als soziales Handeln, Bedeutung von Kommunikation für soziale Netzwerke, sozialen Wandel, Öffentlichkeit und soziale Ordnung. Kommunikations- und Mediensoziologie

Die *Kommunikations- und Medienpsychologie* ist grundlegend für das Verstehen menschlicher Kommunikation (→ vgl. Teil I, Kap. 2) und zentral für die Erklärung von Medienhandeln (Motive), Medienrezeption und Medienwirkungen (→ vgl. hierzu auch Teil II, Kap. 2.3 – 2.4). Begreift man Kommunikation als sozialen Prozess, dann wird die große Bedeutung sozialpsychologischer Theorieansätze leicht nachvollziehbar. Aber auch persönlichkeits-, motivations- und kognitionspsychologische Theorien müssen herangezogen werden, um individuelle Rezeptions-, Selektions- und Verstehensprozesse erklären zu können. Kommunikations- und Medienpsychologie

Ähnlich wie für Medienrecht und Medienethik gilt auch für die Teildisziplin *Medienpädagogik*, dass sie überwiegend nicht von Kommunikationswissenschaftlern (sondern von Erziehungswissenschaftlern) betrieben wird, aber der kommunikationswissenschaftlichen Expertise bedarf. Spätestens seit dem 19. Jahrhundert (Buchdruck, Schulwesen, »Entdeckung der Kindheit«) sind Medien Gegenstand pädagogischer Befürchtungen und Visionen. Wesentliche Ursprünge der modernen Medienpädagogik liegen in der Filmerziehung der 1960er Jahre; lange Zeit ging es vor allem um die Vermeidung von Gefahren und negativen Wirkungen durch »Bewahrpädagogik«, d. h., Kinder und Jugendliche sollten vor den (jeweils neuen) Medien geschützt und ihnen möglichst gar nicht ausgesetzt werden. Diese lange Zeit vorherrschende Bewahrpädagogik war normativ geprägt; sie ging von starken Medienwirkungen sowie schutzlosen und passiven Rezipienten aus, ignorierte dabei (zum Teil bis heute) Medienpädagogik aber die Befunde empirischer Mediennutzungs- und -wirkungsforschung. Als angewandte Wissenschaft entwirft die Medienpädagogik heute Modelle für die pädagogische Arbeit in und mit Medien, vor allem für die Vermittlung von Medienkompetenz an Kinder und Jugendliche. Ziel ist nicht mehr die grundsätzliche Bewahrung vor den Medien, sondern der kompetente und kritisch-reflektierte Umgang mit Medien bis hin zur aktiven Medienkompetenz. Seit den 1980er Jahren setzt sich ein solches Verständnis handlungsorientierter (D. Baacke) oder emanzipativer Medienpädagogik durch. Dabei geht es nicht mehr allein um die formalisierte Vermittlung von Medienwissen (etwa in der Schule), sondern um aktive und kritische Aneignung auch in informellen, alltäglichen Lernumgebungen. Ein einheitliches Fachverständnis oder eine allgemein akzeptierte Grundlagentheorie gibt es bislang nicht, zumal es sich um ein komplexes Forschungsfeld handelt, bei dem auch mediensoziologische und -psychologische Fragen von großer Bedeutung sind. Weitgehender Konsens besteht aber seit den späten 1970er Jahren darüber, dass Medienpädagogik sich mit vier Aspekten auseinandersetzen soll: Es bedarf der empirischen (1) *Medienforschung* für spezielle Zielgruppen (vor allem Kinder und Jugendliche, während zum Beispiel die älteren Menschen bislang vernachlässigt wurden). Mithilfe der (2) *Medienkunde* sollen die Grundzüge des Mediensystems und der medialen Aussagenproduktion transparent gemacht werden. Die (3) *Mediendidaktik* beschäftigt sich mit der Nutzung von Medien als Mittel des Lehrens und Lernens, vom Lehrbuch über den Lehrfilm bis hin zum Medienverbund und multimedialen Online-Lernprogrammen. Und die (4) *Medienerziehung* entwickelt die besagten Modelle zur Vermittlung von Medienkompetenz.

Die Medienpädagogik muss also einerseits auf kommunikationswissenschaftliche Befunde, Erklärungen und Methoden zurückgreifen, sich andererseits aber auch an der pädagogischen Theoriebildung sowie den kinder- und jugendsoziologischen sowie den entwicklungspsychologischen Erkenntnissen orientieren. Beklagt wird allerdings, dass die Theoriebildung und die Verknüpfung mit Medientheorie wie mit pädagogischer Theorie noch nicht sehr weit vorangeschritten ist. Der zentrale medienpädagogische Begriff ist Medienkompetenz als Teil grundlegender kommunikativer Kompetenz (D. Baacke). Unter Medienkompetenz werden unterschiedliche Dimensionen medienbezogener Fähigkeiten und Fertigkeiten subsummiert: vom medienkundlichen Systemwissen über die Fähigkeit zur bewussten Selektion und aktiven Nutzung vorhandener Medienangebote sowie der kritischen Reflexion der Inhalte bis hin zu praktischen Fertigkeiten, selbst Medien zu gestalten (aktive Film- und Videoarbeit, zunehmend auch Multimedia- und Online-Projekte). Auch die Einteilung der Dimensionen und Aspekte von Medienkompetenz ist umstritten. Einig-

Medienkompetenz

keit besteht aber darüber, dass Medienkompetenz eine grundlegende soziale und kommunikative Kompetenz ist, die im Laufe der (lebenslangen) Mediensozialisation erworben und vermittelt wird. Methodisch steht die medienpädagogische Forschung mit Kindern und Jugendlichen vor besonderen Herausforderungen, zumal standardisierte Verfahren nur begrenzt geeignet sind. Bewährt haben sich qualitative und interpretierende Verfahren, (teilnehmende) Beobachtung, Gruppengespräche, Tagebuchverfahren, biografische und narrative Interviews, Auswertung von Gemaltem und Geschriebenem. Die Erforschung der Mediensozialisation, des Erwerbs von Medienkompetenz, der Bedeutung der Medien für die Identitätsbildung (Geschlechts-, Rollen- und Gruppenidentität) und die Verhaltenswirkungen (Stereotype, Gewaltverhalten etc.) sind die zentralen Forschungsanliegen der Medienpädagogik.

medienpädagogische Forschung

Literatur

Teildisziplinen der Kommunikationswissenschaft

Zu den meisten kommunikationswissenschaftlichen Teildisziplinen bestehen Fachgruppen innerhalb der Deutschen Gesellschaft für Publizistik- und Kommunikationswissenschaft (DGPuK). Dort finden sich neben Hinweisen auf Tagungen etc. meist auch Literaturempfehlungslisten: www.dgpuk.de.

Die folgenden Bücher erleichtern den Einstieg in die Kommunikations- und Mediensoziologie: Jäckel, Michael (Hrsg.): **Mediensoziologie**. Grundfragen und Forschungsfelder. Wiesbaden: VS 2005; Neumann-Braun, Klaus / Müller-Doohm, Stefan (Hrsg.): **Medien- und Kommunikationssoziologie**. Eine Einführung in zentrale Begriffe und Theorien. Weinheim u. München: Juventa 2000. In die soziologischen Theorien interpersonaler Kommunikation führt ein: Schützeichel, Rainer: **Soziologische Kommunikationstheorien**. Konstanz: UVK / UTB 2004.

In die Kommunikations- und Medienpsychologie führen ein: Frindte, Wolfgang: **Einführung in die Kommunikationspsychologie**. Weinheim u. Basel: Beltz 2001 und: Winterhoff-Spurk, Peter (Hrsg.): **Medienpsychologie**. Eine Einführung. Stuttgart: Kohlhammer 2004. Umfassend informiert: Batinic, Bernad/Appel, Markus (Hrsg.): **Medienpsychologie**. Heidelberg: Springer 2008.

Als spezifische Fachzeitschrift ist empfehlenswert: **Zeitschrift für Medienpsychologie**. Journal of Media Psychology (Göttingen).

Einen einführenden Überblick der Konzepte und Theorien der Medienpädagogik sowie der Entwicklung der Teildisziplin geben: Süss, Daniel/Lamprecht, Claudia/Wijnen, Christine W.: **Medienpädagogik**. Ein Studienbuch zur Einführung. Wiesbaden: VS 2010; als Standardwerk gilt: Baacke, Dieter: **Medienpädagogik**. Tübingen: Niemeyer 1997.

Zusammenfassung

Teildisziplinen der Kommunikationswissenschaft

Im Vordergrund dieses Kapitels stehen die kommunikationswissenschaftlichen Teildisziplinen, die der Beschreibung und Analyse des Mediensystems dienen: Die Kommunikations- und Medienpolitik untersucht dabei Fragen der politischen Gestaltung (öffentlicher) Kommunikation, der Regulierung und Deregulierung des Mediensystems und der Organisationsstruktur der Medien. Es geht dabei um zum Teil konfligierende ordnungspolitische Vorstellungen und Normen. Analysiert wird nicht nur die Struktur des Mediensystems, sondern auch der politische Prozess seiner Gestaltung. Auch Medienrecht und Medienethik befassen sich mit der Regulierung von Kommunikation und Medien, folgen dabei aber recht unterschiedlichen Begründungs- und Funktionslogiken (Gesetze und Sanktionen vs. Überzeugung und Selbstbindung). Die Medienökonomie untersucht die wirtschaftlichen Strukturen und Prozesse medialer, vor allem publizistischer Kommunikation. Dabei geht sie über neoklassische oder rein wirtschaftswissenschaftliche Konzepte hinaus und berücksichtigt die ökonomischen, politischen und institutionellen Besonderheiten der Medien in der demokratischen Gesellschaft.

Am Beispiel der Medienpädagogik wurde deutlich, wie verschiedene Teildisziplinen der Kommunikationswissenschaft (Mediennutzungs- und -wirkungsforschung) problembezogen (Medienkompetenzerwerb von Kindern und Jugendlichen) zusammenwirken können und darüber hinaus in Beziehung zu Konzepten der Pädagogik stehen.

Übungsfragen

1 Nennen Sie wichtige medienpolitische Akteure in Deutschland und erläutern Sie deren Kompetenzen und Interessen!

2 Was versteht man unter: »öffentliches Gut«, »meritorisches Gut«, »Koppelprodukt«, »First Copy-Kosten«?

3 Erläutern Sie verschiedene Formen der Rundfunkfinanzierung!

4 In welchem Verhältnis stehen Medienrecht und Medienethik?

5 Nennen Sie typische Forschungsgegenstände der Kommunikations- und Mediensoziologie!

6 Was versteht man unter Medienkompetenz?

Literatur

Aufermann, Jörg: **Kommunikation und Moder-nisierung.** Meinungsführer und Gemein-schaftsempfang im Kommunikationsprozeß. München-Pullach / Berlin: Verlag für Doku-mentation 1971.

Arnold, Klaus / Behmer, Markus / Semrad, Bernd (Hrsg.): **Kommunikationsgeschichte.** Positio-nen und Werkzeuge. Ein diskursives Hand-und Lehrbuch. Berlin u. Münster: LIT 2008.

Austin, John L.: **Zur Theorie der Sprechakte** (How to do things with Words). Stuttgart: Reclam 1972, 2007.

Baacke, Dieter: **Medienpädagogik.** Tübingen: Niemeyer 1997.

Baerns, Barbara (Hrsg.): **PR-Erfolgskontrolle.** Messen und Bewerten in der Öffentlichkeits-arbeit. Frankfurt am Main: IMK 1995.

Baerns, Barbara: **Öffentlichkeitsarbeit oder Jour-nalismus?** Zum Einfluss im Mediensystem. Köln: Verlag Wissenschaft und Politik 1985.

Batinic, Bernad / Appel, Markus (Hrsg.): **Medien-psychologie.** Heidelberg: Springer 2008.

Baumert, Dieter Paul: Die **Entstehung des deut-schen Journalismus.** Eine sozialgeschichtliche Studie. München u. a.: Duncker & Humblot 1928.

Beck, Klaus: **Computervermittelte Kommunikation im Internet.** München: Oldenbourg 2006.

Beck, Klaus: **Elektronische Medien.** In: Bentele, Günter / Brosius, Hans-Bernd / Jarren, Otfried (Hrsg.): Öffentliche Kommunikation. Handbuch Kommunikations- und Medien-wissenschaft. Wiesbaden: Westdeutscher Verlag 2003, S. 330 – 348.

Beck, Klaus: **Neue Medien – neue Theorien?** Klassische Kommunikations- und Medien-konzepte im Umbruch. In: Löffelholz, Martin / Quandt, Thorsten (Hrsg.): Die neue Kommunikationswissenschaft. Theorien, Themen und Berufsfelder im Internet-Zeitalter. Eine Einführung. Wiesbaden: West-deutscher Verlag 2003, S. 71 – 87.

Bentele, Günter / Beck, Klaus: **Information – Kommunikation – Massenkommunikation:** Grundbegriffe und Modelle der Publizi-stik- und Kommunikationswissenschaft. In: Jarren, Otfried (Hrsg.): Medien und Journalis-mus 1. Eine Einführung. Opladen: Westdeut-scher Verlag 1994, S. 16 – 50.

Bentele, Günter / Brosius, Hans-Bernd / Jarren, Otfried (Hrsg.): **Lexikon Kommunikations-und Medienwissenschaft.** Wiesbaden: Verlag für Sozialwissenschaften 2006.

Bentele, Günter / Brosius, Hans-Bernd / Jarren, Otfried (Hrsg.): **Öffentliche Kommunikation.** Handbuch Kommunikations- und Medien-wissenschaft. Wiesbaden: Westdeutscher Verlag 2003.

Bentele, Günter / Liebert, Tobias / Seling, Stefan: **Von der Determination zur Intereffikation.** Ein integriertes Modell zum Verhältnis von Public Relations und Journalismus. In: Bente-le, Günter / Haller, Michael (Hrsg.): Aktuelle Entstehung von Öffentlichkeit. Konstanz: UVK 1997, S. 225 – 250.

Berger, Peter L. / Luckmann, Thomas: **Die gesell-schaftliche Konstruktion der Wirklichkeit.** Eine Theorie der Wissenssoziologie. Frank-furt am Main: Fischer 1989.

Blöbaum, Bernd: **Journalismus als soziales System.** Geschichte, Ausdifferenzierung und Verselbständigung. Opladen: Westdeutscher Verlag 1994.

Blumer, Herbert: **Der methodologische Standort des Symbolischen Interaktionismus.** In: Arbeitsgruppe Bielefelder Soziologen (Hrsg.): Alltagswissen, Interaktion und gesellschaft-liche Wirklichkeit. Bd. 1, Reinbek: Rowohlt 1973, S. 80 – 146.

Bonfadelli, Heinz: **Medienwirkungsforschung I.** Grundlagen und theoretische Perspektiven. 3., überarb. Auflage. Konstanz: UVK / UTB 2004.

Bonfadelli, Heinz: **Medienwirkungsforschung II.** Anwendungen in Politik, Wirtschaft und Kultur. 2., überarb. Auflage. Konstanz: UVK / UTB 2004.

Bonfadelli, Heinz: **Medieninhaltsforschung.** Konstanz: UVK / UTB 2002.

Brosius, Hans-Bernd: **Medienwirkung.** In: Bentele, Günter / Brosius, Hans-Bernd / Jarren, Otfried (Hrsg.): Öffentliche Kommunikation. Handbuch Kommunikations- und Medienwissenschaft. Wiesbaden: Westdeutscher Verlag 2003, S. 128 – 148.

Brosius, Hans-Bernd / Haas, Alexander / Koschel, Friederike: **Methoden der empirischen Kommunikationsforschung.** Eine Einführung. 5. Aufl., Wiesbaden: VS / GWV 2009.

Bühler, Karl: **Sprachtheorie.** Die Darstellungsfunktion der Sprache. Jena: G. Fischer 1934, Neudruck d. 3. Aufl. Stuttgart: Lucius & Lucius 1999.

Burkart, Roland: **Kommunikationswissenschaft.** Grundlagen und Problemfelder. Umrisse einer interdisziplinären Sozialwissenschaft. 4., überarb. u. akt. Auflage, Wien u. a.: Böhlau / UTB 2002.

Burkart, Roland: **PR als Konfliktmanagement.** Wien: Braumüller 1993.

Dahinden, Urs / Sturzenegger, Sabina / Neuroni, Alessia C.: **Wissenschaftliches Arbeiten in der Kommunikationswissenschaft.** Bern: Haupt / UTB 2006.

Debatin, Bernhard / Funiok, Rüdiger (Hrsg.): **Kommunikations- und Medienethik.** Konstanz: UVK 2003.

Delhees, Karl H.: **Soziale Kommunikation.** Psychologische Grundlagen für das Miteinander in der modernen Gesellschaft. Opladen: Westdeutscher Verlag 1994.

Donsbach, Wolfgang: **Die Theorie der Schweigespirale.** In: Schenk, Michael (Hrsg.): Medienwirkungsforschung. Tübingen: Mohr 1987, S. 324 – 343.

Donsbach, Wolfgang: **Journalismusforschung in der Bundesrepublik.** Offene Fragen trotz »Forschungsboom«. In: Wilke, Jürgen (Hrsg.): Zwischenbilanz der Journalistenausbildung. München: Ölschläger 1987, S. 105 – 142.

Dussel, Konrad: **Deutsche Rundfunkgeschichte.** 3. überarb. Auflage, Konstanz: UVK 2010.

Esser, Frank: **Die Kräfte hinter den Schlagzeilen.** Englischer und deutscher Journalismus im Vergleich. Freiburg u. München: Alber 1998.

Faulstich, Werner: **Geschichte der Medien.** 4 Bde. Göttingen: Vandenhoeck & Ruprecht 1997 – 2002.

Fechner, Frank: **Medienrecht.** 11., überarb. u. erg. Auflage, Tübingen: Mohr Siebeck / UTB 2010.

Festinger, Leon: **A Theory of Cognitive Dissonance.** Stanford: University Press 1957.

Forgas, Joseph P.: **Soziale Interaktion und Kommunikation.** Eine Einführung in die Sozialpsychologie. 3. Aufl., Weinheim: Beltz / PVU 1995.

Frindte, Wolfgang: **Einführung in die Kommunikationspsychologie.** Weinheim u. Basel: Beltz 2001.

Früh, Werner: **Inhaltsanalyse.** Theorie und Praxis. 6. überarb. Aufl. Konstanz: UVK / UTB 2007.

Fulk, Janet / Schmitz, Joseph / Steinfield, Charles W.: **A Social Influence Model of Technology Use.** In: Fulk, Janet / Steinfiled, Charles W. (Hrsg.): Organizations and Communication Technology, Newbury Park u. a.: Sage 1990, S. 117 – 140.

Funiok, Rüdiger: **Medienethik.** Verantwortung in der Mediengesellschaft. Stuttgart: Kohlhammer 2007.

Girgensohn-Marchand, Bettina: **Der Mythos Watzlawick und die Folgen.** Eine Streitschrift gegen systemisches und konstruktivistisches Denken in pädagogischen Zusammenhängen. 3. Aufl., Weinheim 1996.

Glotz, Peter: **Von der Zeitungs- über die Publizistik- zur Kommunikationswissenschaft.** In: Publizistik, 35. Jg. (1990), Nr. 3, S. 249 – 256.

Goffman, Erving: **Interaktionsrituale.** Über Verhalten in direkter Kommunikation. Frankfurt am Main: Suhrkamp 1971, 1986.

Goffman, Erving: **Rahmen-Analyse.** Ein Versuch über die Organisation von Alltagserfahrungen. Frankfurt am Main: Suhrkamp 1977, 1980.

Goffman, Erving: **Wir alle spielen Theater.** Die Selbstdarstellung im Alltag. München u. Zürich: Piper 1969, 2003.

Grunig, James E. / Hunt, Todd: **Managing Public Relations.** New York u. a.: Holt, Rinehart & Winston 1984.

Habermas, Jürgen: **Faktizität und Geltung.** Beiträge zur Diskurstheorie des Rechts und des demokratischen Rechtsstaats. Frankfurt am Main: Suhrkamp 1992.

Habermas, Jürgen: **Strukturwandel der Öffentlichkeit.** Untersuchungen zu einer Kategorie der bürgerlichen Gesellschaft. Neuwied: Luchterhand 1962; Frankfurt am Main: Suhrkamp 1990.

Habermas, Jürgen: **Theorie des kommunikativen Handelns.** 2 Bde. Frankfurt am Main: Suhrkamp 1981, 7. Aufl. 2009.

Hartmann, Frank: **Medienphilosophie.** Wien: WUV / UTB 2000.

Heinrich, Jürgen: **Medienökonomie,** 2. Bde. Wiesbaden: VS 2010.

Hepp, Andreas: **Transkulturelle Kommunikation.** Konstanz: UVK / UTB 2006.

Hepp, Andreas: **Cultural Studies und Medienanalyse.** Eine Einführung. 3. überarb. u. erw. Aufl., Wiesbaden: VS 2010.

Höflich, Joachim R.: **Ansätze zu einer Theorie der technisch vermittelten Kommunikation.** In: Zeitschrift für Semiotik. 19. Jg. (1997), Nr. 3, S. 203 – 228.

Homans, George Caspar: **Theorie der sozialen Gruppe.** 6. Aufl., Opladen: Westdeutscher Verlag 1972.

Innis, Harold A.: **Kreuzwege der Kommunikation.** Ausgewählte Beiträge, hrsg. v. Karlheinz Barck. Wien u. New York: Springer 1997.

Innis, Harold A.: **Empire and Communications.** Oxford: Clarendon Press 1950, Toronto: Dundum 2007.

Innis, Harold A.: **The Bias of Communication.** Toronto: Toronto University Press 1951, 2. Aufl. 2008.

Jäckel, Michael (Hrsg.): **Mediensoziologie.** Grundfragen und Forschungsfelder. Wiesbaden: VS 2005.

Jäckel, Michael: **Medienwirkungen.** Ein Studienbuch zur Einführung. 4., überarb. u. erw. Auflage. Wiesbaden: VS 2008.

Jarren, Otfried: **Medien als Organisationen – Medien als soziale Systeme.** In: Jarren, Otfried / Bonfadelli, Heinz (Hrsg.): Einführung in die Publizistikwissenschaft. Bern u. a.: Haupt / UTB 2001, S. 137 – 160.

Jarren, Otfried / Donges, Patrick: **Politische Kommunikation in der Mediengesellschaft.** Eine Einführung, Bd. 1: Verständnis, Rahmen und Strukturen. Wiesbaden: Westdeutscher Verlag 2002.

Jarren, Otfried / Donges, Patrick: **Medienregulierung als gesellschaftliche Aufgabe?** Ein Mehrebenen-Akteur-Modell zur Steuerung der Medienentwicklung aus sozialwissenschaftlicher Perspektive. In: Rossen-Stadtfeld, Helge / Wieland, Joachim (Hrsg.): Steuerung medienvermittelter Kommunikation. Baden-Baden: Nomos 2001, S. 35 – 50.

Johnson, David J.: **Organizational Communication Structure.** Norwood, NJ: Ablex 1993.

Katz, Daniel / Kahn, Robert L.: **The Social Psychology of Organizations.** 2nd Ed., New York u. a.: John Wiley & Sons 1978.

Katz, Elihu / Blumler, Jay G. / Gurevitch, Michael: **Utilization of mass communication by the individual.** In: Blumler, Jay G. / Katz, Elihu (Hrsg.): The uses of mass communications. Current perspectives of gratifications research. Beverly Hills, CA u. a.: Sage 1974, S. 19 – 32.

Katz, Elihu / Lazarsfeld, Paul F.: **Personal Influence.** The Part Played by People in the Flow of Mass Communication. New York: The Free Press 1955.

Kiefer, Marie Luise: **Medienökonomik.** Einführung in eine ökonomische Theorie der Medien. 2., vollst. überarb. Aufl., München u. a.: Oldenbourg 2005.

Kieser, Alfred / Hegele, Cornelia / Klimmer, Matthias: **Kommunikation im organisatorischen Wandel.** Stuttgart: Schäffer-Poeschel 1998.

Klaus, Elisabeth / Röser, Jutta / Wischermann, Ulla (Hrsg.): **Kommunikationswissenschaft und Gender Studies.** Wiesbaden: Westdeutscher Verlag 2001.

Kloock, Daniela / Spahr, Angela: **Medientheorien.** Eine Einführung. 2., korr. Aufl., München: Fink 2000.

Krallmann, Dieter / Ziemann, Andreas: **Grundkurs Kommunikationswissenschaft.** München: Fink / UTB 2001.

Krotz, Friedrich: **Die Mediatisierung kommunikativen Handelns.** Der Wandel von Alltag und sozialen Beziehungen, Kultur und Gesellschaft durch die Medien. Wiesbaden: Westdeutscher Verlag 2001.

Kubicek, Herbert: **Das Internet auf dem Weg zum Massenmedium?** Ein Versuch, Lehren aus der Geschichte alter und neuer Medien zu ziehen. In: Werle, Raymund / Lang, Christa (Hrsg.): Modell Internet? Entwicklungsperspektiven neuer Kommunikationsnetze. Frankfurt am Main u. New York: Campus 1997, S. 213 – 239.

Kübler, Hans-Dieter: **Kommunikation und Massenkommunikation.** Ein Studienbuch. Münster u. Hamburg: LIT 1994.

Kunczik, Michael / Zipfel, Astrid: **Gewalt und Medien.** Ein Studienhandbuch. Köln u. a.: Böhlau / UTB 2006.

Kunczik, Michael / Zipfel, Astrid: **Publizistik.** Ein Studienhandbuch, Köln u. a.: Böhlau / UTB 2005.

Kutsch, Arnulf: **Thesen zur Geschichte der Zeitungs- und Publizistikwissenschaft 1900 – 1960.** In: Medien & Zeit, 17. Jg. (2002), Nr. 2 – 3, S. 57 – 66.

Lasswell, Harold D.: **The Structure and Function of Communication in Society.** In: Bryson, Lyman (Hrsg.): The Communication of Ideas. New York: Institute for Religious and Social Studies / Harper 1948, S. 37 – 51.

Löffelholz, Martin: **Kommunikatorforschung Journalistik.** In: Bentele, Günter / Brosius, Hans-Bernd / Jarren, Otfried (Hrsg.): Öffentliche Kommunikation. Handbuch Kommunikations- und Medienwissenschaft. Wiesbaden: Westdeutscher Verlag 2003, S. 528 – 553.

Löffelholz, Martin (Hrsg.): **Theorien des Journalismus.** Ein diskursives Handbuch. 2. vollst. überarb. u. erw. Auflage, Wiesbaden: VS 2004.

Luhmann, Niklas: **Die Realität der Massenmedien.** 4. Auf. Wiesbaden: VS 2009.

Luhmann, Niklas: **Gesellschaftliche Komplexität und öffentliche Meinung.** In: Ders.: Soziologische Aufklärung 5. Konstruktivistische Perspektiven. Opladen: Westdeutscher Verlag 1990, S. 170 – 182.

Luhmann, Niklas: **Die Unwahrscheinlichkeit der Kommunikation.** In: Ders.: Soziologische Aufklärung 3. Soziales System, Gesellschaft, Organisation. Opladen: Westdeutscher Verlag 1981, S. 25 – 34.

Luhmann, Niklas: **Einfache Sozialsysteme.** In: Ders.: Soziologische Aufklärung 2. Ansätze zur Theorie der Gesellschaft. Opladen: Westdeutscher Verlag 1975, S. 21 – 38.

Luhmann, Niklas: **Öffentliche Meinung.** In: Ders.: Politische Planung. Aufsätze zur Soziologie von Politik und Verwaltung. Opladen: Westdeutscher Verlag 1971, S. 9 – 34.

Maletzke, Gerhard: **Psychologie der Massenkommunikation.** Hamburg: Hans-Bredow-Institut 1963.

Maturana, Humberto R. / Varela, Francisco J.: **Der Baum der Erkenntnis.** Die biologischen Wurzeln menschlichen Erkennens. Frankfurt am Main: Fischer 2009.

Mayring, Philipp: **Qualitative Inhaltsanalyse.** Grundlagen und Techniken. 11. vollst. überarb. Aufl. Weinheim und Basel: Beltz 2010.

McCombs, Maxwell E. / Shaw, Donald L.: **The Agenda-Setting Function of Mass Media.** Public Opinion Quarterly, 36 Jg. (1972), S. 176–187.

McDaniel Johnson, Bonnie: **Communication. The Process of Organizing.** Boston u. a.: Allyn and Bacon 1977.

McLuhan, H. Marshall: **Die Gutenberg-Galaxis.** Das Ende des Buchzeitalters. Bonn u. a.: Addison-Wesley 1995.

McLuhan, H. / Marshall H.: Understanding Media: The Extensions of Man (1964); dt. Ausgabe: **Die magischen Kanäle.** 2., erw. Aufl., Dresden u. a.: Verlag der Kunst 1995.

McQuail, Denis / Windahl, Sven: **Communication models for the study of mass communications.** 2nd ed. Harlow u. a.: Prentice Hall 2003.

Mead, George Herbert: **Geist, Identität und Gesellschaft.** Frankfurt am Main: Suhrkamp 2008 (amerikanische Originalausgabe 1934).

Merten, Klaus / Westerbarkey, Joachim: **Public Opinion und Public Relations.** In: Merten, Klaus / Schmidt, Siegfried J. / Weischenberg, Siegfried (Hrsg.): Die Wirklichkeit der Medien. Eine Einführung in die Kommunikationswissenschaft. Opladen: Westdeutscher Verlag 1994, S. 188 – 211.

Meyen, Michael: **Mediennutzung.** Mediaforschung, Medienfunktionen, Nutzungsforschung. 2., überarb. Aufl. Konstanz. UVK / UTB 2004.

Mock, Thomas: **Was ist ein Medium?** Eine Untersuchung kommunikations- und medienwissenschaftlicher Grundverständnisse eines zentralen Begriffs. In: Publizistik, 51. Jg. (2006), S. 183 – 200.

Monge, Peter R. / Contractor, Noshir S.: **Theories of communication networks.** Oxford u. a.: Oxford University Press 2003.

Neidhardt, Friedhelm (Hrsg.): **Öffentlichkeit, öffentliche Meinung, soziale Bewegungen.** Sonderheft der Kölner Zeitschrift für Soziologie und Sozialpsychologie. Opladen: Westdeutscher Verlag 1994.

Neumann-Braun, Klaus / Müller-Doohm, Stefan (Hrsg.): **Medien- und Kommunikationssoziologie.** Eine Einführung in zentrale Begriffe und Theorien. Weinheim u. München: Juventa 2000.

Newcomb, Theodore M.: **An Approach to the Study of Communicative Acts.** In: Psychological Review, 60. Jg. (1953), S. 393 – 404.

Nida-Rümelin, Julian (Hrsg.): **Philosophie der Gegenwart in Einzeldarstellungen.** Von Adorno bis v. Wright. Stuttgart: Kröner 1991.

Noelle-Neumann, Elsabeth: **Die Schweigespirale.** Öffentliche Meinung – unsere soziale Haut. 6., erw. Aufl., München: Langen Müller 2001.

Palmgreen, Philip: **Der »Uses-and-Gratifications-Approach«.** Theoretische Perspektiven und praktische Relevanz. In: Rundfunk und Fernsehen, 32. Jg. (1984), Nr. 1, S. 51 – 62.

Pohla, Anika. **Medienethik.** Eine kritische Orientierung. Frankfurt am Main u. a.: Peter Lang 2006.

Pöttker, Horst (Hrsg.): **Öffentlichkeit als gesellschaftlicher Auftrag.** Konstanz: UVK 2001.

Pross, Harry. **Medienforschung.** Film, Funk, Presse, Fernsehen. Darmstadt: Habel 1972.

Puppis, Manuel: **Einführung in die Medienpolitik.** 2., überarb. Aufl. Konstanz: UVK / UTB 2010.

Pürer, Heinz / Raabe, Johannes: **Presse in Deutschland.** 3., völlig überarb. u. erw. Aufl., Konstanz: UVK / UTB 2007.

Pürer, Heinz: **Publizistik- und Kommunikationswissenschaft.** Ein Handbuch. Konstanz: UVK / UTB 2003.

Raupp, Juliana / Vogelgesang, Jens: **Medienresonanzanalyse.** Eine Einführung in Theorie und Praxis. Wiesbaden: VS 2009.

Reinhard, Dirk: **Von der Reklame zum Marketing.** Geschichte der Wirtschaftswerbung in Deutschland. Berlin: Akademie-Verlag 1993.

Reitze, Helmut / Ridder, Christa-Maria (Hrsg.): **Massenkommunikation VII.** Eine Langzeitstudie zur Mediennutzung und Medienbewertung 1964 – 2005. Baden-Baden: Nomos 2006.

Ronneberger, Franz / Rühl, Manfred: **Theorie der Public Relations.** Ein Entwurf. Opladen: Westdeutscher Verlag 1992.

Rössler, Patrick: **Inhaltsanalyse.** 2., überarb. Aufl., Konstanz: UVK / UTB 2010.

Saxer, Ulrich: **Der Forschungsgegenstand der Medienwissenschaft.** In: Leonard, Joachim-Felix et al. (Hrsg.): Medienwissenschaft. Berlin u. New York: de Gruyter 1999, S. 1 – 14.

Saxer, Ulrich: **Grenzen der Publizistikwissenschaft.** In: Publizistik, 25. Jg. (1980), Nr. 4, S. 525 – 543.

Saxer, Ulrich: **Systematische Kommunikationspolitik.** Strukturen einer kommunikationswissenschaftlichen Teildisziplin. In: Langenbucher, Wolfgang R. (Hrsg.): Publizistik- und Kommunikationswissenschaft. Ein Textbuch zur Einführung in ihre Teildisziplinen. Wien: Braumüller 1996, S. 148 – 158.

Schenk, Michael: **Medienwirkungsforschung.** 3., vollst. überarb. Aufl., Tübingen: Mohr Siebeck 2007.

Schenk, Michael: **Soziale Netzwerke und Massenmedien.** Untersuchungen zum Einfluß der persönlichen Kommunikation. Tübingen: Mohr 1984, 1995.

Scheufele, Bertram / Engelmann, Ines: **Empirische Kommunikationsforschung.** Konstanz: UVK/ UTB 2009.

Schmolke, Michael: **Kommunikationsgeschichte.** In: Renger, Rudi / Siegert, Gabriele (Hrsg.): Kommunikationswelten. Wissenschaftliche Perspektiven zur Medien- und Informationsgesellschaften. Innsbruck u. Wien: Studien-Verlag 1997, S. 19 – 44.

Schönbach, Klaus: **Trennung von Nachricht und Meinung.** Empirische Untersuchung eines journalistischen Qualitätskriteriums. Freiburg: Alber 1977.

Schönhagen, Philomen: **Soziale Kommunikation im Internet.** Zur Theorie und Systematik computervermittelter Kommunikation vor dem Hintergrund der Kommunikationsgeschichte. Bern u. a.: Peter Lang 2004.

Schulz, Wolfgang / Jürgens, Uwe: **Medienrecht.** Rechtsgrundlagen öffentlicher Kommunikation. In: Bentele, Günter / Brosius, Hans-Bernd / Jarren, Otfried (Hrsg.): Öffentliche Kommunikation. Handbuch Kommunikations- und Medienwissenschaft. Wiesbaden: Westdeutscher Verlag 2003, S. 397 – 417.

Schulz von Thun, Friedemann: **Miteinander reden.** 3 Bde. Reinbek: Rowohlt 1981 – 1998, 2005.

Schütz, Alfred: **Der sinnhafte Aufbau der sozialen Welt.** Eine Einleitung in die verstehende Soziologie. Frankfurt am Main: Suhrkamp 1974 (oder: Bd. 2 der Alfred-Schütz-Werkausgabe, Konstanz: UVK 2004).

Schützeichel, Rainer: **Soziologische Kommunikationstheorien.** Konstanz: UVK / UTB 2004.

Schweiger, Wolfgang / Beck, Klaus (Hrsg.): **Handbuch Online-Kommunikation.** Wiesbaden: VS 2010.

Schweiger, Wolfgang: **Theorien der Mediennutzung.** Eine Einführung. Wiesbaden: VS 2007.

Searle, John R.: **Sprechakte.** Sprechakte. Ein sprachphilosophischer Essay. Frankfurt am Main: Suhrkamp 1971, 2007.

Shannon, Claude E. / Weaver, Warren: **The mathematical Theory of Communication.** Urbana u. a.: University of Illinois Presse 1972.

Spiess, Brigitte: **Weiblichkeitsklischees in der Fernsehwerbung.** In: Merten, Klaus / Schmidt, Siegfried J. / Weischenberg, Siegfried (Hrsg.): Die Wirklichkeit der Medien. Eine Einführung in die Kommunikationswissenschaft. Opladen: Westdeutscher Verlag 1994, S. 408 – 426.

Stegbauer, Christian (Hrsg.): **Netzwerkanalyse und Netzwerktheorie.** Ein neues Paradigma in den Sozialwissenschaften. Wiesbaden: VS 2008.

Stöber, Rudolf: **Deutsche Pressegeschichte.** Von den Anfängen bis zu Gegenwart. 2. überarb. Aufl. Konstanz: UVK / UTB 2005.

Süss, Daniel / Lamprecht, Claudia / Wijnen, Christine W.: **Medienpädagogik.** Ein Studienbuch zur Einführung. Wiesbaden: VS 2010.

Tannen, Deborah: **Du kannst mich einfach nicht verstehen.** Warum Männer und Frauen aneinander vorbeireden. München: Goldmann 2004.

Tonnemacher, Jan: **Kommunikationspolitik in Deutschland.** Eine Einführung. 2., überarb. Aufl., Konstanz: UVK / UTB 2003.

Velte, Jutta: **Die Darstellung von Frauen in den Medien.** In: Fröhlich, Romy / Holtz-Bacha, Christina (Hrsg.): Frauen und Medien. Eine Synopse der deutschen Forschung. Opladen: Westdeutscher Verlag 1995, S. 181 – 241.

Vowe, Gerhard: **Medienpolitik zwischen Freiheit, Gleichheit und Sicherheit.** In: Publizistik, 44. Jg. (1999), Nr. 4, S. 395 – 415.

Wagner, Hans et al.: **Qualitative Methoden in der Kommunikationswissenschaft.** Ein Lehr- und Studienbuch. Baden-Baden: Nomos 2009.

Wagner, Hans: **Das Fachstichwort: Massenkommunikation.** In: Groth, Otto: Vermittelte Mitteilung. Ein journalistisches Modell der Massenkommunikation. Hrsg. v. Wolfgang R. Langenbucher. München: R. Fischer 1998, S. 187 – 240.

Watzlawick, Paul / Beavin, Janet H. / Jackson, Don D.: **Menschliche Kommunikation.** Formen, Störungen, Paradoxien. Bern u. a.: Huber 1969, 11. Aufl. 2007.

Weber, Max: **Wirtschaft und Gesellschaft.** Grundriss der verstehenden Soziologie. 5., rev. Aufl., Studienausgabe, Nachdruck, bes. von J. Winckelmann, Tübingen: Mohr 2002.

Weischenberg, Siegfried / Malik, Maja / Scholl, Armin: **Die Souffleure der Mediengesellschaft.** Report über Journalisten in Deutschland. Konstanz: UVK 2006.

Weischenberg, Siegfried: **Journalistik.** Theorie und Praxis aktueller Medienkommunikation. Bd. 1 u. 2. Opladen: Westdeutscher Verlag 1995, 1998.

Wilke, Jürgen: **Grundzüge der Medien- und Kommunikationsgeschichte.** Von den Anfängen bis ins 20. Jahrhundert. 2. durchges. u. erg. Aufl., Köln u. a.: Böhlau / UTB 2008.

Winterhoff-Spurk, Peter (Hrsg.): **Medienpsychologie.** Eine Einführung. Stuttgart: Kohlhammer 2004.

Wirtz, Bernd W.: **Medien- und Internetmanagement.** 6., überarb. Aufl. Wiesbaden. GWV 2009.

Wright, Charles R.: **Functional Analysis and Mass Communication.** In: Dexter, Lewis Anthony / White, David Manning (Hrsg.): People, Society, and Mass Communications. New York Free Press of Glencoe 1964, S. 91 – 109.

Zerfaß, Ansgar: **Unternehmensführung und Öffentlichkeitsarbeit.** Grundlegung einer Theorie der Unternehmenskommunikation und Public Relations. Opladen: Westdeutscher Verlag 1996.

Zillmann, Dolf: **Mood management in the context of selective exposure theory.** In: Roloff, Michael E. (Hrsg.): Communication Yearbook, Bd. 23. London u. a.: Sage 2000, S. 103 – 123.

Zurstiege, Guido / Schmidt, Siegfried J.: **Werbekommunikation.** In: Bentele, Günter / Brosius, Hans-Bernd / Jarren, Otfried (Hrsg.): Öffentliche Kommunikation. Handbuch Kommunikations- und Medienwissenschaft. Wiesbaden: Westdeutscher Verlag 2003, S. 492 – 503.

Zurstiege, Guido: **Werbeforschung.** Konstanz: UVK / UTB 2007.

Index

UVK:Weiterlesen

Michael Meyen
Mediennutzung
Mediaforschung, Medienfunktionen,
Nutzungsmuster
2004, 278 Seiten
20 s/w Abb., broschiert
UTB 2621
ISBN 978-3-8252-2621-3

Lothar Mikos
Film- und Fernsehanalyse
2., überarbeitete Auflage 2008
396 Seiten, 55 s/w Abb., broschiert
UTB 2415
ISBN 978-3-8252-2415-8

Lothar Mikos, Claudia Wegener (Hg.)
Qualitative Medienforschung
Ein Handbuch
2005, 616 Seiten, 50 s/w Abb.
gebunden im Großformat
UTB 8314
ISBN 978-3-8252-8314-8

Marion G. Müller
**Grundlagen der visuellen
Kommunikation**
Theorieansätze und Analysemethoden
2003, 304 Seiten, broschiert
16 farbige und 14 s/w Abb.
UTB 2414
ISBN 978-3-8252-2414-1

Daniel Perrin
Medienlinguistik
Inklusive CD-ROM
2006, 248 Seiten
40 s/w Abb., broschiert
UTB 2503
ISBN 978-3-8252-2503-2

Stephan Porombka
Kritiken schreiben
Ein Trainingsbuch
2006, 270 Seiten, broschiert
UTB 2776
ISBN 978-3-8252-2776-0

Manuel Puppis
Einführung in die Medienpolitik
2., überarbeitete Auflage 2010
360 Seiten, 60 s/w Abb., broschiert
UTB 2881
ISBN 978-3-8252-2881-1

Heinz Pürer, Johannes Raabe
Presse in Deutschland
3., völlig überarbeitete
u. erweiterte Auflage 2007
656 Seiten, 76 s/w Abb.
gebunden im Großformat
UTB 8334
ISBN 978-3-8252-8334-6

Klicken + Blättern

Leseproben und Inhaltsverzeichnisse unter

www.uvk.de

Erhältlich auch in Ihrer Buchhandlung.

UVK Verlagsgesellschaft mbH

UVK:Weiterlesen

Heinz Pürer
**Publizistik- und
Kommunikationswissenschaft**
Ein Handbuch
2003, 598 Seiten, 34 s/w Abb.
gebunden im Großformat
UTB 8249
ISBN 978-3-8252-8249-3

Bertram Scheufele,
Ines Engelmann
Empirische Kommunikationsforschung
2009, 254 Seiten
60 s/w Abb., broschiert
UTB 3211
ISBN 978-3-8252-3211-5

Armin Scholl
Die Befragung
2., überarbeitete Auflage
2009, 292 Seiten
10 s/w Abb., broschiert
UTB 2413
ISBN 978-3-8252-2413-4

Rainer Schützeichel
**Soziologische
Kommunikationstheorien**
2004, 384 Seiten, broschiert
UTB 2623
ISBN 978-3-8252-2623-7

Rudolf Stöber
Deutsche Pressegeschichte
Von den Anfängen bis zur Gegenwart
2., überarbeitete Auflage
2005, 396 Seiten
90 s/w Abb., broschiert
UTB 2716
ISBN 978-3-8252-2716-6

Barbara Thomaß (Hg.)
**Mediensysteme im
internationalen Vergleich**
2007, 370 Seiten
10 s/w Abb., broschiert
UTB 2831
ISBN 978-3-8252-2831-6

Stefan Weber (Hg.)
Theorien der Medien
Von der Kulturkritik bis
zum Konstruktivismus
2., überarbeitete Auflage
2010, 330 Seiten
6 s/w Abb., broschiert
UTB 2424
ISBN 978-3-8252-2424-0

Guido Zurstiege
Werbeforschung
2007, 234 Seiten
32 s/w Abb., broschiert
UTB 2909
ISBN 978-3-8252-2909-2

Klicken + Blättern

Leseproben und Inhaltsverzeichnisse unter

www.uvk.de

Erhältlich auch in Ihrer Buchhandlung.

UVK Verlagsgesellschaft mbH